全国环境影响评价工程师职业资格考试系列参考资料

环境影响评价相关法律法规试题解析

（2019 年版）

徐　颂　主编

中国环境出版集团 · 北京

图书在版编目（CIP）数据

环境影响评价相关法律法规试题解析：2019 年版/徐颂主编. —5 版. —北京：中国环境出版集团，2019.3

全国环境影响评价工程师职业资格考试系列参考资料

ISBN978-7-5111-3912-2

Ⅰ. ①环… Ⅱ. ①徐… Ⅲ. ①环境影响评价法—中国—资格考试—题解 Ⅳ. ①D922.68-44

中国版本图书馆 CIP 数据核字（2019）第 026164 号

出 版 人　武德凯
责任编辑　黄晓燕
文字编辑　张　倩
责任校对　任　丽
封面设计　宋　瑞

更多信息，请关注
中国环境出版集团
第一分社

出版发行　中国环境出版集团
（100062　北京市东城区广渠门内大街 16 号）
网　　址：http://www.cesp.com.cn
电子邮箱：bjgl@cesp.com.cn
联系电话：010-67112765（编辑管理部）
010-67112735（第一分社）
发行热线：010-67125803，010-67113405（传真）

印　　刷　北京中科印刷有限公司
经　　销　各地新华书店
版　　次　2015 年 3 月第 1 版　2019 年 3 月第 5 版
印　　次　2019 年 3 月第 1 次印刷
开　　本　787×960 1/16
印　　张　17
字　　数　300 千字
定　　价　50.00 元

编 写 人 员

主　　编　徐　颂

副 主 编　吴晓伟　刘玉龙　贾生元　彭飞翔

参编人员　拓鑫鑫　王　玙　张智锋　胡伟伟　杨利芳

王晓云　王　丽　雷　芬

前　言

环境影响评价工程师职业资格考试的历年试题及解答一直是考生需要的，因为通过历年试题的学习，可以认识考试命题的风格、各知识点的分值分布、考察的重点及难易程度，还可以锻炼考生的应试思维、临场反应能力。

目前，市面上的历年考试试题都是按年份呈现给考生的，但是近十年来，每年的考试大纲都有变化，很多知识点有更新或删除，如果考生按整套考试试题原封不动地去复习，不仅浪费了考生的宝贵时间，而且还存在误导的倾向。因此，对历年试题进行加工处理是需要的。

应广大考生的要求，根据以往考生提供的历年考试试题，我们按照 2019 年考试大纲的要求，按每部法律法规精心筛选了相应的试题，并有针对性地进行解析。

考生通过历年试题的练习可以巩固已学的知识，同时找到自己在系统复习中的不足，查漏补缺。本书学习使用时，既可以每学习完一章后使用，也可以在复习冲刺阶段检测复习效果时当作模拟题来使用。本书是目前学习复习时的最佳参考资料之一，本书也可供高等院校环境科学、环境工程等相关专业教学时参考。

本书在编写过程中，参阅了部分国内相关文献和书籍，在此一并感谢。同时感谢中国环境出版集团黄晓燕编辑及其同事们为本书付出的劳动。尽管我们对每道试题进行了核对，付出了大量的精力，但由于编者水平有限，本书的参考答案可能存在疏漏，不足之处在所难免，敬请同行和读者批评指正。

编　者

2019 年 2 月

目　录

一、环境保护法

一、单项选择题

1．根据《环境保护法》环境的定义，下列事物中，不属于环境保护对象的是（　　）。（2015 年考题）

A．湿地　　B．城市

C．文化　　D．人文遗迹

2．根据《环境保护法》，下列关于应当依法进行环境影响评价的说法中，正确的是（　　）。（2015 年考题）

A．编制有关战略发展规划，应当依法进行环境影响评价

B．建设固定资产投资项目，应当依法进行环境影响评价

C．建设对环境有影响的项目，应当依法进行环境影响评价

D．制定对环境有重大影响的政策，应当依法进行环境影响评价

3．根据《环境保护法》生态保护红线的规定，各级人民政府应当采取措施予以保护的是（　　）。（2015 年考题）

A．古树名木

B．内陆水域

C．各类地质构造、溶洞

D．珍稀、濒危的野生动植物人工繁育区

4．根据《环境保护法》，下列关于推动农村环境综合整治，各级人民政府应开展的工作中，正确的是（　　）。（2015 年考题）

A．各级人民政府应当提高农村环境保护资金投入，推动农村环境综合整治

B．县级、乡级人民政府应当提高农村环境保护资金投入，推动农村环境综合整治

C．各级人民政府应当提高农村环境保护资金投入，提升农村环境保护公共服务水平

D．县级、乡级人民政府应当提高农村环境保护公共服务水平，推动农村环境综合整治

5. 根据《环境保护法》，下列关于建设项目防治污染设施的说法中，错误的是（　　）。（2015 年考题）

A. 防治污染的设施不得擅自拆除或者闲置

B. 防治污染的设施应当符合经批准的环境影响评价文件的要求

C. 防治污染的设施初步设计应当报环境保护行政主管部门备案

D. 建设项目防治污染的设施，应当与主体工程同时设计、同时施工、同时投产使用

6. 根据《环境保护法》，下列关于对未完成国家确定的环境质量目标地区的环境影响评价文件审批的说法中，正确的是（　　）。（2015 年考题）

A. 各级环境保护主管部门应当暂停审批除环境保护外的建设项目环境影响评价文件

B. 各级环境保护主管部门应当暂停审批其新增重点污染物排放总量的建设项目环境影响评价文件

C. 省级以上人民政府环境保护主管部门应当暂停审批除环境保护外的建设项目环境影响评价文件

D. 省级以上人民政府环境保护主管部门应当暂停审批其新增重点污染物排放总量的建设项目环境影响评价文件

7. 某环境影响评价机构在环境影响评价文件编制中弄虚作假，致使建设项目投产后造成环境污染。根据《环境保护法》，对该环境影响评价机构除依照有关法律规定予以处罚外，下列关于该机构环境污染责任的说法中，正确的是（　　）。（2015 年考题）

A. 不承担环境污染的责任

B. 承担环境污染的责任

C. 与造成环境污染的其他责任者共同承担责任

D. 与造成环境污染的其他责任者承担连带责任

8. 根据《环境保护法》，下列说法中，正确的是（　　）。（2016 年考题）

A. 编制有关战略发展规划，应当依法进行环境影响评价

B. 建设固定资产投资项目，应当依法进行环境影响评价

C. 建设对环境有影响的项目，应当依法进行环境影响评价

D. 制定对环境有重大影响的政策，应当依法进行环境影响评价

9. 根据《环境保护法》生态保护的规定，各级人民政府应当采取措施予以保护的是（　　）。（2016 年考题）

A. 古树名木

B. 内陆水域

C．各类地质构造、溶洞等自然遗迹

D．珍稀、濒危的野生动植物人工繁育区

10．根据《环境保护法》，（　　）应当提高农村环境保护公共服务水平，推动农村环境综合整治。（2016 年考题）

A．各级人民政府

B．县级、乡级人民政府

C．各级环境保护行政主管部门

D．县级环境保护行政主管部门及其派出机构

11．根据《环境保护法》，下列说法中，符合建设项目防治污染设施与主体工程“三同时”规定的是（　　）。（2016 年考题）

A．为确保污染防治效果，某企业污染防治设施在主体工程试运行时也同时投入使用

B．某企业由于排污情况的不确定性，其废气处理设施在主体工程设计完成后，方启动设计

C．由于实际产能未能达到设计产能的一半，为节约能耗，某企业关停了两套废水处理设施中的一套

D．为持续提升污染防治效果，某企业自行改造与批准的环境影响评价文件要求不同的废气治理设施

12．根据《环境保护法》，重点排污单位应当（　　）。（2016 年考题）

A．委托第三方管理和维护监测设备

B．保存原始采样记录，保证监测设备正常运行

C．按照国家有关规定和监测规范安装使用监测设备

D．按照环境保护行政主管部门的规定安装使用自动监测设备

13．根据《环境保护法》有关排污许可管理制度的规定，下列说法中，正确的是（　　）。（2016 年考题）

A．企业事业单位和其他生产经营者应当申请排污许可证

B．未取得排污许可证的企业事业单位和其他生产经营者不得开展生产经营活动

C．实行排污许可管理的企业事业单位和其他生产经营者应当依照排污许可证的要求排放污染物

D．按照排污许可证的要求排放污染物的，省级以上人民政府环境保护主管部门可责令其停止生产

14．根据《环境保护法》，下列关于公众参与的说法中，正确的是（　　）。（2016 年考题）

A. 建设单位在编制环境影响报告书时，应当向可能受影响的公众说明情况，充分征求意见

B. 环评单位在编制环境影响报告书时，应当向可能受影响的公众说明情况，充分征求意见

C. 建设单位在编制环境影响报告书时，应当向专家及可能受影响的公众说明情况，充分征求意见

D. 建设单位应委托环评单位在编制环境影响报告书时，向可能受影响的公众说明情况，充分征求意见

15. 根据《环境保护法》，国家划定生态保护红线，实行严格保护的是（　）。（2017 年考题）

A. 人文遗迹　　B. 生态功能区

C. 水源涵养区　　D. 生态环境敏感区和脆弱区

16. 根据《环境保护法》，下列矿区开发环境保护的做法中，错误的是（　）。（2017 年考题）

A. 制订生态安全保障计划，组织实施

B. 加强绿化，矿区直接引进并遍植松树

C. 依照资源分布情况，制订合理开发计划

D. 依法制订有关生态保护和恢复治理方案，并予以实施

17. 某新建轮胎制造企业，经批准的环境影响评价文件要求车间配备废气收集与处理装置。根据《环境保护法》，正确的是（　）。（2017 年考题）

A. 废气处理装置与主体工程同时投产使用

B. 主体工程设计完成后，有针对性地开展废气处理装置设计

C. 根据实际生产中废气产生情况，企业自行调整了环境影响评价文件要求的废气处理装置

D. 经实测，半成品车间废气收集后可达标排放，企业拆除了环境影响评价文件要求的废气处理装置

18. 根据《环境保护法》重点污染物排放总量控制制度的有关规定，下列说法中，错误的是（　）。（2017 年考题）

A. 国家实行重点污染物排放总量控制制度

B. 重点污染物排放总量控制指标由国务院下达，省、自治区、直辖市人民政府分解落实

C. 企业事业单位在执行国家和地方污染物排放标准的同时，还应当遵守分解落实到本单位的重点污染物排放总量控制指标

D. 对超过国家重点污染物排放总量控制指标的地区，各级人民政府环境保护

主管部门应当暂停审批其新增重点污染物排放总量的建设项目环境影响评价文件

19．根据《环境保护法》中环境影响评价信息公开和公众参与的有关规定，下列做法中，正确的是（　　）。（2017年考题）

A．负责审批建设项目环境影响评价文件的部门发现建设项目未充分征求公众意见的，应当责成环评单位征求公众意见

B．对依法应当编制环境影响报告书的建设项目，环评单位应当在编制完成后向可能受影响的公众说明情况，充分征求意见

C．负责审批建设项目环境影响评价文件的部门在收到建设项目环境影响报告书后，除涉及国家秘密和商业秘密的事项外，应当全文公开

D．负责审批建设项目环境影响评价文件的部门在收到建设项目环境影响报告书后，可依公众申请，公开除涉及国家秘密和商业秘密事项外的全文

20．根据《环境保护法》，所称环境是指（　　）。（2018年考题）

A．各种天然的和经过人工改造的自然因素的总体

B．影响人类生存和发展的各种天然的自然因素的总体

C．影响人类生存和发展的各种天然的和经过人工改造的自然因素的总体

D．影响人类生存和发展的各种天然的和经过人工改造的自然和社会因素的总体

21．根据《环境保护法》中关于依法进行环境影响评价有关规定的说法，错误的是（　　）。（2018年考题）

A．编制有关开发利用规划应当依法进行环境影响评价

B．未依法进行环境影响评价的建设项目不得开工建设

C．建设对环境有影响的项目应当依法进行环境影响评价

D．《建设项目环境影响评价分类管理名录》列明的建设项目应当进行环境影响评价

22．根据《环境保护法》中下列区域中，不属于国家应当划定生态保护红线的区域是（　　）。（2018年考题）

A．重点生态功能区　　B．生态环境脆弱区

C．生态环境敏感区　　D．野生动植物自然分布区域

23．根据《环境保护法》，关于建设项目防治污染设施与主体工程"三同时"的说法，正确的是（　　）。（2018年考题）

A．防治污染的设施，应当优先设计，优先施工，优先投入使用

B．防治污染的设施，应当与主体工程同时设计、同时施工、同时投产使用

C．防治污染的设施，应当与产生污染的设施同时设计、同时施工、同时投入使用

D. 防治污染的设施，应当纳入公用配套工程进行设计、施工，与主体工程同时投入使用

24. 根据《环境保护法》中关于排放污染物的企业事业单位和其他生产经营者防治环境污染和危害的说法，错误的是（ ）。（2018 年考题）

A. 应当建立环境保护目标责任制度，明确责任人

B. 严禁通过篡改、伪造监测数据等逃避监管的方式违法排放污染物

C. 严禁通过暗管、渗井、渗坑、灌注等逃避监管的方式违法排放污染物

D. 重点排污单位应当按照国家有关规定和监测规范安装使用监测设备，保证监测设备正常运行，保存原始监测记录

25. 根据《环境保护法》中关于建设项目环境影响报告书信息公开和公众参与的说法，正确的是（ ）。（2018 年考题）

A. 环评单位应当在编制时向可能受影响的公众说明情况，充分征求意见

B. 建设单位应当在编制时向可能受影响的公众说明情况，充分征求意见

C. 环评单位应当在编制时向可能受影响的公众及行业专家说明情况，充分征求意见

D. 环评单位或建设单位应当在编制时向可能受影响的公众及行业专家说明情况，充分征求意见

26. 某建设单位未依法进行环境影响评价即擅自开工建设。根据《环境保护法》中关于违反环境影响评价相关规定应承担法律责任的说法，正确的是（ ）。（2018 年考题）

A. 由县级以上人民政府环境保护主管部门责令停止建设，限期补办手续，并处以罚款

B. 由负有环境保护监督管理职责的部门责令停止建设，处以罚款，并可以责令恢复原状

C. 由负有该项目环境影响评价文件审批权的环境保护主管部门责令停止建设，限期补办手续，并处以罚款

D. 由负有该项目环境影响评价文件审批权的环境保护主管部门责令停止建设，处以罚款，并责令恢复原状

二、不定项选择题

1. 根据《环境保护法》，下列规划中，应当依法进行环境影响评价的是（ ）。（2015 年考题）

A. 某矿区开发规划　　B. 某地区水资源开发利用规划

C. 某区“十三五”战略发展规划　　D. 某区“三年环保整治行动”计划

2．根据《环境保护法》，国家划定生态保护红线，实行严格保护的区域包括（　　）。（2015 年考题）

A．生态脆弱区　　B．农业生态示范区

C．生态环境敏感区　　D．重点生态功能区

3．根据《环境保护法》防止环境污染和危害的有关规定，下列属于逃避监管违法排放污染物的行为有（　　）。（2015 年考题）

A．篡改、伪造监测数据

B．不正常运行防治污染设施

C．通过地下灌注排放污染物

D．通过暗管、渗井、渗坑排放污染物

4．根据《环境保护法》，下列关于重点污染物总量控制的说法中，正确的是（　　）。（2015 年考题）

A．国家实行重点污染物排放总量控制制度

B．企业事业单位应当遵守分解落实到本单位的重点污染物排放总量控制指标

C．重点污染物排放总量控制指标由国务院环境保护行政主管部门下达，省、自治区、直辖市人民政府分解落实

D．对超过国家重点污染物排放总量控制指标的地区，各级人民政府环境保护主管部门应当暂停审批其新增重点污染物排放总量的建设项目环境影响评价文件

5．根据《环境保护法》，下列规划中，应当依法进行环境影响评价的有（　　）。（2016 年考题）

A．某矿区开发规划　　B．某省水资源开发利用规划

C．某市“十三五”战略发展规划　　D．某省“三年环保整治行动”计划

6．根据《环境保护法》，开发利用自然资源，应当（　　）。（2016 年考题）

A．保障生态安全

B．保护生物多样性

C．加大开发力度，提高开发效率

D．依法制订有关生态保护和恢复治理方案并予以实施

7．根据《环境保护法》，建设项目中防治污染的设施（　　）。（2016 年考题）

A．不得擅自拆除

B．应当与主体工程同时施工

C．应当先于主体工程投入使用

D．应当与配套公用工程同时设计

8．根据《环境保护法》，下列关于重点污染物总量控制的说法中，正确的有

（ ）。（2016 年考题）

A．国家实行重点污染物排放总量控制制度

B．重点污染物排放总量控制指标由国务院环境保护行政主管部门下达

C．企业事业单位应当遵守分解落实到本单位的重点污染物排放控制指标

D．重点污染物排放总量控制指标由省、自治区、直辖市人民政府分解落实

9．根据《环境保护法》关于环境影响报告书信息公开和公众参与的规定，下列说法中，正确的有（ ）。（2016 年考题）

A．环评单位在完成建设项目环境影响报告书后除涉及国家秘密和商业秘密的事项外，应当全文公开

B．负责审批建设项目环境影响评价文件的部门发现建设项目未充分征求公众意见的，应当责成建设单位征求公众意见

C．负责审批建设项目环境影响评价文件的部门在收到建设项目环境影响报告书后，除涉及国家秘密和商业秘密的事项外，应当全文公开

D．负责审批建设项目环境影响评价文件的部门在收到建设项目环境影响评价文件后，除涉及国家秘密和商业秘密的事项外，应当全文公开

10．根据《环境保护法》，下列说法中，正确的有（ ）。（2017 年考题）

A．未依法进行环境影响评价的建设项目，不得开工建设

B．未依法进行环境影响评价的建设项目，不得准予备案

C．未依法进行环境影响评价的开发利用规划，不得组织实施

D．未依法进行环境影响评价的战略发展规划，不得组织实施

11．根据《环境保护法》，重点排污单位应当按照国家有关规定和监测规范（ ）。（2017 年考题）

A．安装使用监测设备

B．保存原始监测记录

C．保证监测设备正常运行

D．建立环境保护责任制度，明确操作人员的责任

12．根据《环境保护法》排污许可管理制度的有关规定，下列说法中，正确的有（ ）。（2017 年考题）

A．国家依照法律规定实行排污许可管理制度

B．实行排污许可管理的企业事业单位应当按照排污许可证的要求排放污染物

C．实行排污许可管理的其他生产经营者应当按照排污许可证的要求排放污染物

D．对实行排污许可管理的企业事业单位和其他生产经营者，未取得排污许可证的，不得排放污染物

13．根据《环境保护法》，下列区域中，属于由国家划定生态保护红线，实行

严格保护的有（　　）。（2018年考题）

A．风景名胜区　　B．重点生态功能区

C．重要生态功能屏障区　　D．生态环境敏感区和脆弱区

14．根据《环境保护法》，关于重点污染物排放总量控制的说法，正确的有（　　）。（2018年考题）

A．国家实行污染物排放总量控制制度

B．总量控制指标由国务院环境保护主管部门下达，省、自治区、直辖市人民政府分解落实

C．企业事业单位在执行国家和地方污染物排放标准的同时，还应当遵守分解落实到本单位的重点污染物排放总量控制指标

D．对未完成国家确定的环境质量目标的地区，省级以上人民政府环境保护主管部门应当暂停审批其新增重点污染物排放总量的建设项目环境影响评价文件

15．根据《环境保护法》中关于突发环境事件有关规定的说法，正确的有（　　）。（2018年考题）

A．企业事业单位应当依照《中华人民共和国突发事件应对法》的规定，做好突发环境事件的风险控制、应急准备、应急处置和事后恢复等工作

B．企业事业单位应当按照国家有关规定制定突发环境事件应急预案，报环境保护主管部门和有关部门备案

C．在发生或者可能发生突发环境事件时，企业事业单位应当立即采取措施处理，及时通报可能受到危害的单位和居民，并向环境保护主管部门和有关部门报告

D．突发环境事件应急处置工作结束后，有关人民政府环境保护主管部门应当立即组织评估事件造成的环境影响和损失，并及时将评估结果向社会公布

16．根据《环境保护法》，关于农业生产经营环境保护有关规定的说法，正确的有（　　）。（2018年考题）

A．县级人民政府负责规划、建设畜禽尸体集中处置设施

B．各级人民政府应当在财政预算中安排资金，支持畜禽养殖和屠宰污染防治等环境保护工作

C．畜禽养殖场、养殖小区、定点屠宰企业等的选址、建设和管理应当符合有关法律法规规定

D．从事畜禽养殖和屠宰的单位和个人应当采取措施，对畜禽粪便、尸体和污水等废弃物进行科学处置，防止污染环境

17．某建设项目未依法进行环境影响评价，根据《环境保护法》，该项目不得（　　）。（2018年考题）

A．开工建设　B．开展施工准备　C．予以备案或核准　D．开展初步设计审查

参考答案

一、单项选择题

1．C 2．C

3．A 【解析】各级人民政府对具有代表性的各种类型的自然生态系统区域，珍稀、濒危的野生动植物自然分布区域，重要的水源涵养区域，具有重大科学文化价值的地质构造、著名溶洞和化石分布区、冰川、火山、温泉等自然遗迹，以及人文遗迹、古树名木，应当采取措施予以保护，严禁破坏。

4．D 【解析】注意每个选项的用词。第三十三条：各级人民政府应当加强对农业环境的保护，促进农业环境保护新技术的使用，加强对农业污染源的监测预警，统筹有关部门采取措施，防治土壤污染和土地沙化、盐渍化、贫瘠化、石漠化、地面沉降以及防治植被破坏、水土流失、水体富营养化、水源枯竭、种源灭绝等生态失调现象，推广植物病虫害的综合防治。

县级、乡级人民政府应当提高农村环境保护公共服务水平，推动农村环境综合整治。

5．C

6．D 【解析】注意哪级部门，针对什么污染物。对超过国家重点污染物排放总量控制指标或者未完成国家确定的环境质量目标的地区，省级以上人民政府环境保护主管部门应当暂停审批其新增重点污染物排放总量的建设项目环境影响评价文件。

7．D 【解析】共同责任是责任者地位相等。连带责任是为别人承担代偿责任，承担连带责任者可以向直接责任者追偿自己替别人承担的责任。

8．C 【解析】根据《环境保护法》第十九条：编制有关开发利用规划，建设对环境有影响的项目，应当依法进行环境影响评价。

9．A

10．B 【解析】根据《环境保护法》第三十三条：县级、乡级人民政府应当提高农村环境保护公共服务水平，推动农村环境综合整治。

11．A 【解析】第四十一条：建设项目中防治污染的设施，应当与主体工程同时设计、同时施工、同时投产使用。防治污染的设施应当符合经批准的环境影响评价文件的要求，不得擅自拆除或者闲置。

12．C 【解析】第四十二条：重点排污单位应当按照国家有关规定和监测规范安装使用监测设备，保证监测设备正常运行，保存原始监测记录。

13．C 【解析】第四十五条：国家依照法律规定实行排污许可管理制度。实行排污许可管理的企业事业单位和其他生产经营者应当按照排污许可证的要求排放污染物；未取得排污许可证的，不得排放污染物。并不是所有的企业事业单位和其他生产经营者都需要申请排污许可证。

14．A 【解析】第五十六条：对依法应当编制环境影响报告书的建设项目，建设单位应当在编制时向可能受影响的公众说明情况，充分征求意见。

15．D 【解析】第二十九条：国家在重点生态功能区、生态环境敏感区和脆弱区等区域划定生态保护红线，实行严格保护。

16．B 【解析】第三十条：开发利用自然资源，应当合理开发，保护生物多样性，保障生态安全，依法制订有关生态保护和恢复治理方案并予以实施。

17．A

18．D 【解析】选项 D 的正确说法是：对超过国家重点污染物排放总量控制指标或者未完成国家确定的环境质量目标的地区，省级以上人民政府环境保护主管部门应当暂停审批其新增重点污染物排放总量的建设项目环境影响评价文件。

19．C 【解析】公众参与的主体责任是建设单位。

20．C 【解析】《中华人民共和国环境保护法》所称环境，是指影响人类生存和发展的各种天然的和经过人工改造的自然因素的总体。

21．D 【解析】《中华人民共和国环境保护法》第十九条：编制有关开发利用规划，建设对环境有影响的项目，应当依法进行环境影响评价。未依法进行环境影响评价的开发利用规划，不得组织实施；未依法进行环境影响评价的建设项目，不得开工建设。另外，《建设项目环境影响评价分类管理名录》列明的建设项目若某环境要素评价等级较低，也可不进行环境影响评价。

22．D 【解析】《中华人民共和国环境保护法》第二十九条：国家在重点生态功能区、生态环境敏感区和脆弱区等区域划定生态保护红线，实行严格保护。

23．B 【解析】《中华人民共和国环境保护法》第四十一条：建设项目中防治污染的设施，应当与主体工程同时设计、同时施工、同时投产使用。

24．A 【解析】《中华人民共和国环境保护法》第四十二条：排放污染物的企业事业单位，应当建立环境保护责任制度，明确单位负责人和相关人员的责任。重点排污单位应当按照国家有关规定和监测规范安装使用监测设备，保证监测设备正常运行，保存原始监测记录。严禁通过暗管、渗井、渗坑、灌注或者篡改、伪造监测数据，或者不正常运行防治污染设施等逃避监管的方式违法排放污染物。

25．B 【解析】《中华人民共和国环境保护法》第五十六条：对依法应当编制环境影响报告书的建设项目，建设单位应当在编制时向可能受影响的公众说明情况，充分征求意见。

26．B 【解析】《中华人民共和国环境保护法》第六十一条：建设单位未依法提交建设项目环境影响评价文件或者环境影响评价文件未经批准，擅自开工建设的，由负有环境保护监督管理职责的部门责令停止建设，处以罚款，并可以责令恢复原状。

二、不定项选择题

1．AB 【解析】第十九条：编制有关开发利用规划，建设对环境有影响的项目，应当依法进行环境影响评价。未依法进行环境影响评价的开发利用规划，不得组织实施；未依法进行环境影响评价的建设项目，不得开工建设。

2．ACD 【解析】第二十九条：国家在重点生态功能区、生态环境敏感区和脆弱区等区域划定生态保护红线，实行严格保护。

3．ABCD 【解析】第四十条：严禁通过暗管、渗井、渗坑、灌注或者篡改、伪造监测数据，或者不正常运行防治污染设施等逃避监管的方式违法排放污染物。

4．AB 【解析】第四十四条：国家实行重点污染物排放总量控制制度。重点污染物排放总量控制指标由国务院下达，省、自治区、直辖市人民政府分解落实。企业事业单位在执行国家和地方污染物排放标准的同时，应当遵守分解落实到本单位的重点污染物排放总量控制指标。

对超过国家重点污染物排放总量控制指标或者未完成国家确定的环境质量目标的地区，省级以上人民政府环境保护主管部门应当暂停审批其新增重点污染物排放总量的建设项目环境影响评价文件。

5．AB

6．ABD 【解析】第三十条：开发利用自然资源，应当合理开发，保护生物多样性，保障生态安全，依法制订有关生态保护和恢复治理方案并予以实施。

7．AB 【解析】四十一条：建设项目中防治污染的设施，应当与主体工程同时设计、同时施工、同时投产使用。防治污染的设施应当符合经批准的环境影响评价文件的要求，不得擅自拆除或者闲置。

8．ACD

9．BC 【解析】第五十六条：负责审批建设项目环境影响评价文件的部门在收到建设项目环境影响报告书后，除涉及国家秘密和商业秘密的事项外，应当全文公开；发现建设项目未充分征求公众意见的，应当责成建设单位征求公众意见。

10．AC

11．ABC 【解析】选项D的正确说法是：排放污染物的企业事业单位，应当建立环境保护责任制度，明确单位负责人和相关人员的责任。

12．ABCD 【解析】实行排污许可管理的企业事业单位和其他生产经营者应当按照排污许可证的要求排放污染物；未取得排污许可证的，不得排放污染物。

13. BD 【解析】《中华人民共和国环境保护法》第二十九条：国家在重点生态功能区、生态环境敏感区和脆弱区等区域划定生态保护红线，实行严格保护。

14. ACD 【解析】《中华人民共和国环境保护法》第四十四条：国家实行重点污染物排放总量控制制度。重点污染物排放总量控制指标由国务院下达，省、自治区、直辖市人民政府分解落实。企业事业单位在执行国家和地方污染物排放标准的同时，应当遵守分解落实到本单位的重点污染物排放总量控制指标。对超过国家重点污染物排放总量控制指标或者未完成国家确定的环境质量目标的地区，省级以上人民政府环境保护主管部门应当暂停审批其新增重点污染物排放总量的建设项目环境影响评价文件。

15. ABC 【解析】第四十七条：各级人民政府及其有关部门和企业事业单位，应当依照《中华人民共和国突发事件应对法》的规定，做好突发环境事件的风险控制、应急准备、应急处置和事后恢复等工作。企业事业单位应当按照国家有关规定制定突发环境事件应急预案，报环境保护主管部门和有关部门备案。在发生或者可能发生突发环境事件时，企业事业单位应当立即采取措施处理，及时通报可能受到危害的单位和居民，并向环境保护主管部门和有关部门报告。突发环境事件应急处置工作结束后，有关人民政府应当立即组织评估事件造成的环境影响和损失，并及时将评估结果向社会公布。

16. BCD 【解析】《中华人民共和国环境保护法》第四十九条：畜禽养殖场、养殖小区、定点屠宰企业等的选址、建设和管理应当符合有关法律法规规定。从事畜禽养殖和屠宰的单位和个人应当采取措施，对畜禽粪便、尸体和污水等废弃物进行科学处置，防止污染环境。县级人民政府负责组织农村生活废弃物的处置工作。第五十条：各级人民政府应当在财政预算中安排资金，支持农村饮用水水源地保护、生活污水和其他废弃物处理、畜禽养殖和屠宰污染防治、土壤污染防治和农村工矿污染治理等环境保护工作。第五十一条：各级人民政府应当统筹城乡建设污水处理设施及配套管网，固体废物的收集、运输和处置等环境卫生设施，危险废物集中处置设施、场所以及其他环境保护公共设施，并保障其正常运行。

17. A 【解析】《中华人民共和国环境保护法》第十九条：编制有关开发利用规划，建设对环境有影响的项目，应当依法进行环境影响评价。未依法进行环境影响评价的开发利用规划，不得组织实施；未依法进行环境影响评价的建设项目，不得开工建设。

二、环境影响评价法

一、单项选择题

1. 制定《环境影响评价法》的目的是实施可持续发展战略，预防因规划和建设项目实施后对环境造成不良影响，促进（　　）。（2010 年考题）

A. 生态文明建设　　B. 社会稳定和进步

C. 经济平稳较快发展　　D. 经济、社会和环境的协调发展

2. 依据《环境影响评价法》，规划或者建设项目的环境影响评价必须坚持的原则是（　　）。（2010 年、2011 年考题）

A. 科学、公开、公正　　B. 客观、公开、公正

C. 公开、公正、公平　　D. 客观、公正、公平

3. 某设区的市人民政府拟制订煤炭发展规划。依据《环境影响评价法》及其配套规章，该市政府应当组织进行环境影响评价，编制该规划的（　　）。（2010 年、2011 年考题）

A. 环境影响报告书　　B. 环境影响报告表

C. 环境影响登记表　　D. 环境影响篇章或说明

4. 某省人民政府拟制订湖泊水资源开发利用综合规划。依据《环境影响评价法》及其配套规章，该省政府应当组织编制该规划的（　　）。（2010 年考题）

A. 环境影响报告书　　B. 环境影响报告表

C. 环境影响登记表　　D. 环境影响篇章或说明

5. 依据《环境影响评价法》及其配套的规范性文件，已经进行了环境影响评价的规划所包含的具体建设项目的环境影响评价内容可以简化。关于简化内容的确定，下列说法中，正确的是（　　）。（2010 年考题）

A. 由建设单位根据规划环境影响评价的分析论证情况确定

B. 根据规划环境影响评价报告书审查意见中明确的需要简化的具体内容确定

C. 由承担该项目环境影响评价的单位根据规划环境影响评价的分析论证情况确定

D. 由对该项目有审批权的环境保护主管部门根据规划环境影响评价的分析论证情况确定

6．依据《环境影响评价法》，对可能造成轻度环境影响的建设项目，建设单位组织编制的环境影响评价文件应当是（　　）。（2010 年考题）

A．环境影响报告书　　B．环境影响报告表

C．环境影响登记表　　D．环境影响的篇章

7．某电厂拟在丘陵区建设一条运煤铁路专用线。依据《环境影响评价法》，该电厂组织编制的环境影响报告书必须包括的内容是（　　）。（2010 年考题）

A．公众参与意见　　B．水土保持方案

C．环境风险评价　　D．资源环境承载力分析

8．依据《环境影响评价法》，建设单位组织编制的环境影响后评价文件应当（　　）。（2010 年考题）

A．由建设单位直接存档备查

B．报建设项目所在地环境保护行政主管部门审批

C．报原环境影响评价文件审批部门备案，同时报原建设项目审批部门备案

D．报原环境影响评价文件审批部门审批，并报建设项目所在地人民政府备案

9．依据《环境影响评价法》和《环境影响评价公众参与暂行办法》，下列关于公众参与时机的说法中，错误的是（　　）。（2011 年考题）

A．建设单位应当在报批建设项目环境影响报告书前，征求有关单位、专家和公众意见

B．建设单位应当在环境影响报告书编制完成报送审批时，向公众公告报告书有关内容

C．建设单位应当在确定了承担环境影响评价工作的评价机构后 7 日内，向公众公告有关信息

D．对公众意见较大的建设项目，环境保护行政主管部门在建设单位公开征求公众意见后，可以再次公开征求公众意见

10．某省人民政府拟报送一流域水电规划草案。依据《环境影响评价法》和《规划环境影响评价条例》，该省人民政府在报送该规划草案时，应当（　　）。（2011 年考题）

A．将该规划的环境影响报告书一并附送规划审批机关审查

B．只将审查小组对该规划的环境影响报告书的审查意见一并附送规划审批机关审查

C．将该规划的环境影响篇章或说明作为规划草案的组成部分报送规划审批机关审查

D．只将有关单位、专家和公众对该规划的环境影响报告书的意见一并附送规划审批机关审查

11．依据《环境影响评价法》，建设单位组织编制的环境影响后评价文件应当（　　）。（2011 年考题）

A．由建设单位直接存档备查

B．报建设项目所在地环境保护行政主管部门审批

C．报原环境影响评价文件审批部门和建设项目审批部门备案

D．报原环境影响评价文件审批部门审批，并报建设项目所在地人民政府备案

12．依据《环境影响评价法》，对有行业主管部门的建设项目编制的环境影响报告表，有审批权的环境保护行政主管部门应当（　　）作出审批决定。（2011 年考题）

A．自收到环境影响报告表之日起 15 日内

B．自收到环境影响报告表之日起 30 日内

C．自收到行业主管部门预审意见之日起 15 日内

D．自收到行业主管部门预审意见之日起 30 日内

13．某煤矿环境影响报告书审批后，在试运行期间，由于首采工作面移动了位置，致使采空区上方民房出现裂缝。依据《环境影响评价法》，该建设单位的下列做法中，正确的是（　　）。（2011 年考题）

A．重新报批该项目的环境影响评价文件

B．组织该项目的环境影响后评价，采取改进措施

C．将该项目环境影响评价文件报原审批部门重新审核

D．在项目建成后，申请竣工环境保护验收时向原审批部门作出书面说明

14．依据《建设项目环境影响评价文件分级审批规定》，对下级环境保护部门超越法定职权做出的环境影响评价文件审批决定，上级环境保护部门应当（　　）。（2011 年考题）

A．撤销该审批决定

B．补办委托手续后，对该审批决定予以认可

C．对做出该审批决定的直接责任人员给予警告

D．对可能造成较小环境影响的项目的审批决定予以认可

15．根据《环境影响评价法》，关于建设项目环境影响评价分类管理的规定，下列说法中，正确的是（　　）。（2012 年考题）

A．建设项目对环境影响很小，不需要进行环境影响评价的，应当编制环境影响报告表

B．建设项目可能造成重大环境影响的，应当编制环境影响报告书，对产生的环境影响进行全面评价

C．建设项目可能造成重大环境影响的，应当编制环境影响报告书，对产生的

环境影响进行专项评价

D．建设项目可能造成轻度环境影响的，应当编制环境影响报告表，对产生的环境影响进行全面评价

16．某办公用房环境影响报告表经环境保护行政主管部门审批后，建设地点和建设规模均发生了重大变动。根据《环境影响评价法》，建设单位的下列做法中，正确的是（　　）。（2012 年考题）

A．将环境影响报告表重新报该环境保护行政主管部门审核

B．将办公用房进行跟踪评价，及时采取防治环境污染的措施

C．向该环境保护行政主管部门重新报批办公用房环境影响报告表

D．在办公用房建成后向该环境保护行政主管部门申请竣工环保验收时进行变更说明

17．根据《环境影响评价法》，有权颁发环境影响评价资质证书的机构是（　　）。（2012 年考题）

A．国务院建设行政主管部门

B．省级环境保护行政主管部门

C．国务院环境保护行政主管部门

D．省级和国务院环境保护行政主管部门

18．某省级人民政府组织编制了流域水资源开发利用综合规划。根据《环境影响评价法》及有关文件，该人民政府应当组织进行规划的环境影响评价，并向审批该规划的机关提出（　　）。（2013 年考题）

A．环境影响报告书　　B．环境影响报告表

C．环境影响登记表　　D．环境影响篇章或说明

19．根据《环境影响评价法》《规划环境影响评价条例》和应当进行环境影响评价的规划具体范围的有关规定，需要编制环境影响报告书的规划是（　　）。（2013 年考题）

A．全国水资源战略规划　　B．设区的市级以上跨流域调水规划

C．设区的市级以上能源重点专项规划　　D．设区的市级以上土地利用总体规划

20．根据《环境影响评价法》和《规划环境影响评价条例》，关于公众参与的规定，下列说法中，错误的是（　　）。（2013 年考题）

A．综合性规划和指导性专项规划不进行公众参与调查

B．规划的环境影响篇章或者说明中，应当附具对公众意见采纳与不采纳情况的说明

C．在报送审查的规划环境影响报告书中，应当附具对公众意见采纳与不采纳情况及其理由的说明

D．对可能造成不良环境影响并直接涉及公众环境权益的专项规划，其编制机关应当在规划草案报送审批前，公开征求有关单位、专家和公众对环境影响报告书的意见

21．根据《环境影响评价法》和《规划环境影响评价条例》，关于专项规划草案审批的规定，下列说法中，错误的是（　　）。（2013 年考题）

A．规划审批机关应当将环境影响报告书结论以及审查意见作为决策的重要依据

B．规划审批机关对环境影响报告书结论以及审查意见不予采纳的，应当逐项说明理由并存档备查

C．规划审批机关应当将规划环境影响报告书审查意见作为是否批复规划草案的主要依据

D．有关单位、专家和公众可以申请查阅规划审批机关不予采纳审查意见的理由说明

22．根据《环境影响评价法》《规划环境影响评价条例》和相关文件，关于跟踪评价的要求，下列说法中，错误的是（　　）。（2013 年考题）

A．跟踪评价的结论应当是规划环境影响跟踪评价包括的内容

B．规划环境影响的跟踪评价应当包括公众对规划实施所产生的环境影响的意见

C．实施五年以上的产业园区规划，其编制部门应组织开展环境影响的跟踪评价，编制环境影响报告书

D．对环境有重大影响的规划实施后，规划编制机关应当及时组织规划环境影响的跟踪评价，将评价结果报告当地人民政府和环境保护等有关部门

23. 某企业拟建一个对环境可能造成重大影响的项目。根据《环境影响评价法》关于建设项目环境影响评价分类管理的有关规定，下列说法正确的是（　　）。（2013 年考题）

A．该项目应当编制环境影响报告表，并附环境风险评价专题

B．该项目应当编制环境影响报告书，对产生的环境影响进行全面评价

C．该项目应当编制环境影响报告表，对产生的环境影响进行全面分析

D．该项目应当编制环境影响报告书，对项目潜在的环境风险进行全面分析

24．某办公用房环境影响报告表经当地环境保护行政主管部门审批后，建设地点和建设规模均发生了重大变动。根据《环境影响评价法》，建设单位的下列做法正确的是（　　）。（2013 年考题）

A．该建设单位应重新报批办公用房环境影响评价文件

B．将环境影响报告表重新报该环境保护行政主管部门审核

C．对办公用房进行跟踪评价，及时采取防治环境污染的措施

D．在办公用房建成后向该环境保护行政主管部门申请竣工环保验收时出具变

更说明

25. 根据《环境影响评价法》，环境影响评价原则是（　　）。（2014 年考题）

A. 客观、公开、准确　　B. 客观、公正、准确

C. 客观、公开、公正　　D. 公开、公正、准确

26. 根据《环境影响评价法》，国务院有关部门、设区的市级以及人民政府及有关部门，对其编制的（　　）需要编制环境影响报告书。（2014 年考题）

A. 土地利用的有关规划　　B. 区域建设、开发规划

C. 城市建设指导性规划　　D. 自然资源开发有关专项规划

27. 根据《环境影响评价法》和《规划环境影响评价条例》中关于公众参与的规定，下列说法中，错误的是（　　）。（2014 年考题）

A. 综合性规划和指导性专项规划不进行公众参与调查

B. 规划的环境影响篇章或者说明中，应当附有对公众意见采纳与不采纳情况的说明

C. 在报送审查的规划环境影响报告书中，应当附有对公众意见采纳与不采纳情况及其理由的说明

D. 对可能造成不良环境影响并直接涉及公众环境权益的专项规划，其编制机关应在规划草案报送审批前，公开征求有关单位、专家和公众对环境影响报告书的意见

28. 根据《环境影响评价法》和《规划环境影响评价条例》中关于专项规划环境影响报告书结论以及审查意见采纳的规定，下列说法正确的是（　　）。（2014 年考题）

A. 规划审批机关应当将环境影响评价报告书结论作为决策的唯一依据

B. 在审批规划中未采纳环境报告书结论的，应当作出说明，并上报同级人民政府

C. 规划审批机关在审批专项规划草案时，应当将环境影响报告书结论以及审查意见作为批复的依据

D. 规划审批机关对环境影响报告书结论以及审查意见不予采纳的，应当逐项就不予采纳的理由作出书面说明，并存档备查

29. 根据《环境影响评价法》，下列规划中，应当编写规划环境影响篇章或者说明的是（　　）。（2015 年考题）

A. 国务院有关部门组织编制的指导性规划

B. 区域、流域、海域的建设、开发利用规划

C. 县级以上地方人民政府组织编制的土地利用规划

D. 设区的市级以上地方人民政府组织编制的专项规划

30．根据《环境影响评价法》，国家根据建设项目对环境的（　），以及建设项目的环境影响评价实行分类管理。（2015 年考题）

A．影响范围　　B．影响程度

C．影响类别　　D．影响因子

31．根据《环境影响评价法》，审批部门应当收到环境影响报告书之日起（　）日内，作出审批决定并书面通知建设单位。（2015 年考题）

A．10　　B．15　　C．30　　D．60

32．根据《环境影响评价法》，建设项目的环境影响评价文件自批准之日起超过（　）年，方决定该项目开工建设的，其环境影响评价文件应当报原审批部门重新审批。（2015 年考题）

A．二　　B．三　　C．五　　D．七

33．根据《环境影响评价法》，环境影响评价是指（　）。（2016 年考题）

A．对规划和建设项目实施后可能产生的环境影响进行分析、预测和评估，提出预防或者减轻不良环境影响的对策和措施，进行跟踪评价的方法和制度

B．对规划和建设项目实施后可能产生的环境影响进行分析、预测和评估，提出预防或者减轻不良环境影响的对策和措施，进行跟踪监测的方法和制度

C．对规划和建设项目实施后可能产生的环境影响、社会影响进行分析、预测和评估，提出预防或者减轻不良环境影响的对策和措施，进行跟踪评价的方法和制度

D．对规划和建设项目实施后可能产生的环境影响、社会影响进行分析、预测和评估，提出预防或者减轻不良环境影响的对策和措施，进行跟踪监测的方法和制度

34．根据《环境影响评价法》，下列说法正确的是（　）。（2016 年考题）

A．建设项目可能造成很小环境影响的，应当填报环境影响登记表

B．建设项目可能造成轻度环境影响的，应当编制环境影响报告表，对产生的环境影响进行分析或者专项评价

C．建设项目可能造成重大环境影响的，应当编制环境影响报告书，对产生的环境影响进行全面分析或评价

D．建设项目可能造成重大环境影响的，应当编制环境影响报告表，对产生的环境影响进行分析或专项评价

35．根据《环境影响评价法》，国家根据建设项目对环境影响的（　），对建设项目的环境影响实行分类管理。（2016 年考题）

A．影响范围　　B．影响程度

C．影响类别　　D．影响因子

36. 根据《环境影响评价法》，审批部门应当自收到环境影响报告书之日起（　　）日内，作出审批规定并书面通知建设单位。（2016 年考题）

A. 15　　B. 30　　C. 60　　D. 45

37. 根据《环境影响评价法》，环境影响评价必须（　　），综合考虑规划或者建设项目实施后对各种环境因素及其所构成的生态系统可能造成的影响，为决策提供科学依据。（2017 年考题）

A. 客观、公开、公平　　B. 客观、公开、公正

C. 客观、公正、公平　　D. 公开、公正、公平

38. 根据《环境影响评价法》，该法所称环境影响评价是指（　　）。（2018 年考题）

A. 对规划和建设项目实施后可能造成的环境影响进行分析、预测和评估提出预防或者减轻不良环境影响的对策和措施的方法与制度

B. 对规划和建设项目实施后可能造成的环境、社会影响进行分析、预测和评估提出预防或者减轻不良影响的对策和措施的方法与制度

C. 对规划和建设项目实施后可能造成的环境影响进行分析、预测和评估提出预防或者减轻不良环境影响的对策和措施，进行跟踪监测的方法与制度

D. 对规划和建设项目实施后可能造成的环境、社会影响进行分析、预测和评估，提出预防或者减轻不良影响的对策和措施，进行跟踪断测或评估的方法与制度

39. 根据《环境影响评价法》，下列规划中，属于应当在规划编制过程中组织进行环境影响评价，编写环境影响篇章或者说明的是（　　）。（2018 年考题）

A. 某省级风景名胜区总体规划

B. 某地区城际铁路网建设规划

C. 某县级市土地利用总体规划

D. 某省气候资源开发利用规划

40. 根据《环境影响评价法》，下列由国务院有关部门设区的市级以上地方人民政府及其有关部门组织编制的规划中，属于应当组织进行环境影响评价，并向规划审批机关提出环境影响报告书的是（　　）。（2018 年考题）

A. 土地利用的有关规划

B. 工业、农业、畜牧业专项规划

C. 文化、旅游、城市建设有关的专项规划

D. 区域、流域、海域的建设、开发利用规划

41. 根据《环境影响评价法》，关于建设项目环境影响评价分类管理的说法，正确的是（　　）。（2018 年考题）

A. 建设项目的环境影响评价分类管理名录，由国务院制定并公布

B. 对环境影响很小、需要进行环境影响评价的项目，应当填报环境影响登记表

C. 可能造成轻度环境影响的建设项目，应当编制环境影响报告表，对产生的环境影响进行专项评价

D. 可能造成重大环境影响的建设项目，应当编制环境影响报告书，对产生的环境影响进行全面评价

二、不定项选择题

1. 依据《环境影响评价法》，建设项目的环境影响报告书必须包括的内容是（　　）。（2009 年、2011 年考题）

A. 环境影响评价结论　　B. 环境风险影响评价

C. 对建设项目实施环境监测的建议　　D. 建设项目对环境影响的经济损益分析

E. 建设项目环境保护措施及其技术、经济论证

2. 依据《环境影响评价法》，建设项目环境影响评价文件经批准后，该项目的建设单位应当重新报批环境影响评价文件的情形是（　　）。（2011 年考题）

A. 该项目采用的生产工艺发生重大变化

B. 该项目的性质、规模、地点发生重大变化

C. 该项目环境影响评价文件自批准之日起三年内未开工建设

D. 该项目采用的防治污染、防止生态破坏的措施发生重大变化

3. 根据《环境影响评价法》，应当编制环境影响报告书的规划包括（　　）。（2012 年考题）

A. 地方铁路建设规划　　B. 省级煤炭行业发展规划

C. 设区的市级畜牧业发展规划　　D. 设区的市级以上土地利用总体规划

4. 根据《环评影响评价法》，关于环境影响后评价的规定，下列说法中，错误的是（　　）。（2013 年考题）

A. 在项目建设过程中产生不符合经审批的环境影响评价文件的情形的，建设单位应当组织环境影响的后评价，采取改进措施

B. 在项目运行过程中产生不符合经审批的环境影响评价文件的情形的，建设单位应当组织环境影响的后评价，采取改进措施

C. 在项目关闭过程中产生不符合经审批的环境影响评价文件的情形的，建设单位应当组织环境的后评价，采取改进措施

D. 在项目建设过程中产生不符合经审批的环境影响评价文件情形的，原环境影响评价文件审批部门可以责成建设单位进行环境影响的后评价，采取改进措施

5. 根据《环境影响评价法》，应当组织环境影响后评价的情形包括（　　）。（2014 年考题）

A. 某输油管线项目跨越两省区并存在重大环境风险

B. 某化工厂环境影响评价文件经批准后，采用的生产工艺发生重大变动

C. 某公路建设项目的选线发生较大变化，经由自然保护区实验区的长度有所增加

D. 某电厂运行过程中锅炉除尘工艺发生变化，致使烟尘排放强度与环境影响预测情况相比有较大变化

6. 根据《环境影响评价法》，环境影响评价的原则包括（　　）。（2015 年考题）

A. 为决策提供科学依据

B. 促进社会可持续发展

C. 必须客观、公开、公正

D. 综合考虑规划或者建设项目实施后对各种环境因素及其所构成的生态系统可能造成的影响

7. 根据《环境影响评价法》，建设项目的环境影响报告书应包括的内容有（　　）。（2015 年考题）

A. 建设项目概况

B. 建设项目周围环境现状

C. 建设项目环境保护措施及其技术、经济论证

D. 建设项目对周围人群健康可能造成影响的分析、预测和评估

8. 根据《环境影响评价法》，建设项目的环境影响评价文件经批准后，建设项目（　　）发生重大变动的，建设单位应当重新报批建设项目的环境影响评价文件。（2015 年考题）

A. 投资　　B. 地点

C. 规模　　D. 采用的生产工艺

9. 根据《环境影响评价法》，在项目（　　）产生了不符合经审批的环境影响评价文件的情形，建设单位应当组织环境影响的后评价，采取改进措施，并报原环境影响评价文件审批部门和建设项目审批部门备案。（2015 年考题）

A. 建设过程中　　B. 开工建设前

C. 运行过程中　　D. 设计过程中

10. 根据《环境影响评价法》，环境影响评价必须（　　）。（2016 年考题）

A. 客观、公开、公正

B. 促进社会可持续发展

C．为决策提供科学依据

D．综合考虑规划或者建设项目实施后对各种环境因素及其所构成的生态系统可能造成的影响

11．根据《环境影响评价法》，下列规划中，应当在规划编制过程中编写环境影响篇章或者说明的有（　　）。（2016 年考题）

A．全国防洪规划　　B．省级内河航运规划

C．民用机场总体规划　　D．油（气）田总体开发方案

12．根据《环境影响评价法》，应当编制规划环境影响报告书的规划有（　　）。（2017 年考题）

A．全国港口布局规划　　B．某省跨流域调水规划

C．某省海域开发利用规划　　D．油（气）田总体开发方案

13．根据《环境影响评价法》，环境影响评价分类管理的有关规定，下列说法中，正确的是（　　）。（2017 年考题）

A．建设项目对环境可能造成轻度影响的，应当编制环境影响报告表

B．建设项目对环境可能造成中度影响的，应当编制环境影响报告表

C．建设项目对环境可能造成重大影响的，应当编制环境影响报告书

D．建设项目对环境影响很小，不需要进行环境影响评价的，应当填报环境影响评价登记表

14．根据《环境影响评价法》，建设项目环境影响报告书应当包括的内容有（　　）。（2017 年考题）

A．工程分析

B．环境风险评价

C．建设项目对环境影响的经济损益分析

D．建设项目环境保护措施及其技术、经济论证

15．根据《环境影响评价法》，在项目建设运行过程中产生不符合经审批的环境影响评价文件的情形的，下列说法中，正确的有（　　）。（2017 年考题）

A．建设单位应当组织环境影响的后评价，采取改进措施

B．原环评单位应当组织环境影响的后评价，采取改进措施

C．建设单位的上级主管部门可以责成建设单位进行环境影响的后评价，采取改进措施

D．原环境影响评价文件审批部门可以责成建设单位进行环境影响的后评价，采取改进措施

16．根据《中华人民共和国环境影响评价法》，下列内容中，属于建设项目环境影响报告书应当包括的内容有（　　）。（2018 年考题）

A．公众参与　　B．环境风险评价
C．建设项目周围环境现状　　D．建设项目环境保护措施及其技术、经济论证

参考答案

一、单项选择题

1．D　2．B　3．D　4．A　5．B　6．B

7．B　【解析】涉及水土保持的建设项目，还必须有经水行政主管部门审查同意的水土保持方案。根据《水土保持法》，在山区、丘陵区、风沙区以及水土保持规划确定的容易发生水土流失的其他区域开办可能造成水土流失的生产建设项目，生产建设单位应当编制水土保持方案。

8．C　【解析】环境影响后评价文件不需要原环境影响评价文件审批部门再次审批，只需备案。

9．B　【解析】审批稿的公示由环境保护行政主管部门完成，不是由建设单位完成，目前是全本公示。

10．A　【解析】流域水电规划需做环境影响报告书。

11．C　12．B

13．A　【解析】首采工作面移动了位置，属于“建设项目的性质、规模、地点、采用的生产工艺或者防治污染、防止生态破坏的措施发生重大变动的，建设单位应当重新报批建设项目的环境影响评价文件”。

14．A　【解析】越权审批的文件是无效的。

15．B　16．C　17．C

18．A　【解析】涉及水利的有关专项规划都是编制环境影响报告书。水资源开发利用综合规划属水利的有关规划。

19．B　【解析】设区的市级以上跨流域调水规划属于水利的有关规划，需编制环境影响报告书。

20．B　【解析】综合性规划和指导性专项规划是编制环境影响篇章或者说明，不需要进行公众参与调查。

21．C　【解析】规划环境影响报告书结论以及审查意见仅能作为决策的重要依据，而不是主要依据。

22．D　【解析】选项 A 和 B 都是《规划环境影响评价条例》中关于规划环境影响的跟踪评价应当包含的内容。选项 D 的正确说法是：“对环境有重大影响的规划实施后，编制机关应当及时组织环境影响的跟踪评价，并将评价结果报告审批机关”。

23. B　24. A　25. C　26. D　27. B　28. D　29. B　30. B

31. D　【解析】环境保护行政主管部门应当自收到建设项目环境影响报告书之日起 60 日内、收到环境影响报告表之日起 30 日内、收到环境影响登记表之日起 15 日内，分别作出审批决定并书面通知建设单位。

32. C

33. B　【解析】本法所称环境影响评价，是指规划和建设项目实施后可能噪声的环境影响进行分析、预测和评估，提出预防或者减轻不良环境影响的对策和措施，进行跟踪监测的方法和制度。

34. D　35. B　36. C　37. B

38. C　【解析】《中华人民共和国环境影响评价法》规定，环境影响评价是指对规划和建设项目实施后可能造成的环境影响进行分析、预测和评估，提出预防或者减轻不良环境影响的对策和措施，进行跟踪监测的方法与制度。

39. A　40. B

41. D　【解析】根据《环境影响评价法》第十六条规定：国家根据建设项目对环境的影响程度，对建设项目的环境影响评价实行分类管理。建设单位应当按照下列规定组织编制环境影响报告书、环境影响报告表或者填报环境影响登记表（以下统称环境影响评价文件）：①可能造成重大环境影响的，应当编制环境影响报告书，对产生的环境影响进行全面评价；②可能造成轻度环境影响的，应当编制环境影响报告表，对产生的环境影响进行分析或者专项评价；③对环境影响很小、不需要进行环境影响评价的，应当填报环境影响登记表。建设项目的环境影响评价分类管理名录，由国务院环境保护行政主管部门制定并公布。

二、不定项选择题

1. ACDE　【解析】《环境影响评价法》对建设项目环境影响报告书的内容列了七条。在实际的环评报告书中不仅仅是七条内容，比如“环境风险评价”“清洁生产”“公众参与”都有相应的章节，从考试的角度来说，明确按《环境影响评价法》中的内容回答，则不能脱离《环境影响评价法》中的规定。

2. ABD　3. AC

4. C　【解析】在项目建设、运行过程中产生不符合经审批的环境影响评价文件的情形，建设单位应当组织环境影响的后评价，采取改进措施，并报原环境影响评价文件审批部门和建设项目审批部门备案；原环境影响评价文件审批部门也可以责成建设单位进行环境影响的后评价，采取改进措施。

5. CD　【解析】在环评法中对于选项 A 没有明确规定，选项 B 属重新报批的情形。注意后评价的时间是“建设、运行过程中”，也就是说，只要建设项目经批准开工建设，直至项目完工，进行正常运行的整个阶段，都可以进行环境影响后评价，而不仅仅局限在项目完成之后。

6. ABCD 【解析】第一条：为了实施可持续发展战略，预防因规划和建设项目实施后对环境造成不良影响，促进经济、社会和环境的协调发展，制定本法。第四条：环境影响评价必须客观、公开、公正，综合考虑规划或者建设项目实施后对各种环境因素及其所构成的生态系统可能造成的影响，为决策提供科学依据。

7. ABC 8. BCD 9. AC 10. ACD

11. AC 【解析】根据《关于印发〈编制环境影响报告书的规划的具体范围（试行）〉和〈编制环境影响篇章或说明的规划的具体范围（试行）〉》确定。

12. BD 【解析】高频考点。

13. ACD

14. ACD 【解析】工程分析属于项目概况的一部分。

15. AD

16. CD 【解析】《环境影响评价法》第十七条：建设项目的环境影响报告书应当包括下列内容：（一）建设项目概况；（二）建设项目周围环境现状；（三）建设项目对环境可能造成影响的分析、预测和评估；（四）建设项目环境保护措施及其技术、经济论证；（五）建设项目对环境影响的经济损益分析；（六）对建设项目实施环境监测的建议；（七）环境影响评价的结论。

三、规划环境影响评价条例

一、单项选择题

1．依据《规划环境影响评价条例》，规划的环境影响篇章应当包括的内容是（　　）。（2010 年考题）

A．规划概述　　B．规划草案的调整建议

C．资源环境承载能力分析　　D．规划草案的环境合理性和可行性

2．依据《规划环境影响评价条例》，专项规划在规划草案报送审批前，该规划环境影响报告书征求公众意见的主体应当是（　　）。（2010 年考题）

A．规划编制机关　　B．规划审批机关

C．环境保护行政主管部门　　D．规划环境影响评价技术机构

3．某省人民政府拟报送一流域水电规划草案。依据《环境影响评价法》和《规划环境影响评价条例》，该省人民政府在报送此规划草案时，应当（　　）。（2010 年考题）

A．将环境影响报告书一并附送规划审批机关审查

B．只将审查小组对环境影响报告书的审查意见一并附送规划审批机关审查

C．将环境影响篇章或说明作为规划草案的组成部分报送规划审批机关审查

D．只将有关单位、专家和公众对环境影响报告书的意见一并附送规划审批机关审查

4．审查小组在审查某省的跨流域调水规划环境影响报告书时，发现其中没有就跨流域调水对生态系统的影响进行评价。依据《规划环境影响评价条例》，审查小组提出的审查意见应当是（　　）。（2010 年、2011 年考题）

A．对环境影响报告书进行修改并重新审查

B．对环境影响报告书进行修改并重新征求公众意见

C．对环境影响报告书进行修改并与规划草案一起报送规划审批机关审查

D．对环境影响报告书进行修改并报环境保护主管部门审批

5．依据《规划环境影响评价条例》，规划编制机关进行规划环境影响跟踪评价后应当（　　）。（2010 年考题）

A. 及时组织论证，并对规划进行修订

B. 对评价结果作出书面说明，并存档备查

C. 将评价结果报告环境保护部门，并通报审批机关

D. 将评价结果报告规划审批机关，并通报环境保护等有关部门

6. 某省会城市的总体规划实施后造成了重大环境影响，该市人民政府及时组织开展了该规划的环境影响跟踪评价。依据《规划环境影响评价条例》及《城乡规划法》，该市人民政府应将评价结果报告（　　）。（2010 年考题）

A. 国务院　　B. 省人民政府

C. 国务院城乡规划主管部门　　D. 省环境保护行政主管部门

7. 依据《规划环境影响评价条例》，对已经批准的规划需要重新或者补充进行环境影响评价的情况是（　　）。（2010 年考题）

A. 规划的实施范围发生重大调整

B. 规划实施后对环境有重大影响

C. 规划批准后公众提出反对意见

D. 规划批准后环境保护主管部门提出新要求

8. 依据环发〔2009〕96 号文“关于学习贯彻《规划环境影响评价条例》加强规划环境影响评价工作的通知”，矿产资源开发规划环境影响评价的落脚点是保障矿产资源开发区域的（　　）。（2010 年考题）

A. 经济发展　　B. 生态服务功能

C. 环境质量的改善　　D. 总量控制指标的落实

9. 依据《规划环境影响评价条例》，环境保护主管部门发现某规划实施过程中产生重大不良环境影响时，应当（　　）。（2011 年考题）

A. 及时对该规划的环境影响进行核查

B. 及时组织该规划环境影响的跟踪评价

C. 要求重新编制该规划的环境影响报告书

D. 取消编制该规划环境影响报告书的技术机构的资质

10. 依据“关于学习贯彻《规划环境影响评价条例》加强规划环境影响评价工作的通知”，强化矿产资源开发规划环评实效性的落脚点是（　　）。（2011 年考题）

A. 保障资源开发区域的社会稳定

B. 保障资源开发区域的经济发展

C. 保障资源开发区域的生态服务功能

D. 保障资源开发区域节能减排目标的实现

11. 某设区的市级人民政府组织某环境影响评价技术机构编制了该市《农业发展规划》的环境影响篇章，并作为该规划草案的组成部分一并报送规划审批机关。

根据《规划环境影响评价条例》，应当对该环境影响评价文件质量负责的是（　　）。（2012 年考题）

A．该市人民政府

B．规划审批机关

C．该市的农业主管部门

D．承担编制环境影响评价文件的环境影响评价技术机构

12．根据《规划环境影响评价条例》，审查小组提出不予通过环境影响报告书意见的情形是（　　）。（2012 年考题）

A．评价方法选择不当的

B．环境影响评价结论不明确、不合理或错误的

C．预防或者减轻不良环境影响的对策和措施存在严重缺陷的

D．依据现有知识水平和技术条件，对规划实施可能产生的不良环境影响的程度或者范围不能作出科学判断的

13．某设区的市级人民政府审批该市化工行业发展规划草案时，决定不采纳该规划环境影响报告书审查意见。根据《规划环境影响评价条例》，该市人民政府应当（　　）。（2012 年考题）

A．逐项就不予采纳的理由作出书面说明，并存档备查

B．要求审查小组重新审查环境影响报告书，并提出书面审查意见

C．要求承担规划环境影响评价的技术机构重新编制环境影响报告书

D．就不予采纳的理由逐项作出书面说明，并对该规划提出重新审查的要求

14．环境保护行政主管部门发现某规划实施过程中产生了重大不良环境影响。根据《规划环境影响评价条例》，该环境保护行政主管部门应当（　　）。（2012 年考题）

A．及时进行核查

B．及时提出改进措施

C．责令规划编制机关调整规划

D．责令环评机构重新编制环境影响报告书

15．根据《规划环境影响评价条例》，对规划进行环境影响评价，应当遵守的有关标准、技术规范和技术导则不包括（　　）。（2013 年考题）

A．环境保护标准　　B．规划编制技术规范

C．环境影响评价技术规范　　D．环境影响评价技术导则

16．根据《规划环境影响评价条例》，对规划进行环境影响评价，应当分析、预测和评估的内容不包括（　　）。（2013 年考题）

A．规划实施的当前利益与长远利益之间的关系

B．规划实施可能对相关区域生态系统产生的整体影响

C．规划实施可能对相关区域内重点保护野生物种的影响

D．规划实施的经济效益、社会效益和环境效益之间的关系

17．某设区的城市编制矿产资源勘察规划。根据《规划环境影响评价条例》和进行环境影响评价的规划中具体范围的规定，该规划的环境影响评价文件内容不包括（　　）。（2013 年考题）

A．规划草案的调整建议

B．资源环境承载能力分析

C．与相关规划的环境协调性分析

D．预防或减轻不良环境影响的对策和措施

18．根据《规划环境影响评价条例》，专项规划环境影响报告书审查意见的内容不包括（　　）。（2013 年考题）

A．环境影响分析预测和评估的可靠性

B．环境影响评价工作等级和评价范围的适当性

C．公众意见采纳与不采纳情况及其理由说明的合理性

D．预防或减轻不良环境影响的对策和措施的合理性和有效性

19．根据《规划环境影响评价条例》和有关文件关于规划环评与项目环评联动机制的要求，下列说法中，错误的是（　　）。（2013 年考题）

A．未进行环境影响评价的规划所包含的建设项目，不予受理其环境影响评价文件

B．规划环境影响评价结论应当作为规划所包括建设项目环境影响评价的重要依据

C．已经批准的规划进行修订的，应当重新进行环境影响评价，未开展环境影响评价的，不予受理规划中建设项目的环境影响评价文件

D．规划包括的建设项目环境影响评价内容可以适当简化，简化的具体内容及需要进一步深入评价的内容都应在审查意见中明确

20．根据《规划环境影响评价条例》，规划的环境影响评价应当分析、预测和评估的内容不包括（　　）。（2014 年考题）

A．规划实施可能对环境和人群健康产生的影响

B．规划实施的当前利益与长远利益之间的关系

C．规划实施的经济效益、社会效益与环境效益之间的关系

D．规划实施对相关区域、流域、海域生态系统产生的整体影响

21．根据《规划环境影响评价条例》，（　　）应对规划环境影响评价文件的质量负责。（2014 年考题）

A．规划编制机关

B．规划审批机关

C．规划环境影响评价技术机构

D．规划环境影响评价审查机构

22．根据《规划环境影响评价条例》，审查小组提出对专项规划的环境影响报告书进行修改并重新审查意见的情形不包括（　　）。（2014 年考题）

A．评价方法选择不当的

B．内容存在重大缺陷或者遗漏的

C．环境影响评价结论不明确、不合理或者错误的

D．规划实施可能造成重大不良影响，并且无法提出切实可行的预防或者减轻对策和措施的

23．根据《规划环境影响评价条例》，对环境有重大影响的规划实施后，（　　）应当及时组织规划环境影响跟踪评价。（2014 年考题）

A．规划编制机关　　B．规划审批机关

C．环境保护行政主管部门　　D．环境影响评价技术机构

24．某环境影响评价技术机构开展专项规划环境影响评价时弄虚作假，造成环境影响报告文件严重失实。根据《规划环境影响评价条例》，由国务院环境保护行政主管部门对该环境影响评价技术机构予以（　　），处以所收费用 1 倍以上 3 倍以下的罚款；构成犯罪的，依法追究刑事责任。（2014 年考题）

A．警告　　B．通报

C．责令限期整改　　D．缩减评价范围

25．根据《规划环境影响评价条例》，下列内容中，不属于规划环境影响篇章或者说明内容的是（　　）。（2015 年考题）

A．环境影响评价结论　　B．资源环境承载能力分析

C．不良环境影响的分析和预测　　D．与相关规划的环境协调性分析

26．根据《规划环境影响评价条例》，下列关于公众参与的说法中，正确的是（　　）。（2015 年考题）

A．规划的环境影响篇章或说明以及环境影响报告书，均应公开征求意见

B．规划编制机关可采取调查问卷、座谈会论证会、听证会等形式，公开征求意见

C．规划编制机关在专项规划批准后，规划环境影响文件报审前，应公开征求意见

D．规划环境影响评价机构可采取调查问卷、座谈会、论证会、听证会等形式，公开征求意见

27．根据《规划环境影响评价条例》，专项规划环境影响评价报告书的审查时间是（　　）。（2015 年考题）

A．专项规划审批前　　B．专项规划审批中

C．专项规划审批后　　D．专项规划编制完成后

28．根据《规划环境影响评价条例》，下列内容中，不属于规划环境影响报告书审查意见内容的是（　　）。（2015 年考题）

A．规划分析的准确性

B．环境影响评价结论的科学性

C．公众意见采纳与不采纳情况及其理由的说明的合理性

D．预防或减轻不良环境影响的对策和措施的合理性和有效性

29．根据《规划环境影响评价条例》，下列规划中，需要进行环境影响评价的规划是（　　）。（2016 年考题）

A．国家经济区规划

B．某县的公共交通规划

C．某县的矿产资源勘查规划

D．某直辖市“十三五”发展规划

30．根据《规划环境影响评价条例》，下列内容不属于规划环境影响篇章或者说明内容的是（　　）。（2016 年考题）

A．环境影响评价结论

B．资源环境承载能力分析

C．不良环境影响的分析和预测

D．与相关规划的环境协调性分析

31．根据《规划环境影响评价条例》，下列关于公众参与的说法中，正确的是（　　）。（2016 年考题）

A．规划的环境影响篇章或者说明以及环境影响报告书，应当征求公众意见

B．规划编制机关在专项规划批准后，规划环境影响评价文件报审前，应当征求公众意见

C．规划编制机关采取调查问卷、座谈会、论证会、听证会等形式，征求有关单位、专家和公众对环境影响报告书的意见

D．规划环境影响评价机构采取调查问卷、座谈会、论证会、听证会等形式、公开征求有关单位、专家和公众对环境影响篇章的意见

32．某规划环境影响评价技术机构因弄虚作假，导致其编制的环境影响评价文件严重失实。根据《规划环境影响评价条例》该技术机构应受到的处罚是（　　）。

（2016 年考题）

A．构成犯罪的，依法追究刑事责任

B．处以所造成损失的 1 倍以上 3 倍以下罚款

C．对该环境影响评价项目负责人依法给予处分

D．由负责审查该环境影响评价文件的环境保护主管部门予以通报

33．根据《规划环境影响评价条例》以及《关于做好矿产资源规划环境影响评价工作的通知》，下列规划中，需编制环境影响报告书的规划是（　　）。（2016 年考题）

A．全国地质勘查规划

B．全国矿产资源规划

C．某省稀土资源总体规划

D．某国家规划矿区开发利用规划

34．根据《规划环境影响评价条例》，对规划进行环境影响评价，应当分析、预测和评估的内容是（　　）。（2017 年考题）

A．规划实施可能对环境和社会产生的长远影响

B．规划实施可能造成的不良环境影响及公众环境权益的损失

C．规划实施可能对社会经济、生态环境、人群健康产生的整体影响

D．规划实施的经济效益、社会效益与环境效益之间以及当前利益与长远利益之间的关系

35．某省审批的矿产资源开发利用规划环境影响报告书编制完成后上报审查。根据《规划环境影响评价条例》，该省的下列做法中，正确的是（　　）。（2017 年考题）

A．规划审批机关在审批该规划前，召集环境保护主管部门和专家组成审查小组，对环境影响报告书进行审查

B．规划审批机关在审批该规划后，召集环境保护主管部门和专家组成审查小组，对环境影响报告书进行审查

C．环境保护主管部门召集有关部门代表和专家组成审查小组，在该规划审批前，对环境影响报告书进行审查

D．环境保护主管部门召集有关部门代表和专家组成审查小组，在该规划审批后，对环境影响报告书进行审查

36．根据《规划环境影响评价条例》，规划环境影响报告书审查意见不包括（　　）。（2017 年考题）

A．评价方法的适当性

B．环境影响评价结论的科学性

C．规划优化调整建议的合理性

D．预防或减轻不良环境影响的对策和措施的合理性和有效性

37．根据《关于加强规划环境影响评价与建设项目环境影响评价联动工作的意见》，下列说法中，错误的是（　　）。（2017 年考题）

A．对符合规划环评结论及审查要求的建设项目，其环评文件应按照规划环评的意见进行简化

B．对于已经完成规划环评主要工作任务的具指导意义的综合规划，可以实施规划环评与规划所包含的项目环评的联动工作

C．经审查小组审查发现规划环评没有完成主要工作任务的，应采用适当方式建议有关部门对规划环评进行完善，并经审查小组审查后方能开展联动工作

D．按照规划环评结论和审查意见，对于相关项目环评应简化的内容，可采用在项目环评文件中引用规划环评结论，减少环评文件内容或章节等方式实现

38．根据《关于加强规划环境影响评价与建设项目环境影响评价联动工作的意见》，关于重点领域规划环评的要求，公路、铁路及轨道交通规划环评中不包括线网（　　）。（2017 年考题）

A．规划　　B．布局

C．敷设方式　　D．与城镇生活空间布局关系

39．根据《关于以改善环境质量为核心加强环境影响评价管理的通知》，强化“三线一单”约束作用，除了环境质量底线、环境准入负面清单外，还应包含（　　）。（2017 年考题）

A．生态保护红线，资源利用上线

B．生态保护红线，环境容量上线

C．生态空间管控红线，资源利用上线

D．生态空间管控红线，环境容量上线

40．根据《规划环境影响评价条例》，下列内容中，不属于环境影响篇章或说明应包括的内容（　　）。（2018 年考题）

A．环境影响评价结论

B．预防或者减轻不良环境影响的对策和措施

C．规划实施对环境可能造成影响的分析、预测和评估

D．资源环境承载能力分析、不良环境影响的分析和预测以及相关规划的环境协调性分析

41．根据《规划环境影响评价条例》，关于专项规划环境影响报告书审查程序的说法，错误的是（　　）。（2018 年考题）

A．审查小组应当递交书面审查意见

B．审查小组中有关部门代表人数不得少于审查小组总人数的二分之一

C．参与环境影响报告书编制的专家，不得作为该环境影响报告书审查小组的组员

D．设区的市级以上人民政府审批的专项规划，在审批前由其环境保护主管部门召集有关部门代表和专家组成审查小组，对环境影响报告书进行审查

42．根据《规划环境影响评价条例》，下列内容中，属于规划环境影响报告书审查意见应当包括的是（　　）。（2018 年考题）

A．评价方法的适当性

B．评价内容的全面性

C．础资料、数据的完整性

D．境影响分析、预测和评估的客观性

43．某规划实施过程中产生重大不良环境影响，根据《规划环境影响跟踪评价条例》关于规划环境影响跟踪评价有关规定的说法，正确的是（　　）。（2018 年考题）

A．规划编制机关应当及时提出改进措施、暂停规划实施，向规划审批机关报告

B．规划编制机关应当及时提出改进措施、暂停规划实施，向环境保护主管部门报告

C．规划编制机关应当及时提出改进措施，向规划审批机关报告，并通报环境保护等有关部门

D．规划编制机关应当委托跟踪评价单位提出改进措施，向环境保护主管部门报告，并通报规划审批机关等有关部门

44．根据《关于加强规划环境影响评价与建设项目环境影响评价联动工作的意见》下列规划中，属于可以实施规划环评与规划包含的项目环评联动工作的是（　　）。（2018 年考题）

A．未完成规划环评主要工作任务的某渔业发展规划

B．已完成规划环评主要工作任务的某渔业发展规划

C．未完成规划环评主要工作任务的某产业园区规划

D．已完成规划环评主要工作任务的某矿产资源开发规划

45．根据《关于加强规划环境影响评价与建设项目环境影响评价联动工作的意见》，下列工作任务中，不属于产业园区规划环评应当包括的是（　　）。（2018 年考题）

A．提出园区污染物排放总量上限要求和环境准入条件

B．结合城市或区域环境目标提出园区产业发展的负面清单

C．提出优化产业定位、布局、结构、规模以及重大环境基础设施建设方案的建议

D．提出避让环境敏感目标和重要生态环境功能区等要求，明确生态环境保护的对策措施

46．根据《关于规划环境影响评价加强空间管制、总量管控和环境准入的指导意见（试行）》，关于空间管制、总量管控和环境准入的说法错误的是（　　）。（2018 年考题）

A．空间管制、总量管控和环境准入应作为规划环境影响评价成果的重要内容

B．加强环境准入，是指在符合空间管制和总量管控要求的基础上，提出区域（流域）产业发展的环境准入条件，推动产业转型升级和绿色发展

C．加强空间管制，是指在明确并保护生态空间的前提下，提出优化生产空间和生活空间的意见和要求，推进构建有利于产业发展的国土空间开发格局

D．加强总量管控，是指以推进环境质量改善为目标，明确区域流域及重点行业污染物排放总量上限，作为调控区域内产业规模和开发强度的依据

二、不定项选择题

1．依据《规划环境影响评价条例》，规划环境影响评价技术机构因失职行为造成环境影响评价文件严重失实的，视情节可处所收费用（　　）倍的罚款。（2010 年考题）

A．1　　B．2　　C．3　　D．5

2．依据《规划环境影响评价条例》关于环境影响评价文件质量责任主体的有关规定，下列说法中，正确的是（　　）。（2011 年考题）

A．规划编制机关编制环境影响评价文件，并对其质量负责

B．环境影响评价技术机构对其编制的环境影响评价文件质量负责

C．规划编制机关会同环境保护主管部门编制环境影响评价文件，并共同对其质量负责

D．规划编制机关组织规划环境影响评价技术机构编制环境影响评价文件，并对其质量负责

3．依据《规划环境影响评价条例》，符合公众参与有关规定的有（　　）。（2011 年考题）

A．规划编制机关应当就规划的环境影响报告书公开征求意见

B．规划编制机关应当就规划的环境影响篇章或说明公开征求意见

C．规划编制机关应当就涉及公众环境权益的专项规划公开征求意见

D．规划环境影响评价技术机构应当就其编制的规划环境影响报告书公开征求意见

4．依据《规划环境影响评价条例》，审查小组提出的对规划环境影响报告书的审查意见应当包括（　　）。（2011 年考题）

A. 评价方法的适当性　　B. 基础资料、数据的真实性

C. 环境影响评价结论的科学性　　D. 环境影响经济损益分析的合理性

5. 依据《规划环境影响评价条例》，审查小组提出不予通过环境影响报告书的情形包括（　　）。（2011 年考题）

A. 对不良环境影响的分析、预测和评估不准确、不深入，需要进一步论证的

B. 规划实施可能造成重大不良环境影响，并且无法提出切实可行的预防或者减轻对策和措施的

C. 报告书未附具对公众意见采纳与不采纳情况及其理由的说明，或者不采纳公众意见的理由明显不合理的

D. 依据现有知识水平和技术条件，对规划实施可能产生的不良环境影响的程度或者范围不能作出科学判断的

6. 依据《规划环境影响评价条例》，规划环境影响跟踪评价的内容应当包括（　　）。（2011 年考题）

A. 跟踪评价的结论

B. 对规划提出的修订建议

C. 公众对规划实施产生的环境影响的意见

D. 规划实施中采取的预防不良环境影响的措施有效性的分析和评估

7. 依据《规划环境影响评价条例》，规划编制机关在组织环境影响评价时失职，造成环境影响评价严重失实的，由上级机关或监察机关（　　）。（2011 年考题）

A. 对规划编制机关处以罚款

B. 对规划编制机关予以通报批评

C. 对直接负责的主管人员，给予口头批评

D. 对直接负责的主管人员，依法给予处分

8. 依据《规划环境影响评价条例》及其配套的规范性文件，对规划包含的建设项目环境影响评价文件不予受理的情形包括（　　）。（2011 年考题）

A. 规划未进行环境影响评价的

B. 规划内的建设项目，其环境影响评价文件的内容未进行简化的

C. 规划已批准，但规划的布局发生重大调整后未重新或者补充进行环境影响评价的

D. 规划已批准，但规划的总规模发生重大调整后未重新或者补充进行环境影响评价的

9. 根据《规划环境影响评价条例》，规划的环境影响篇章或说明应当包括（　　）。（2012 年考题）

A. 资源环境承载能力分析

B．不良环境影响的分析和预测

C．与相关规划的环境协调性分析

D．预防或减轻不良环境影响的对策和措施

10．根据《规划环境影响评价条例》，审查小组对规划环境影响报告书提出的审查意见内容应当包括（　　）。（2012 年考题）

A．评价方法的适当性

B．基础资料、数据的真实性

C．资源环境承载能力的可接受性

D．环境影响分析、预测和评估的可靠性

11．根据《关于学习贯彻〈规划环境影响评价条例〉加强规划环境影响评价工作的通知》，推进重点区域规划环境影响评价的有关要求包括（　　）。（2012 年考题）

A．认真做好交通及重要基础设施规划环评，把规划布局作为切入点

B．不断强化矿产资源开发规划环评的实效性，把保障资源开发区域的生态服务功能作为落脚点

C．切实加强区域、流域、海域规划环评，把区域、流域、海域生态系统的整体性、长期性环境影响作为评价的关键点

D．努力推进城市规划环评，把规划环评早期介入城市总体规划及有关建设规划编制作为提高规划环评质量的着力点

12．根据《规划环境影响评价条例》，审查小组提出对规划环境影响报告书进行修改并重新审查的情形有（　　）。（2013 年考题）

A．基础资料、数据失实的

B．环境影响评价结论不明确、不合理或错误的

C．预防不良环境影响的对策和措施存在严重缺陷的

D．依据现有知识水平和技术条件，对规划实施的不良环境影响的程度或范围不能作出科学判断的（提出不予通过）

13．根据《关于学习贯彻〈规划环境影响评价条例〉加强规划环境影响评价工作的通知》，推进重点区域规划环评的要求包括（　　）。（2013 年考题）

A．把区域、流域、海域生态系统的整体性、长期性环境影响作为评价的关键点

B．认真做好交通及重要基础设施规划环评，把协调好规划布局与重要生态环境敏感区的关系作为着力点

C．将区域产业规划环评作为受理审批区域内高耗能项目环评文件的前提，避免产能过剩、重复建设引发新的区域性环境问题

D．严格规范各类开发区及工业园区规划环评，把园区布局、产业结构和重要环

保基础设施建设方案的环境合理性作为评价工作的重中之重

14．根据《规划环境影响评价条例》，地方铁路建设规划环境影响评价文件的主要内容包括（　　）。（2014 年考题）

A．环境影响评价结论

B．预防或者减轻不良环境影响的对策和措施

C．规划实施对环境可能造成影响的分析、预测和评估

D．对公众提出的意见采纳或者不采纳情况及其理由的说明

15．根据《规划环境影响评价条例》，专项规划环境影响报告书审查意见包括（　　）。（2014 年考题）

A．评价方法的适当性

B．评价标准的合理性

C．评价重点确定的准确性

D．环境影响分析、预测和评估的可靠性

16．根据《关于学习贯彻〈规划环境影响评价条例〉加强规划环境影响评价工作的通知》，推进重点领域规划环境影响评价的要求不包括（　　）。（2014 年考题）

A．进一步加强对钢铁、水泥等产能过剩行业规划的环境影响评价

B．认真做好交通及重要基础设施规划评价，把协调好规划布局与重要生态环境敏感区的关系作为着力点

C．将区域产业规划环评作为受理审批区城内高风险项目环评文件的前提，避免产能过剩、重复建设引发的区域性环境问题

D．努力提高城市规划评价质量，把规划环评早期介入城市总体规划及有关建设规划编制，实现与规划的全过程互动作为切入点

17．根据《关于学习贯彻〈规划环境影响评价条例〉加强规划环境影响评价工作的通知》，严格规范各类开发区及工业园区规划环评，把（　　）的环境合理性作为评价工作中的重中之重。（2014 年考题）

A．园区布局　　B．产业结构

C．资源利用　　D．重要环保基础设施建设方案

18．根据《规划环境影响评价条例》，规划环境影响报告书应当包括的内容有（　　）。（2015 年考题）

A．环境影响评价结论

B．预防或减轻不良环境影响的对策和措施

C．预防或减轻不良社会影响的对策和措施

D．规划实施对环境可能造成影响的分析、预测和评估

19. 根据《规划环境影响评价条例》，审查小组应当提出对环境影响评价报告书进行修改并重新审查的情形有（　　）。（2015 年考题）

A. 评价方法选择不当

B. 基础资料、数据失实的

C. 公众参与未涵盖有关单位和专家

D. 对环境正效应分析、预测和评估不准确、不深入，需要进一步论证的

20. 根据《规划环境影响评价条例》及相关文件，在各类开发区及工业园区的规划环评中，应把（　　）作为环评工作的重中之重。（2015 年考题）

A. 区域生态系统的整体性、长期性

B. 园区布局、产业结构的环境合理性

C. 重要环保设施建设方案的环境合理性

D. 规划布局与重要生态环境敏感区的协调性

21. 根据《规划环境影响评价条例》，下列关于某省交通规划环境影响报告书审查的说法中，正确的有（　　）。（2016 年考题）

A. 应当在交通规划审批前审查该环境影响报告书

B. 审查小组应当提出环境影响报告书的书面审查意见

C. 应当由专业环境影响技术评估机构召集环境影响报告书审查会

D. 应当由有关部门代表、专家及公众组成环境影响报告书审查小组

22. 根据《规划环境影响评价条例》，审查小组应当提出对环境影响报告书进行修改并重新审查的情形有（　　）。（2016 年考题）

A. 评价方法选择不当的

B. 基础资料、数据失实的

C. 公众参与未涵盖有关单位和专家的

D. 对环境正效应分析、预测和评估不准确、不深入、需要进一步论证的

23. 根据《关于加强规划环境影响评价与建设项目环境影响评价联动工作的意见》，产业园区规划环评的主要工作任务应包括（　　）。（2016 年考题）

A. 提出园区环境准入条件

B. 提出园区污染物排放总量上限要求

C. 结合城市或区域环境目标提出园区产业发展的负面清单

D. 提出优化产业定位、布局、结构、规模以及重大环境基础设施建设方案的建议

24. 根据《规划环境影响评价条例》，规划环境影响报告书应包括的内容有（　　）。（2017 年考题）

A．预防或者减轻不良环境影响的对策和措施

B．规划实施对环境可能造成影响的分析、预测和评估

C．规划实施对人群健康可能造成影响的分析、预测和评估

D．预防或者减轻不良环境影响的对策和措施的合理性和有效性

25．根据《规划环境影响评价条例》，规划环境影响的跟踪评价应包括的内容有（　）。（2017 年考题）

A．跟踪评价的结论

B．有关单位、专家对规划实施所产生的环境影响的意见采纳情况

C．规划实施中采取的预防或者减轻不良环境影响对策和措施有效性的分析和评估

D．规划实施后实际产生的环境影响与环境影响评价文件预测可能产生的环境影响之间的比较分析和评估

26．根据《规划环境影响评价条例》，下列内容中，属于规划环境影响跟踪评价应当包括的有（　　）。（2018 年考题）

A．跟踪评价的结论

B．规划修订建议及改进措施

C．公众对规划实施所产生的环境影响的意见

D．规划实施后实际产生的环境影响与环境影响评价文件预测可能产生的环境影响之间的比较分析和评估

27．根据《关于规划环境影响评价加强空间管制、总量管控和环境准入的指导意见（试行）》，关于环境准入的说法，正确的有（　　）。（2018 年考题）

A．对规划区域资源环境影响突出、经济社会贡献偏小的行业原则上应列入限制准入

B．根据环境保护政策规划、总量管控要求、清洁生产标准等，明确应限制或禁止的生产工艺或产品清单

C．如果规划拟发展的行业不满足单位面积（单位产值）的水耗、能耗、污染物排放量、环境风险等一项或多项指标的要求，应将其直接列入环境准入负面清单禁止规划建设

D．当区域（流域）环境质量现状超标时，应在推动落实污染物减排方案的同时根据环境质量改善目标，针对超标因子涉及的行业、工艺、产品等，提出更加严格的环境准入要求

参考答案

一、单项选择题

1. C 【解析】环境影响篇章或者说明应当包括下列内容：（1）规划实施对环境可能造成影响的分析、预测和评估。主要包括资源环境承载能力分析、不良环境影响的分析和预测以及与相关规划的环境协调性分析。（2）预防或者减轻不良环境影响的对策和措施。主要包括预防或者减轻不良环境影响的政策、管理或者技术等措施。

2. A 【解析】流域水电规划需作环境影响报告书。

3. A 【解析】从题中可知，属内容存在其他重大缺陷或者遗漏的，应对环境影响报告书进行修改并重新审查。

4. A 5. D

6. A 【解析】据城乡规划法，省、自治区人民政府所在地的城市以及国务院确定的城市总体规划，由省、自治区人民政府审查同意后，报国务院审批。因此，该市人民政府应将评价结果报告国务院。

7. A 8. B 9. A 10. C

11. A 【解析】规划编制机关应当对环境影响评价文件的质量负责。

12. D 【解析】审查小组提出不予通过环境影响报告书意见的情形之二是：规划实施可能造成重大不良环境影响，并且无法提出切实可行的预防或者减轻对策和措施的。

13. A

14. A 【解析】环境保护主管部门发现规划实施过程中产生重大不良环境影响的，应当及时进行核查。经核查属实的，向规划审批机关提出采取改进措施或者修订规划的建议。

15. B 16. C

17. A 【解析】某设区的城市编制矿产资源勘察规划应当编制环境影响篇章或者说明。

18. B 19. C

20. A 【解析】选项 A 太微观。

21. A

22. D 【解析】选项 D 属审查小组应当提出不予通过环境影响报告书的情形。

23. A 24. B 25. A

26. B 【解析】公众参与的责任主体是规划编制机关。

27. A 【解析】设区的市级以上人民政府审批的专项规划，在审批前由其环境保护主管部门召集有关部门代表和专家组成审查小组，对环境影响报告书进行审查。审查小组应当提交书面审查意见。

28. A 【解析】审查意见应当包括6个方面的内容：（1）基础资料、数据的真实性；（2）评价方法的适当性；（3）环境影响分析、预测和评估的可靠性；（4）预防或者减轻不良环境影响的对策和措施的合理性和有效性；（5）公众意见采纳与不采纳情况及其理由的说明的合理性；（6）环境影响评价结论的科学性。

29. A 【解析】国家经济区规划属于需编制环境影响篇章或说明的区域的建设、开发利用规划。

30. A 31. C

32. A 【解析】第三十四条：规划环境影响评价技术机构弄虚作假或者有失职行为，造成环境影响评价文件严重失实的，由国务院环境保护主管部门予以通报，处所收费用1倍以上3倍以下的罚款；构成犯罪的，依法追究刑事责任。

33. D 【解析】根据《关于做好矿产资源规划环境影响评价工作的通知》，需编写环境影响篇章或说明的矿产资源规划包括：全国矿产资源规划，全国及省级地质勘查规划，设区的市级矿产资源总体规划，重点矿种等专项规划。需编制环境影响报告书的矿产资源规划包括：省级矿产资源总体规划，设区的市级以上矿产资源开发利用专项规划，国家规划矿区、大型规模以上矿产地开发利用规划。县级矿产资源规划原则上不开展规划环境影响评价，各省级人民政府有规定的按照其规定执行。

34. D 35. C 36. C 37. B

38. D 【解析】公路、铁路及轨道交通规划环评，目前主要包括城市轨道交通建设规划、区域城际铁路建设规划及国家和省级公路网规划等，其环评应结合线路走向及规模，从维护区域生态系统完整性和稳定性、协调与城镇生活空间布局关系的角度，论证线网规模、布局、敷设方式和重要站场的环境合理性，提出选址、选线及避让生态环境敏感目标和重要生态环境功能区等要求，明确生态环境保护的对策措施。

39. A 【解析】“三线一单”，即落实“生态保护红线、环境质量底线、资源利用上线和环境准入负面清单”约束。

40. A 【解析】根据《规划环境影响评价条例》第十一条，环境影响篇章或者说明应当包括下列内容，作为规划草案的组成部分一并报送规划审批机关：（1）规划实施对环境可能造成影响的分析、预测和评估。主要包括资源环境承载能力分析、不良环境影响的分析和预测以及与相关规划的环境协调性分析。（2）预防或者减轻不良环境影响的对策和措施。主要包括预防或者减轻不良环境影响的政策、管理或者技术等措施。A选项环境影响评价结论不属于规划环境影响篇章或者说明内容。

41. B 【解析】根据《规划环境影响评价条例》第十七、十八条：①第十七条：设区的市级以上人民政府审批的专项规划，在审批前由其环境保护主管部门召集有关部门代表和专家组成审查小组，对环境影响报告书进行审查。审查小组应当提交书面审查意见。②第十八条：审查小组的专家应当从依法设立的专家库内相关专业的专家名单中随机抽取。但是，参与环境影响报告书编制的专家不得作为该环境影响报告书审查小组的成员。审查小组中专家人数不得少于审查小组总人数的二分之一；少于二分之一的，审查小组的审查意见无效。注意：仅是对专项规划环境报告书的审查（没有对篇章和说明的审查）。

42. A 【解析】根据《规划环境影响评价条例》第十九条：审查意见应当包括下列内容：（1）基础资料、数据的真实性；（2）评价方法的适当性；（3）环境影响分析、预测和评估的可靠性；（4）预防或者减轻不良环境影响的对策和措施的合理性和有效性；（5）公众意见采纳与不采纳情况及其理由的说明的合理性；（6）环境影响评价结论的科学性。审查意见应当经审查小组四分之三以上成员签字同意。审查小组成员有不同意见的，应当如实记录和反映。

43. C 【解析】《规划环境影响评价条例》第二十七条：规划实施过程中产生重大不良环境影响的，规划编制机关应当及时提出改进措施，向规划审批机关报告，并通报环境保护等有关部门。

44. D 【解析】《关于加强规划环境影响评价与建设项目环境影响评价联动工作的意见》规定，对于已经完成规划环评主要工作任务的重点领域规划，可以实施规划环评与规划所包含的项目环评的联动工作。本意见所指重点领域的规划环评是指包含重大项目布局、结构、规模等的规划环评，暂限定于本意见（5）至（9）中所列的相关领域规划环评（产业园区规划环评、公路、铁路及轨道交通规划环评、港口、航道规划环评、矿产资源开发规划环评、水利水电开发规划环评）。对于具有指导意义的综合性规划，其规划环评原则上不作为与项目环评联动的依据。

45. D 【解析】《关于加强规划环境影响评价与建设项目环境影响评价联动工作的意见》规定：产业园区规划环评应以推进区域环境质量改善以及做好园区环境风险防控为目标，在判别园区现有资源、环境重大问题的基础上，基于区域资源环境承载能力，针对园区规划方案，在主体功能区规划、城市总体规划尺度上判定园区选址、布局和主导产业选择的环境合理性，提出优化产业定位、布局、结构、规模以及重大环境基础设施建设方案的建议；提出园区污染物排放总量上限要求和环境准入条件，并结合城市或区域环境目标提出园区产业发展的负面清单。

46. C 【解析】《关于规划环境影响评价加强空间管制、总量管控和环境准入的指导意见（试行）》规定，规划环评应充分发挥优化空间开发布局、推进区域（流域）环境质量改善以及推动产业转型升级的作用，并在执行相关技术导则和技术规范的基础上，将空间管制、总量管控和环境准入作为评价成果的重要内容。加强空间管制，是指在明确并保护生态空间的前提下，提出优化生产空间和生活空间的意见和要求，推进构建有利于环境保护的国土空间开发格局。加强总量管控，是指应以推进环境质量改善为目标，明确区域（流域）及重点行业污染物排放总量上限，作为调控区域内产业规模和开发强度的依据。加强环境准入，是指在符合空间管制和总量管控要求的基础上，提出区域（流域）产业发展的环境准入条件，推动产业转型升级和绿色发展。

二、不定项选择题

1．ABC 【解析】规划环境影响评价技术机构弄虚作假或者有失职行为，造成环境影响评价文件严重失实的，由国务院环境保护主管部门予以通报，处所收费用1倍以上3倍以下的罚款。

2．A

3．AC 【解析】环境影响篇章或说明无须进行公众参与。公参的主体是规划编制机关，不是规划环境影响评价技术机构。

4．ABC 【解析】经济损益分析是建设项目环境影响报告书中的内容。

5．BD 6．ACD

7．D 【解析】规划编制机关在组织环境影响评价时弄虚作假或者有失职行为，造成环境影响评价严重失实的，对直接负责的主管人员和其他直接责任人员，依法给予处分。

8．ACD 【解析】已经批准的规划在实施范围、适用期限、规模、结构和布局等方面进行重大调整或者修订的，应当重新或者补充进行环境影响评价，未开展环评的，不予受理其规划中建设项目的环境影响评价文件。

9．ABCD 10．ABD

11．BCD 【解析】选项A的正确说法是：认真做好交通及重要基础设施规划环评，把协调好规划布局与重要生态环境敏感区的关系作为着力点。

12．ABC 【解析】选项D是不予通过的情形。

13．ABCD 14．ABC 15．AD

16．C 【解析】选项C的正确说法是：将区域产业规划环评作为受理审批区域内高耗能项目环评文件的前提，避免产能过剩、重复建设引发新的区域性环境问题。

17．ABD 【解析】环发〔2009〕96号中明确提出，严格规范各类开发区的规划环评，把园区布局、产业结构和重要环保基础设施建设方案的环境合理性作为重中之重。

18．ABD

19．AB 【解析】“未附具对公众意见采纳与不采纳情况及其理由的说明，或者不采纳公众意见的理由明显不合理的”“对不良环境影响的分析、预测和评估不准确、不深入，需要进一步论证的”属于重新审查的情形。

20．BC

21．AB 【解析】第十三条：设区的市级以上人民政府在审批专项规划草案，作出决策前，应当先由人民政府指定的环境保护行政主管部门或者其他部门召集有关部门代表和专家组成审查小组，对环境影响报告书进行审查。审查小组应当提出书面审查意见。

22．AB

23．ABCD 【解析】产业园区规划环评：应以推进区域环境质量改善以及做好园区环境风险防控为目标，在判别园区现有资源、环境重大问题的基础上，基于区域资源环境承载能力，针对园区规划方案，在主体功能区规划、城市总体规划尺度上判定园区选址、布局和主导产业选择的环境合理性，提出优化产业定位、布局、结构、规模以及重大环境基础设施建设方案的建议；提出园区污染物排放总量上限要求和环境准入条件，并结合城市或区域环境目标提出园区产业发展的负面清单。

24．ABD

25．ACD 【解析】选项B的正确说法是：公众对规划实施所产生的环境影响的意见。

26．ACD 【解析】《规划环境影响评价条例》第二十五条：规划环境影响的跟踪评价应当包括下列内容：（1）规划实施后实际产生的环境影响与环境影响评价文件预测可能产生的环境影响之间的比较分析和评估；（2）规划实施中所采取的预防或者减轻不良环境影响的对策和措施有效性的分析和评估；（3）公众对规划实施所产生的环境影响的意见；（4）跟踪评价的结论。

27．BCD 【解析】《关于规划环境影响评价加强空间管制、总量管控和环境准入的指导意见（试行）》规定，对规划区域资源环境影响突出、经济社会贡献偏小的行业原则上应列入禁止准入类。根据环境保护政策规划、总量管控要求、清洁生产标准等，明确应限制或禁止的生产工艺或产品清单。根据区域资源禀赋和生态环境保护要求，选取单位面积（单位产值）的水耗、能耗、污染物排放量、环境风险等一项或多项指标，作为制定规划区域行业环境准入负面清单的否定性指标并确定其限值。如果规划拟发展的行业不满足上述指标的要求，应将其直接列入环境准入负面清单，禁止规划建设。当区域（流域）环境质量现状超标时，应在推动落实污染物减排方案的同时，根据环境质量改善目标，针对超标因子涉及的行业、工艺、产品等，提出更加严格的环境准入要求。

四、建设项目环境影响评价

一、单项选择题

1.《建设项目环境影响评价分类管理名录》中规定的跨行业、复合型建设项目的环境影响评价类别，应当按（　）确定。（2010 年考题）

A．其中单项等级最高的类别

B．涉及行业的类别

C．省级环境保护行政主管部门认定的类别

D．国务院环境保护行政主管部门认定的类别

2．根据《建设项目环境影响评价分类管理名录》，确定建设项目环境影响评价类别的重要依据是（　）。（2011 年考题）

A．建设项目的规模和性质

B．建设项目的行业类别及投资额

C．建设项目所处环境的敏感性质和敏感程度

D．建设项目所处区域的环境容量和环境承载能力

3．根据《建设项目环境影响评价分类管理名录》，该名录未作规定的建设项目，其环境影响评价类别（　）。（2011 年考题）

A．由承担该项目环境影响评价的机构进行确定

B．由制定该名录的环境保护行政主管部门进行确定

C．由国务院环境保护行政主管部门进行确定

D．由省级环境保护行政主管部门提出建议，报国务院环境保护行政主管部门认定

4．根据《建设项目环境影响评价分类管理名录》，建设项目环境影响评价类别的规定，下列说法中，正确的是（　）。（2014 年考题）

A．复合型建设项目应编制环境影响报告书

B．跨行政区域的建设项目应编制环境影响报告书

C．涉及环境敏感区的建设项目应编制环境影响报告书

D．跨行业建设项目，其环境影响评价类别按其中单项等级最高的确定

5．根据《建设项目环境影响评价分类管理名录》，未作规定的建设项目环境影

响评价类别，应（ ）。（2014 年考题）

A．由建设项目报请具有审批权限的环境保护行政主管部门认定

B．由省级环境保护行政主管部门认定，报国务院环境保护行政主管部门备案

C．由省级环境保护行政主管部门提出建议，报国务院环境保护行政主管部门认定

D．由具有审批权限的环境保护行政主管部门提出建议，报国务院环境保护行政主管部门认定

6．根据《建设项目环境影响评价分类管理名录》，（ ）属于环境敏感区。（2014 年考题）

A．基本农田　　B．沙漠中的绿洲

C．生态保护小区　　D．水土流失重点防治区

7．根据《建设项目环境影响报告表（试行）》的内容及格式要求，下列说法中，正确的是（ ）。（2014 年考题）

A．环境影响报告表可由建设单位自行填报

B．环境影响报告表不需填报建设项目审批登记表

C．环境影响报告表可根据建设项目的特点和当地环境特征进行 1～3 项专项评价

D．环境影响报告表进行专项评价的，专项评价按照《环境影响评价技术导则》中的要求进行

8．根据《建设项目环境影响评价分类管理名录》，环境敏感区是指（ ）。（2016 年考题）

A．依法设立的各级各类自然、文化保护地，以及对建设项目的污染因子或者生态影响因子有特别关联度的区域

B．依法设立的各级各类自然、文化保护地，以及对建设项目的污染因子或者生态影响因子特别敏感的区域

C．依法设立的各级各类自然、人文环境保护区域，以及对建设项目的污染因子或者生态影响因子特别敏感的区域

D．依法设立的各级各类自然、人文环境保护区域，以及对建设项目的污染因子或者生态影响因子有特别关联度的区域

9．根据《关于切实加强风险防范严格环境影响评价管理的通知》，化工石化、有色冶炼、制浆造纸等可能引发环境风险的项目，在符合国家产业政策和清洁生产水平要求、满足污染物排放标准以及污染物排放总量控制指标的前提下，必须在（ ）的产业园区内布设。（2016 年考题）

A．依法设立，并经规划环评

B．依法设立，环境保护基础设施齐全

C．环境保护基础设施齐全，并经规划环评

D．依法设立，环境保护基础设施齐全并经规划环评

10．某石油炼制建设项目建设内容发生变动，根据《关于印发环评管理中部分行业建设项目重大变动清单的通知（试行）》该项目下列变动中，不属于重大变动的是（　　）。（2016年考题）

A．原料方案发生变化

B．新增溶剂脱沥青生产装置

C．储罐总数量增大25%，储罐总容积增大25%

D．地下水污染防治分区调整，降低地下水污染防渗等级

11．某企业计划建设大型化工项目，根据《环境影响评价法》和《建设项目环境影响评价文件分级审批规定》，不具有该项目环境影响评价文件审批权限的部门是（　　）。（2016年考题）

A．县级环境保护行政主管部门

B．省级环境保护行政主管部门

C．地级市环境保护行政主管部门

D．国务院环境保护行政主管部门

12．根据《建设项目环境保护事中事后监督管理办法（试行）》不属于事中监督管理内容的是（　　）。（2016年考题）

A．施工期环境管理和环境监测开展情况

B．竣工环境保护验收和排污许可证的实施情况

C．开展环境影响后评价及落实相应改进措施的情况

D．环境保护法律法规的遵守情况和环境保护部门做出的行政处罚决定落实情况

13．根据《环境影响评价法》，在项目建设、运行过程中产生不符合经审批的环境影响评价文件的情形的，建设单位应当组织环境影响的后评价，采取改进措施并（　　）。（2016年考题）

A．报原环境影响评价文件审批部门和建设项目审批部门审批

B．报原环境影响评价文件审批部门和建设项目审批部门备案

C．报具有该项目环境影响评价文件审批权限部门和建设项目审批部门审批

D．报具有该项目环境影响评价文件审批权限部门和建设项目审批部门备案

14．根据《建设项目环境影响后评价管理办法（试行）》，负责组织开展环境影响后评价工作，编制环境影响后评价文件，并对环境影响后评价结论负责的是（　　）。（2016年考题）

A．建设单位

B．承接建设项目后评价业务的机构

C．承接后评价环境监测的机构

D．受理环境影响后评价备案的环境保护主管部门

15．根据《建设项目环境影响评价后评价管理办法（试行）》，下列关于建设项目环境影响后评价时限要求的说法中，正确的是（　　）。（2016年考题）

A．建设项目环境影响后评价应当在建设项目试生产后三至五年内开展

B．建设项目环境影响后评价应当在建设项目开工建设后三至五年内开展

C．建设项目环境影响后评价应当在建设项目正式投入生产后三至五年内开展

D．当地环境保护主管部门可以根据建设项目的环境影响和环境要素变化特征，确定开展环境影响后评价的时限

16．在《建设项目环境影响评价分类管理名录》中未作规定的建设项目，关于其环境影响评价类别的确定，下列说法中，正确的是（　　）。（2017年考题）

A．因其在《建设项目环境影响评价分类管理名录》中未作规定，原则上豁免环境影响评价

B．由项目所在地环境保护行政主管部门根据建设项目的污染因子、生态影响因子特征及其所处环境的敏感性质和敏感程度确定

C．由具有审批权限的环境保护行政主管部门根据建设项目的污染因子、生态影响因子特征及其所处环境的敏感性质和敏感程度确定

D．由省级环境保护行政主管部门根据建设项目的污染因子、生态影响因子特征及其所处环境的敏感性质和敏感程度提出建议，报国务院环境保护行政主管部门认定

17．《建设项目环境影响评价分类管理名录》所称的环境敏感区，是指（　　）。（2017年考题）

A．依法设立的各级各类自然、文化保护地

B．依法设立的各级各类自然保护地，以及具有特殊历史、文化、科学、民族意义的保护区

C．依法设立的各级各类自然、文化保护地，以及对建设项目的某类污染因子或者生态影响因子特别敏感的区域

D．依法设立的各级各类自然生态保护地，以及以居住、医疗卫生、文化教育、科研、行政办公等为主要功能的区域，文物保护单位等文化保护地

18．根据《环境影响评价法》，建设项目环境影响报告表由（　　）编制。（2017年考题）

A．建设单位

B．建设单位委托的机构

C．环保主管部门指定的评价机构

D．具有相应环境影响评价资质的机构

19．根据《关于进一步加强水电建设环境保护工作的通知》，下列关于水电建设项目环境影响评价的说法中，错误的是（　）。（2017 年考题）

A．围堰工程和河床内导流工程纳入“三通一平”工程范围

B．水生生态保护的相关措施应列入水电项目筹建及准备期工作内容

C．在水电建设项目环境影响评价中要有“三通一平”工程环境影响回顾评价内容

D．水电项目筹建及准备期相关工程应作为一个整体项目纳入“三通一平”工程开展环境影响评价

20．根据《环境影响评价法》，下列关于建设项目环境影响评价文件重新报批和重新审核的说法中，正确的是（　）。（2017 年考题）

A．建设项目投资主体发生变化，建设单位应当重新报批建设项目的环境影响评价文件

B．建设项目防治污染的措施发生重大变动，建设单位应当重新报批建设项目的环境影响评价文件

C．建设项目自环境影响评价文件批准之日起五年建成投产，其环境影响评价文件应当报原审批单位重新审核

D．建设项目自环境影响评价文件批准之日起三年，方决定该项目开工建设，其环境影响评价文件应当报原审批单位重新审核

21．某热电联产火电机组建设内容发生变动。根据《关于印发环评管理中部分行业建设项目重大变动清单的通知（试行）》，不属于该建设项目重大变动的是（　）。（2017 年考题）

A．冷却方式变化　　　　B．排烟高度降低

C．配套灰场重新选址　　D．供热替代量减少 10%以下

22．根据《建设项目环境影响评价文件分级审批规定》，下列建设项目的环境影响评价文件，由环境保护部负责审批的是（　）。（2017 年考题）

A．核设施建设项目

B．机密工程建设项目

C．由国务院备案的建设项目

D．由国务院有关部门备案的对环境可能造成影响的建设项目

23．某城市拟新建燃煤热电联产项目，目前该城市区域颗粒物超标，根据《火电建设项目环境影响评价审批原则（试行）》，（　）符合该项目环境影响评价文件的审批原则。（2017 年考题）

A．封闭煤场

B．严格控制工业用水取用地下水

C．煤场采用防风抑尘网及覆盖的抑尘措施

D．单位发电量的煤耗、水耗和污染物排放量等指标达到清洁生产水平

24．根据《“十三五”环境影响评价改革实施方案》，下列关于加强规划环评与项目环评联动的说法中，错误的是（　　）。（2017 年考题）

A．依法将规划环评作为规划所包含项目环评文件审批的刚性约束

B．对已采纳规划环评要求的规划所包含的建设项目，简化相应环评内容

C．项目环评中发现规划实施造成重大不利环境影响的，应及时反馈规划编制机构

D．对高质量完成规划环评、各类管理清单清晰可行的产业园区，降低园区内环评文件的类别

25．根据《建设项目环境影响后评价管理办法（试行）》，（　　）的建设项目，建设和运行过程中产生不符合经审批的环境影响报告书的情形，应当开展环境影响后评价。（2017 年考题）

A．化工行业中有重大环境风险，建设地点敏感，且持续排放废水

B．冶金行业中有重大环境风险，建设地点敏感，且持续排放危险废物

C．钢铁行业中有重大环境风险，建设地点敏感，且持续排放大气污染物

D．石化行业中有重大环境风险，建设地点敏感，且持续排放持久性有机物

26．根据《建设项目环境影响后评价管理办法（试行）》，（　　）负责组织环境影响后评价。（2017 年考题）

A．建设单位　　　　　　　　B．当地人民政府

C．环境影响评价机构　　　　D．原环境影响评价文件的审批机构

27．根据《建设项目环境影响评价分类管理名录》，关于建设项目环境影响评价文件类别确定原则的说法，错误的是（　　）。（2018 年考题）

A．跨行业、复合型建设项目，其环境影响评价类别按其中单项等级最高的确定

B．建设单位应当严格按照名录确定建设项目环境影响评价类别，不得擅自改变环境影响评价类别

C．建设单位应当按照名录的规定，分别组织编制建设项目环境影响报告书、环境影响报告表或者填报环境影响登记表

D．名录未做规定的建设项目，其环境影响评价类别由省级环境保护行政主管部门根据建设项目的污染因子、生态影响因子特征及其所处环境的敏感性和敏感程度认定

28．某保密建设项目，建设地点涉及甲市的乙、丙两个县的行政区域，填报环

境影响登记表，根据《建设项目环境影响登记备案管理办法》，关于该项目环境影响登记表备案管理要求的说法，正确的是（　　）。（2018 年考题）

A．应向甲市环境保护主管部门备案，采用网上备案方式

B．应向甲市环境保护主管部门备案，采用纸质备案方式

C．应分别向乙、丙两个县级环境保护主管部门备案，采用网上备案方式

D．应分别向乙、丙两个县级环境保护主管部门备案，采用纸质备案方式

29．根据《建设项目环境保护管理条例》环境保护行政主管部门审批环境影响报告书，自收到环境影响报告书之日起（　　）内，做出审批决定并书面通知建设单位。（2018 年考题）

A．15 日　　B．30 日　　C．60 日　　D．90 日

30．某工业建设项目环境影响评价文件于 2010 年通过省级环境保护主管部门审批建设单位于 2016 年方决定开工建设，该建设项目供水方案发生重大变动，该建设项目环境影响评价文件审批权限已调整为市级环境保护主管部门，根据《中华人民共和国环境影响评价法》，关于该建设项目环境影响评价管理的说法，正确的是（　　）。（2018 年考题）

A．应纳入竣工环境保护验收管理

B．应当重新报批，该建设项目的环境影响评价文件

C．该建设项目的环境影响评价文件应当报省级环境保护行政主管部门重新审核

D．该建设项目的环境影响评价文件应当报市级环境保护主管部重新审核

31．某高速公路建设项目设计阶段发生重大变动，根据《高速公路建设项目重大变动清单（试行）》，属于重大变动的是（　　）。（2018 年考题）

A．设计车速增加 20%

B．线路长度增加 20%

C．线路横向位移超出 200 米长度累计达到原线路长度的 20%

D．项目变动导致新增声环境敏感点数量累计达到原敏感点数量的 20%

32．根据《环境影响评价公众参与暂行办法》，关于建设项目环境影响评价公众参与的规定，下列说法错误的是（　　）。（2018 年考题）

A．建设单位可采用便于公众知悉的方式，向公众公开有关环境影响评价的信息

B．环境保护行政主管部门应采用便于公众知悉的方式，向公众公开有关环境影响评价的信息

C．建设单位委托的环境影响评价机构可采用便于公众知悉的方式，向公众公开有关环境影响评价的信息

D．环境保护行政主管部门委托的评价机构应采用便于公众知悉的方式，向公众公开有关环境影响评价的信息

33. 根据《涉及国家级自然保护区建设项目生态影响专题报告编制指南（试行）》，关于专题报告编制要求的说法，错误的是（　　）。（2018 年考题）

A．项目负责人应具有高级专业技术职称

B．编制单位应具有工程咨询单位资格证书

C．编制人员应具有自然保护区及生态学等方面专业背景

D．评价范围应包括项目建设和运营直接影响和间接影响区，以及整个国家级自然保护区的范围

34. 根据《关于做好环境影响评价制度与排污许可制度衔接相关工作的通知》，关于其中涉及环境影响评价有关要求的说法，错误的是（　　）。（2018 年考题）

A．环境影响评价制度是建设项目的环境准入门槛，是申请排污许可证的前提和重要依据

B．改扩建项目的环境影响评价，应当将排污许可证执行情况作为现有工程回顾评价的主 要依据

C．分期建设的项目，环境影响报告书以及审批文件应当列明分期建设内容，建设单位根 据总允许排放量申请排污许可证

D．纳入排污许可管理的建设项目，可能造成重大环境影响、应当编制环境影响报告书的，原则上实行排污许可重点管理

35. 某汽车整车扩建项目位于大气污染防治重点区域内，根据《汽车整车制造建设项目环境影响评价文件审批原则（试行）》，关于该项目环境保护设施和措施要求的说法，错误的是（　　）。（2018 年考题）

A．焊接车间弧焊设备应采用焊接烟尘收集净化装置

B．冲压废料、废动力电池等一般工业固体废物应回收或综合利用

C．涂料车间脱脂等表面处理废液、电泳槽清洗废液应进行预处理

D．水性涂料等低挥发性有机物含量涂料占总涂料使用量比例不低于 50%

36. 依据《关于以改善环境质量为核心加强环境影响评价管理的通知》，关于建立“三挂钩”机制的说法，错误的是（　　）。（2018 年考题）

A．现有工程已经造成明显环境问题，应提出有效的整改方案和“以新带老”措施

B．对未达到环境质量目标考核要求的地区，依法暂停审批该地区排放相应重点污染物的项目环评文件

C．对环境质量现状超标的地区，项目拟采取的措施不能满足区域环境质量改善目标要求的，依法不予审批其环评文件

D．对于现有同类型项目环境污染严重，致使环境容量接近承载力的地区，在现有问题整改到位前，依法暂停审批该地区同类行业的项目环评文件

37. 根据《建设项目环境保护事中事后监督管理办法（试行）》，下列内容中，

不属于建设项目环境保护事中监督管理主要依据的是（ ）。（2018 年考题）

A．依法取得的排污许可证

B．经批准的环境影响评价文件

C．环境保护有关技术标准规范

D．环境保护有关法律法规的要求

38．根据《关于强化建设项目环境影响评价事中事后监管的实施意见》，关于加强建设项目环境影响评价事中监管的说法，错误的是（ ）。（2018 年考题）

A．对建设单位要重点监督其依法依规履行环评程序、开展公众参与情况

B．对环保部门要重点检查其对建设项目环境保护三同时监督检查情况

C．对环评单位要重点监督其是否依法依规开展作业，确保环评文件的数据资料真实、分析方法正确、结论科学可信

D．对技术评估机构要重点检查其技术评估能力、独立对环评文件进行技术评估并依法依规提出评估意见情况，是否存在乱收费行为

39．根据《建设项目竣工环境保护验收管理办法》，建设项目环境保护竣工环境的责任主体是（ ）。（2018 年考题）

A．建设单位

B．环境保护行政主管部门

C．受建设项目委托的有能力的监测机构

D．受建设项目委托的有能力的技术机构

40．根据《建设项目竣工环境保护暂行办法》，关于建设单位竣工环境保护验收的说法，正确的是（ ）。（2018 年考题）

A．具备能力的建设单位可自行编制竣工验收监测报告

B．建设单位应将验收报告以及其他档案资料报所在地县级环境保护主管部门存栏备查

C．建设单位应在验收报告编制完成后 15 个工作日内，公开验收报告，公示期限为 10 个工作日

D．验收报告编制完成后，建设单位应根据验收报告结论提出验收意见，对存在验收不合格问题提出整改建议

41．根据《建设项目环境影响后评价管理办法（试行）》，下列内容中，不属于环境影响后评价文件应当包括的是（ ）。（2018 年考题）

A．环境质量变化趋势分析　　B．不确定性环境影响的表现

C．环境保护设施竣工验收情况　　D．环境保护的技术、经济论证

42．根据《建设项目环境影响后评价管理办法（试行）》，关于开展环境影响评价后评价时段的说法，正确的是（ ）。（2018 年考题）

A．建设项目开工建设后3年内开展

B．建设项目开工建设后3～5年内开展

C．建设项目正式投入生产或运营后3年内开展

D．建设项目正式投入生产或运营后3～5年内开展

43．根据《环境影响评价工程师从业情况管理规定》，关于环境影响评价工程师从业申报要求的说法，错误的是（　　）。（2018年考题）

A．环境影响评价工程师专业类别申报累计满3年可进行变更

B．环境影响评价工程师调离环评机构的，应当自调离之日起30个工作日内申请注销

C．距首次申报超过3年重新申报的，除提交首次申报材料外，还应当提交近3年接受继续教育的证明

D．取得职业资格证书3年后首次申报从业的，除提交首次申请材料外，还应当提交近3年接受继续教育的证明

二、不定项选择题

1．《建设项目环境影响评价分类管理名录》所称环境敏感区包括（　　）。（2012年考题）

A．基本农田保护区　　B．资源型缺水地区

C．水土流失重点防治区　　D．以科研、行政办公为主要功能的区域

2．《建设项目环境影响报告表（试行）》要求填报的内容包括（　　）。（2013年考题）

A．公参参与　　B．环境影响分析

C．建设项目工程分析　　D．建设项目所在地自然环境和社会环境概况

3．《建设项目环境影响评价分类管理名录》所称环境敏感区包括（　　）。（2015年考题）

A．重要湿地　　B．自然保护区

C．工业集中区　　D．以行政办公为主要功能的区域

4．根据《建设项目环境影响评价分类管理名录》，下列说法中，正确的有（　　）。（2016年考题）

A．跨行业、复合型建设项目，其环境影响评价类别按其中单项等级最高的确定

B．建设项目所处环境的敏感性质和敏感程度，是确定建设项目环境影响评价类别的重要依据

C．各省级环境保护行政主管部门可以根据建设项目对环境影响的程度，对《建设项目环境影响评价分类名录》未做规定的建设项目，制定分类管理补充

目录

D．涉及环境敏感区的建设项目，应当严格按照《建设项目环境影响评价分类名录》确定其环境影响评价类别，不得擅自提高或者降低环境影响评价类别

5．根据《关于印发建设项目环境影响评价信息公开机制方案的通知》，要求建设单位公开的环评信息包括（　　）。（2016 年考题）

A．建设项目开工前的信息　　B．环境影响报告书编制信息

C．建设项目施工过程中的信息　　D．建设项目环境影响评价审批信息

6．根据《建设项目环境保护事中事后监督管理办法（试行）》，建设项目审批和事中监督管理过程中发现环境影响文件存在（　　）的，应当依法对环境影响评价机构和相关人员进行处罚。（2016 年考题）

A．信息公开内容不完整　　B．重要环境保护目标遗漏

C．主要环境保护措施缺失　　D．环境影响评价结论错误

7．根据《建设项目环境影响后评价管理办法（试行）》，（　　）应当开展环境影响后评价。（2016 年考题）

A．穿越重要生态环境敏感区的高速公路建设项目

B．生产原料、工艺和环保措施发生重大变动的化工建设项目

C．当地环境保护主管部门认为应当开展环境影响后评价的造纸项目

D．有重大环境风险，建设地点敏感，且持续排放持久性有机污染物的建设项目

8．根据《建设项目环境影响后评价管理办法（试行）》，受建设单位或生产经营单位委托，可以承担后评价文件编制的工作机构有（　　）。（2016 年考题）

A．大专院校　　B．工程设计单位

C．相关评估机构　　D．环境影响评价机构

9．根据《关于进一步加强环境影响评价管理防范环境风险的通知》，环境风险预测设定的最大可信事故应包括（　　）。（2017 年考题）

A．项目施工过程中生产设施发生火灾事故

B．项目施工过程中生产设施发生爆炸事故

C．项目营运过程中生产设施发生火灾、爆炸事故

D．项目营运过程中生产设施发生危险物质泄漏事故

10．根据《建设项目环境影响评价信息公开机制方案》，到 2016 年年底，建立全过程、全覆盖的建设项目环评信息公开机制，保障公众对项目建设的环境影响（　　）。（2017 年考题）

A．知情权　　B．参与权　　C．审核权　　D．监督权

11．根据《关于以改善环境质量为核心加强环境影响评价管理的通知》，下列说法中，错误的有（　　）。（2017 年考题）

A．禁止在优先保护类耕地集中区域新建制革项目

B．对环境质量现状超标的地区，依法不予审批该地区建设项目环评文件

C．对未达到环境质量目标考核要求的地区，依法暂停审批该地区新增排放污染物的项目环评文件

D．对于现有同类型项目环境污染严重，致使环境容量接近承载能力的地区，在现有问题整改到位前，依法暂停审批该地区新建同类行业的项目环评文件

12．根据《建设项目环境保护事中事后监督管理办法（试行）》，属于事中监督管理的内容有（　　）。（2017 年考题）

A．施工期环境监理和环境监测开展情况

B．竣工环境保护验收和排污许可证的实施情况

C．开展环境影响后评价及落实相应改进措施的情况

D．环境保护法律法规的遵守情况和环境保护部门作出的行政处罚决定落实情况

13．根据《建设项目环境影响评价分类管理名录》，下列区域中，属于环境敏感区的有（　　）。（2018 年考题）

A. 基本农田　　B. 海洋特别保护区

C. 水生生物的自然产卵场　　D. 以科研、行政办公等为主要功能的区域

14．根据《关于进一步加强水电建设环境保护工作的通知》，下列水电工程中属于应纳入“三通一平”工程，开展环境影响评价的有（　　）。（2018 年考题）

A．围堰工程

B．河床内导流工程

C．筹建及准备期相关工程

D．水生生态保护的相关措施工程

15．根据《建设项目环境保护管理条例》，下列环影响报告书（表）内容中属于环境保护行政主管部门审批应当重点审查的有（　　）。（2018 年考题）

A. 建设项目的环境可行性　　B. 环境保护措施的有效性

C. 基础资料、数据的准确性　　D. 环境影响评价结论的科学性

16．根据《建设项目环境保护管理条例》，下列情形中，属于环境保护行政主管部门应作出不予批准建设项目环境影响报书（表）决定的有（　　）。（2018 年考题）

A．环境影响评价结论不明确

B．建设项目的环境影响报告书（表）的基础资料数据明显不实

C．改建、扩建项目未针对项目原有环境污染提出有效防治措施

D．建设项目所在区域环境质量未达到国家环境质量标准，建设项目拟采取的措施满足区域环境质量改善目标管理要求

17．根据《建设项目竣工环境保护验收暂行办法》，下列内容中，属于建设项目竣工环境保护验收主要依据的有（ ）。（2018 年考题）

A．建设项目竣工环境保护验收技术规范

B．建设项目环境保护设施工程设计资料

C．建设项目环境保护相关标准和规范性文件

D．建设项目环境影响报告书（表）及审批部门审批决定

18．根据《建设项目环境影响后评价管理办法（试行）》，下列单位中，属于原则上不得承担建设项目环境影响后评价文件编制工作的有（ ）。（2018 年考题）

A．大专院校

B．承担该建设项目设计的工程设计单位

C．承担该建设项目环境影响报告书技术评估的评估机构

D．编制该建设项目环境影响报告书的环境影响评价机构

参考答案

一、单项选择题

1．A 2．C 3．D

4．D 【解析】其他三个选项没有规定一定是编制环境影响报告书。跨行业、复合型建设项目，其环境影响评价类型按其中单项等级最高的确定。

5．C

6．D 【解析】基本农田保护区和基本农田有区别。

7．D 【解析】建设项目环境影响报告表必须由具有环境影响评价资质的单位填写。报告表需填报建设项目审批登记表。根据建设项目的特点和当地环境特征，可进行 1～2 项专项评价，专项评价按环境影响评价技术导则中的要求进行。

8．B 【解析】本名录所称环境敏感区，是指依法设立的各级各类自然、文化保护地，以及对建设项目的某类污染因子或者生态影响因子特别敏感的区域。

9．D 【解析】化工石化、有色冶炼、制浆造纸等可能引发环境风险的项目，在符合国家产业政策和清洁生产水平要求、满足污染物排放标准以及污染物排放总量控制指标的前提下，必须在依法设立、环境保护基础设施齐全并经规划环评的产业园区内布设。

10. C 【解析】根据该通知中的石油炼制与石油化工建设项目重大变动清单（试行）：一次炼油加工能力、乙烯裂解加工能力增大 30%及以上；储罐总数量或总容积增大 30%及以上属于重大变动。该题虽考得较细，但可以用排除法选择。

11. A

12. C 【解析】事中监督管理的内容主要是，经批准的环境影响评价文件及批复中提出的环境保护措施落实情况和公开情况；施工期环境监理和环境监测开展情况；竣工环境保护验收和排污许可证的实施情况；环境保护法律法规的遵守情况和环境保护部门做出的行政处罚决定落实情况。

13. B 【解析】第二十七条：在项目建设、运行过程中产生不符合经审批的环境影响评价文件的情形的，建设单位应当组织环境影响的后评价，采取改进措施，并报原环境影响评价文件审批部门和建设项目审批部门备案；原环境影响评价文件审批部门也可以责成建设单位进行环境影响的后评价，采取改进措施。

14. A 【解析】第六条：建设单位或者生产经营单位负责组织开展环境影响后评价工作，编制环境影响后评价文件，并对环境影响后评价结论负责。

15. C 【解析】第八条：建设项目环境影响后评价应当在建设项目正式投入生产或者运营后三至五年内开展。原审批环境影响报告书的环境保护主管部门也可以根据建设项目的环境影响和环境要素变化特征，确定开展环境影响后评价的时限。

16. D

17. C 【解析】本名录所称环境敏感区，是指依法设立的各级各类自然、文化保护地，以及对建设项目的某类污染因子或者生态影响因子特别敏感的区域。

18. D

19. A 【解析】要规范水电项目“三通一平”工程环境影响评价工作。水电项目筹建及准备期相关工程应作为一个整体项目纳入“三通一平”工程开展环境影响评价。水生生态保护的相关措施应列为水电项目筹建及准备期工作内容；围堰工程（包括分期围堰）和河床内导流工程作为主体工程内容，不纳入“三通一平”工程范围。在水电建设项目环境影响评价中要有“三通一平”工程环境影响回顾性评价内容。

20. B 【解析】选项 D 的正确说法是：建设项目的环境影响评价文件自批准之日起超过五年，方决定该项目开工建设的，其环境影响评价文件应当报原审批部门重新审核。

21. D

22. A 【解析】绝密工程由环境保护部负责审批。国务院备案及有关部门备案，不是由环境保护部负责审批。

23. A 【解析】煤场和灰场采取有效的抑尘措施，厂界无组织排放符合相关标准限值要求。在环境敏感区或区域颗粒物超标地区设置封闭煤场。

24. D 【解析】加强规划环评与项目环评联动。依法将规划环评作为规划所包含项目环评文件审批的刚性约束。对已采纳规划环评要求的规划所包含的建设项目，简化相应环评内容。对高质量完成规划环评、各类管理清单清晰可行的产业园区，试点降低园区内部分行业项目环评文件的类别。项目环评中发现规划实施造成重大不利环境影响的，应及时反馈规划编制机关。注意“试点”两个字。

25. D 【解析】第三条：下列建设项目运行过程中产生不符合经审批的环境影响报告书情形的，应当开展环境影响后评价：（一）水利、水电、采掘、港口、铁路行业中实际环境影响程度和范围较大，且主要环境影响在项目建成运行一定时期后逐步显现的建设项目，以及其他行业中穿越重要生态环境敏感区的建设项目；（二）冶金、石化和化工行业中有重大环境风险，建设地点敏感，且持续排放重金属或者持久性有机污染物的建设项目；（三）审批环境影响报告书的环境保护主管部门认为应当开展环境影响后评价的其他建设项目。

26. A

27. D 【解析】根据《建设项目环境影响评价分类管理名录》第五条：跨行业、复合型建设项目，其环境影响评价类别按其中单项等级最高的确定。第四条：建设单位应当严格按照本名录确定建设项目环境影响评价类别，不得擅自改变环境影响评价类别。第二条：根据建设项目特征和所在区域的环境敏感程度，综合考虑建设项目可能对环境产生的影响，对建设项目的环境影响评价实行分类管理。建设单位应当按照本名录的规定，分别组织编制建设项目环境影响报告书、环境影响报告表或者填报环境影响登记表。第六条：本名录未作规定的建设项目，其环境影响评价类别由省级环境保护行政主管部门根据建设项目的污染因子、生态影响因子特征及其所处环境的敏感性质和敏感程度提出建议，报国务院环境保护行政主管部门认定。

28. D 【解析】根据《建设项目环境影响登记表备案管理办法》第六条：建设项目的建设地点涉及多个县级行政区域的，建设单位应当分别向各建设地点所在地的县级环境保护主管部门备案。第七条：建设项目环境影响登记表备案采用网上备案方式。对国家规定需要保密的建设项目，建设项目环境影响登记表备案采用纸质备案方式。

29. C

30. C 【解析】《环境影响评价法》第二十四条建设项目的环境影响评价文件经批准后，建设项目的性质、规模、地点、采用的生产工艺或者防治污染、防止生态破坏的措施发生重大变动的，建设单位应当重新报批建设项目的环境影响评价文件。建设项目的环境影响评价文件自批准之日起超过五年，方决定该项目开工建设的，其环境影响评价文件应当报原审批部门重新审核；原审批部门应当自收到建设项目环境影响评价文件之日起10日内，将审核意见书面通知建设单位。

31．A 【解析】根据《高速公路建设项目重大变动清单（试行）》，规模：（1）车道数或设计车速增加。（2）线路长度增加30%及以上。地点：（3）线路横向位移超出200 m的长度累计达到原线路长度的30%及以上。（4）工程线路、服务区等附属设施或特大桥、特长隧道等发生变化，导致评价范围内出现新的自然保护区、风景名胜区、饮用水水源保护区等生态敏感区，或导致出现新的城市规划区和建成区。（5）项目变动导致新增声环境敏感点数量累计达到原敏感点数量的30%及以上。

32．D 【解析】《环境影响评价公众参与暂行办法》第七条：建设单位或者其委托的环境影响评价机构、环境保护行政主管部门应当按照本办法的规定，采用便于公众知悉的方式，向公众公开有关环境影响评价的信息。

33．B 【解析】根据《涉及国家级自然保护区建设项目生态影响专题报告编制指南（试行）》总则规定，《专题报告》编制单位应具有相应的建设项目环境影响评价资质证书或工程咨询单位资格证书，项目负责人应具有高级专业技术职称，编制人员应当具有自然保护区及生态学等方面专业背景。《专题报告》编制的评价范围应包括项目建设和运营直接影响和间接影响区，以及整个国 家级自然保护区的范围。

34．C 【解析】《关于做好环境影响评价制度与排污许可制衔接相关工作的通知》规定，环境影响评价制度是建设项目的环境准入门槛，是申请排污许可证的前提和重要依据；改扩建项目的环境影响评价，应当将排污许可证执行情况作为现有工程回顾评价的主要依据；分期建设的项目，环境影响报告书（表）以及审批文件应当列明分期建设内容，明确分期实施后排放口数量、位置以及每个排放口的污染物种类、允许排放浓度和允许排放量、排放方式、排放去向、自行监测计划等与污染物排放相关的主要内容，建设单位应据此分期申请排污许可证。分期实施的允许排放量之和不得高于建设项目的总允许排放量。纳入排污许可管理的建设项目，可能造成重大环境影响、应当编制环境影响报告书的，原则上实行排污许可重点管理；可能造成轻度环境影响、应当编制环境影响报告表的，原则上实行排污许可简化管理。

35．D 【解析】《汽车整车制造建设项目环境影响评价文件审批原则（试行）》规定，焊接车间弧焊设备采用焊接烟尘收集净化装置。冲压废料、废动力电池等一般工业固体废物应回收或综合利用。涂装车间脱脂等表面处理废液、电泳槽清洗废液、喷漆废水和机械加工车间废切削液、废清洗液应进行预处理。大气污染防治重点区域内新建、扩建汽车项目，水性涂料等低挥发性有机物含量涂料占总涂料使用量比例不低于80%。

36. B 【解析】《关于以改善环境质量为核心加强环境影响评价管理的通知》规定，对于现有同类型项目环境污染或生态破坏严重、环境违法违规现象多发，致使环境容量接近或超过承载能力的地区，在现有问题整改到位前，依法暂停审批该地区同类行业的项目环评文件。改建、扩建和技术改造项目，应对现有工程的环境保护措施及效果进行全面梳理；如现有工程已经造成明显环境问题，应提出有效的整改方案和“以新带老”措施。对环境质量现状超标的地区，项目拟采取的措施不能满足区域环境质量改善目标管理要求的，依法不予审批其环评文件。对未达到环境质量目标考核要求的地区，除民生项目与节能减排项目外，依法暂停审批该地区新增排放相应重点污染物的项目环评文件。

37. A 【解析】《建设项目环境保护事中事后监督管理办法（试行）》第三条：事中监督管理的主要依据是经批准的环境影响评价文件及批复文件、环境保护有关法律法规的要求和技术标准规范。

38. B 【解析】加强事中监管，对建设单位要重点监督其依法依规履行环评程序、开展公众参与情况；对环保部门要重点检查其环评审批行为和审批程序合法性、审批结果合规性；对环评单位要重点监督其是否依法依规开展作业，确保环评文件的数据资料真实、分析方法正确、结论科学可信；对技术评估机构要重点检查其技术评估能力、独立对环评文件进行技术评估并依法依规提出评估意见情况，是否存在乱收费行为。

39. A 【解析】《建设项目竣工环境保护验收暂行办法》第四条：建设单位是建设项目竣工环境保护验收的责任主体。

40. A

41. D 【解析】《建设项目环境影响后评价管理办法（试行）》第七条：建设项目环境影响后评价文件应当包括以下内容：（1）建设项目过程回顾，包括环境影响评价、环境保护措施落实、环境保护设施竣工验收、环境监测情况，以及公众意见收集调查情况等；（2）建设项目工程评价，包括项目地点、规模、生产工艺或者运行调度方式，环境污染或者生态影响的来源、影响方式、程度和范围等；（3）区域环境变化评价，包括建设项目周围区域环境敏感目标变化、污染源或者其他影响源变化、环境质量现状和变化趋势分析等；（4）环境保护措施有效性评估，包括环境影响报告书规定的污染防治、生态保护和风险防范措施是否适用、有效，能否达到国家或者地方相关法律、法规、标准的要求等；（5）环境影响预测验证，包括主要环境要素的预测影响与实际影响差异，原环境影响报告书内容和结论有无重大漏项或者明显错误，持久性、累积性和不确定性环境影响的表现等；（6）环境保护补救方案和改进措施；（7）环境影响后评价结论。

42．D 【解析】《建设项目环境影响后评价管理办法（试行）》第八条：建设项目环境影响后评价应当在建设项目正式投入生产或者运营后3～5年内开展。原审批环境影响报告书的环境保护主管部门也可以根据建设项目的环境影响和环境要素变化特征，确定开展环境影响后评价的时限。

43．C

二、不定项选择题

1．ABCD 2．BCD 3．ABD

4．ABD 【解析】本名录未作规定的建设项目，其环境影响评价类别由省级环境保护行政主管部门根据建设项目的污染因子、生态影响因子特征及其所处环境的敏感性质和敏感程度提出建议，报国务院环境保护行政主管部门认定。

5．ABC 【解析】“建设项目环境影响报告书（表）审批信息”属环境保护主管部门环评信息公开的内容。建设单位需公开建设项目建成后的信息，包括向社会公开建设项目环评提出的各项环境保护设施和措施执行情况、竣工环境保护验收监测和调查结果。

6．BCD 【解析】第十二条：建设项目审批和事中监督管理过程中发现环境影响评价文件存在重要环境保护目标遗漏、主要环境保护措施缺失、环境影响评价结论错误、因环境影响评价文件所提污染防治和生态保护措施不合理而造成重大环境污染事故或存在重大环境风险隐患的，对环境影响评价机构和相关人员，除依照《环境影响评价法》的规定降低资质等级或者吊销资质证书并处罚款外，还应当依法追究连带责任。

7．AD 【解析】审批环境影响报告书的环境保护主管部门认为应当开展环境影响后评价的其他建设项目。注意是审批部门，不是当地部门。

8．ABCD 【解析】建设单位或者生产经营单位可以委托环境影响评价机构、工程设计单位、大专院校和相关评估机构等编制环境影响后评价文件。

9．ABCD 【解析】包括项目施工、营运等过程中生产设施发生火灭、爆炸，危险物质发生泄漏等事故。

10．ABD

11．ABCD 【解析】这题考得很细。选项A的正确说法是：严格控制在优先保护类耕地集中区域新建有色金属冶炼、石油加工、化工、焦化、电镀、制革等项目。选项B的正确说法是：对环境质量现状超标的地区，项目拟采取的措施不能满足区域环境质量改善目标管理要求的，依法不予审批其环评文件。选项C的正确说法是：对未达到环境质量目标考核要求的地区，除民生项目与节能减排项目外，依法暂停审批该地区新增排放相应重点污染物的项目环评文件。选项 D 的正确说法是：对于现有同类型项目环境污染或生态破坏严重、环境违法违规现象多发，致使环境容量接近或超过承载能力的地区，在现有问题整改到位前，依法暂停审批该地区同类行业的项目环评文件（不一定是新建）。

12. ABD 【解析】事中和事后的分界线是“竣工环境保护验收或排污许可证”，之后的环保事宜为事后监督管理。

13. BD 【解析】《建设项目环境影响评价分类管理名录》第三条：本名录所称环境敏感区是指依法设立的各级各类保护区域和对建设项目产生的环境影响特别敏感的区域，主要包括生态保护红线范围内或者其外的下列区域：（1）自然保护区、风景名胜区、世界文化和自然遗产地、海洋特别保护区、饮用水水源保护区；（2）基本农田保护区、基本草原、森林公园、地质公园、重要湿地、天然林、野生动物重要栖息地、重点保护野生植物生长繁殖地、重要水生生物的自然产卵场、索饵场、越冬场和洄游通道、天然渔场、水土流失重点防治区、沙化土地封禁保护区、封闭及半封闭海域；（3）以居住、医疗卫生、文化教育、科研、行政办公等为主要功能的区域，以及文物保护单位。

14. CD 【解析】《关于进一步加强水电建设环境保护工作的通知》规定，水电项目筹建及准备期相关工程应作为一个整体项目纳入“三通一平”工程开展环境影响评价。水生生态保护的相关措施应列为水电项目筹建及准备期工作内容；围堰工程（包括分期围堰）和河床内导流工程作为主体工程内容，不纳入“三通一平”工程范围。在水电建设项目环境影响评价中要有“三通一平”工程环境影响回顾性评价内容。

15. ABD 【解析】《建设项目环境保护管理条例》第九条：环境保护行政主管部门审批环境影响报告书、环境影响报告表，应当重点审查建设项目的环境可行性、环境影响分析预测评估的可靠性、环境保护措施的有效性、环境影响评价结论的科学性等。

16. ABC 【解析】《建设项目环境保护管理条例》第十一条：建设项目有下列情形之一的，环境保护行政主管部门应当对环境影响报告书、环境影响报告表作出不予批准的决定：（1）建设项目类型及其选址、布局、规模等不符合环境保护法律法规和相关法定规划；（2）所在区域环境质量未达到国家或者地方环境质量标准，且建设项目拟采取的措施不能满足区域环境质量改善目标管理要求；（3）建设项目采取的污染防治措施无法确保污染物排放达到国家和地方排放标准，或者未采取必要措施预防和控制生态破坏；（4）改建、扩建和技术改造项目，未针对项目原有环境污染和生态破坏提出有效防治措施；（5）建设项目的环境影响报告书、环境影响报告表的基础资料数据明显不实，内容存在重大缺陷、遗漏，或者环境影响评价结论不明确、不合理。

17. ACD 【解析】《建设项目竣工环境保护验收暂行办法》第三条：建设项目竣工环境保护验收的主要依据包括：（1）建设项目环境保护相关法律、法规、规章、标准和规范性文件；（2）建设项目竣工环境保护验收技术规范；（3）建设项目环境影响报告书（表）及审批部门审批决定。

18. D 【解析】《建设项目环境影响后评价管理办法（试行）》第六条：建设单位或者生产经营单位负责组织开展环境影响后评价工作，编制环境影响后评价文件，并对环境影响后评价结论负责。建设单位或者生产经营单位可以委托环境影响评价机构、工程设计单位、大专院校和相关评估机构等编制环境影响后评价文件。编制建设项目环境影响报告书的环境影响评价机构，原则上不得承担该建设项目环境影响后评价文件的编制工作。

五、环境影响评价相关法律法规

（一）《大气污染防治法》

一、单项选择题

1．根据《大气污染防治法》大气环境质量限期达标规划的规定，城市大气环境质量限期达标规划应（　　）。（2016 年考题）

A．报国务院环境保护主管部门批准

B．报国务院环境保护主管部门备案

C．征求有关行政管理部门以及公众的意见

D．根据大气污染防治的要求和经济、技术条件适时进行评估、修订

2．根据《大气污染防治法》燃烧污染防治有关规定，在集中供热管网覆盖地区，下列行为，正确的是（　　）。（2016 年考题）

A．新建天然气锅炉

B．拆除所有燃煤供热锅炉

C．扩建采用脱硫煤的锅炉

D．改建未能达标排放的燃煤供热锅炉

3．某木制品加工厂采用含有挥发性有机物的粘胶，生产符合欧盟产品质量标准的室内木制地板。根据《大气污染防治法》工业污染防治有关规定，其产品中的挥发性有机物含量应当符合（　　）。（2016 年考题）

A．欧盟产品质量标准要求　　B．国家产品质量标准要求

C．环境空气质量标准要求　　D．室内空气质量标准要求

4．某露天贮煤场，煤炭贮量 40 万 t，堆高 12 m，采用 10 m 高的防尘网进行扬尘控制。根据《大气污染防治法》扬尘污染防治有关要求，该贮煤场应进一步完善的扬尘污染防治措施是（　　）。（2016 年考题）

A．设置挡煤墙

B．定期压实煤堆

C．围绕煤堆建 2 m 高的实体围墙

D．防尘网高度加至 12 m 以上，并对煤堆进行有效覆盖

5．根据《大气污染防治法》重点区域大气污染联合防治有关规定，在国家大气污染防治重点区域内新建用煤项目，应当实行（　　）。（2016 年考题）

A．清洁生产审核　　B．节能降耗审核

C．煤炭等量替代　　D．清洁能源替代

6．某省人民政府拟制定该省挥发性有机污染物排放标准。根据《大气污染防治法》大气污染防治标准的有关规定，该标准的制定应当以（　　）为依据。（2017 年考题）

A．大气环境质量标准和大气污染物排放标准

B．大气环境质量标准和国家经济、技术条件

C．大气污染物排放标准和国家经济、技术条件

D．地方大气环境质量标准和地方经济、技术条件

7．根据《大气污染防治法》大气污染源监测的有关规定，企业单位、其他生产经营者应当对其排放的有毒有害大气污染物（　　）。（2017 年考题）

A．进行监测

B．安装自动监测设备进行监测

C．进行监测，并保存原始监测记录

D．安装使用自动监测设备，并与环境主管部门的监控设备联网

8．某企业采用挥发性有机物含量低的涂料，在靠近厂界的露天场地进行涂装作业，经监测该侧厂界浓度超标。根据《大气污染防治法》工业污染防治的有关规定，该企业优先考虑的整改措施是（　　）。（2017 年考题）

A．减少涂料的使用量

B．在厂界外设置大气环境防护距离

C．将涂装作业迁至室内进行，并按规定安装使用相应的污染防治措施

D．将涂装作业迁至厂区中央露天场地进行，并确保各厂界污染物浓度达标

9．根据《大气污染防治法》恶臭气体污染防治的有关规定，产生恶臭气体的企业单位，应当科学选址，设置（　　），并安装净化装置或采取其他措施，防止排放恶臭气体。（2017 年考题）

A．环境防护距离　　B．卫生防护距离

C．合理的防护距离　　D．大气环境防护距离

10．根据《大气污染防治法》，关于重点排污单位污染源监测有关规定的说法，

正确的是（　　）。（2018 年考题）

A．重点排污单位应当对自动监测数据的真实性和准确性负责

B．环境监测机构应当对自动监测数据的真实性和准确性负责

C．环境保护主管部门及环境监测机构应当对自动监测数据的真实性和准确性负责

D．重点排污单位及其委托的第三方监测机构应当对自动监测数据的真实性和准确性负责

11．根据《大气污染防治法》，下列原油成品油码头装置中，属于按国家有关规定应当安装并保持正常使用的是（　　）。（2018 年考题）

A．油气处理装置　　B．油气监控装置

C．油气报警装置　　D．油气回收装置

12．根据《大气污染防治法》，关于扬尘污染防治有关规定的说法，正确的是（　　）。（2018 年考题）

A．建筑土方在施工场地内堆存的，应当进行资源化处理

B．建筑土方在施工场地内堆存的，应当采用密闭式防尘网遮盖

C．建筑土方在施工场地内堆存的，应当采取相应水土流失防治措施

D．建筑土方在施工场地内堆存的，应当采取喷淋等方式防治扬尘污染

13．位于大气污染防治重点区域的甲省拟建设可能对相邻乙省大气环境质量产生重大影响的建设项目。根据《大气污染防治法》，关于该项目大气污染联合防治有关要求的说法，正确的是（　　）。（2018 年考题）

A．甲省应及时向乙省通报该项目有关信息，进行会商

B．该项目环境影响评价文件无须考虑对乙省的环境影响

C．该项目环境影响评价文件审批应征得乙省人民政府的同意

D．该项目环境影响评价文件应由国务院环境保护主管部门审批

二、不定项选择题

1．根据《大气污染防治法》，大气污染源监测的有关规定，重点排污单位在其生产经营过程中应当（　　）。（2016 年考题）

A．安装、使用大气污染物排放自动监测设备

B．保护监测设备正常运行并依法公开排放信息

C．将自动监测设备与环境保护主管部门的监控设备联网

D．委托有相应资质的第三方，对自动监控设备进行运行管理

2．某商住地产项目，一至四层为商业服务设施（包括中餐餐饮），五层及以上为居住层。根据《大气污染防治法》恶臭气体防治有关规定，其环评文件中提出的

餐饮设施污染防治措施应包括（　　）。（2016 年考题）

A．商住楼设置专用烟道

B．不得设置产生油烟的餐饮服务设施

C．产生油烟的餐饮服务设施应建在五层以下

D．餐饮设施安装油烟净化装置并保持正常使用

3．根据《大气污染防治法》，燃煤和其他能源污染防治有关规定，国家鼓励燃煤单位采用先进的（　　）等大气污染物协同控制的技术和装置减少大气污染物的排放。（2017 年考题）

A．脱硝　　B．脱酸　　C．脱汞　　D．除尘、脱硫

4．根据《大气污染防治法》，施工单位应当采取的扬尘污染防治措施有（　　）。（2017 年考题）

A．冲洗地面和车辆

B．及时清运建筑垃圾

C．在施工工地设置硬质围挡

D．暂时不能开工的建设用地，对裸露地面进行覆盖

5．根据《大气污染防治法》，农业污染防治的有关规定，鼓励和支持采用先进适用技术，对秸秆、落叶等进行（　　）综合利用。（2017 年考题）

A．肥料化　　B．饲料化　　C．减量化　　D．无害化

6．根据《大气污染防治法》，关于大气环境质量和污染源监测有关规定的说法，正确的有（　　）。（2018 年考题）

A．重点排污单位应当安装、使用大气污染物排放自动监测设备

B．重点排污单位应当保证监测设备正常运行并依法公开排放信息

C．重点排污单位应将自动监测设备与环境保护主管部门的监控设备联网

D. 重点排污单位应当委托有相应资质的第三方维护自动监测设备的正常运行

7．根据《大气污染防治法》，下列依据中，属于国务院环境保护主管部门划定的国家大气污染防治重点区域的有（　　）。（2018 年考题）

A．主体功能区划　　B．大气环境功能区划

C．区域大气环境质量状况　　D．大气污染物传输扩散规律

参考答案

一、单项选择题

1．D　【解析】第十七条：城市大气环境质量限期达标规划应当根据大气污染

防治的要求和经济、技术条件适时进行评估、修订。

2. A 【解析】》第三十九条：城市建设应当统筹规划，在燃煤供热地区，推进热电联产和集中供热。在集中供热管网覆盖地区，禁止新建、扩建分散燃煤供热锅炉；已建成的不能达标排放的燃煤供热锅炉，应当在城市人民政府规定的期限内拆除。

3. B 【解析】第四十四条：生产、进口、销售和使用含挥发性有机物的原材料和产品的，其挥发性有机物含量应当符合质量标准或者要求。

4. D 【解析】贮存煤炭、煤矸石、煤渣、煤灰、水泥、石灰、石膏、砂土等易产生扬尘的物料应当密闭；不能密闭的，应当设置不低于堆放物高度的严密围挡，并采取有效覆盖措施防治扬尘污染。

5. C 【解析】国家大气污染防治重点区域内新建、改建、扩建用煤项目的，应当实行煤炭的等量或者减量替代。

6. B 【解析】第九条：国务院环境保护主管部门或者省、自治区、直辖市人民政府制定大气污染物排放标准，应当以大气环境质量标准和国家经济、技术条件为依据。

7. C 8. C

9. C 【解析】第八十条：企业事业单位和其他生产经营者在生产经营活动中产生恶臭气体的，应当科学选址，设置合理的防护距离，并安装净化装置或者采取其他措施，防止排放恶臭气体。

10. A 【解析】第二十五条：重点排污单位应当对自动监测数据的真实性和准确性负责

11. D 【解析】第四十七条：储油储气库、加油加气站、原油成品油码头、原油成品油运输船舶和油罐车、气罐车等，应当按照国家有关规定安装油气回收装置并保持正常使用。

12. B 【解析】第六十九条：施工单位应当在施工工地设置硬质围挡，并采取覆盖、分段作业、择时施工、洒水抑尘、冲洗地面和车辆等有效防尘降尘措施。建筑土方、工程渣土、建筑垃圾应当及时清运；在场地内堆存的，应当采用密闭式防尘网遮盖。工程渣土、建筑垃圾应当进行资源化处理。

13. A 【解析】第八十条：重点区域内有关省、自治区、直辖市建设可能对相邻省、自治区、直辖市大气环境质量产生重大影响的项目，应当及时通报有关信息，进行会商。

二、不定项选择题

1. ABC 【解析】第二十四条：企业事业单位和其他生产经营者应当按照国家有关规定和监测规范，对其排放的工业废气和本法第七十八条规定名录中所列有毒有害大气污染物进行监测，并保存原始监测记录。其中，重点排污单位应当安装、使用大气污染物排放自动监测设备，与环境保护主管部门的监控设备联网，保证监测设备正常运行并依法公开排放信息。

2. AD 【解析】排放油烟的餐饮服务业经营者应当安装油烟净化设施并保持正常使用，或者采取其他油烟净化措施，使油烟达标排放，并防止对附近居民的正常生活环境造成污染。禁止在居民住宅楼、未配套设立专用烟道的商住综合楼以及商住综合楼内与居住层相邻的商业楼层内新建、改建、扩建产生油烟、异味、废气的餐饮服务项目。

3. ACD 【解析】国家鼓励燃煤单位采用先进的除尘、脱硫、脱硝、脱汞等大气污染物协同控制的技术和装置，减少大气污染物的排放。此题考得很细，容易漏掉“脱汞”。

4. ABCD 【解析】第六十九条：施工单位应当在施工工地设置硬质围挡，并采取覆盖、分段作业、择时施工、洒水抑尘、冲洗地面和车辆等有效防尘降尘措施。建筑土方、工程渣土、建筑垃圾应当及时清运；在场地内堆存的，应当采用密闭式防尘网遮盖。工程渣土、建筑垃圾应当进行资源化处理。施工单位应当在施工工地公示扬尘污染防治措施、负责人、扬尘监督管理主管部门等信息。暂时不能开工的建设用地，建设单位应当对裸露地面进行覆盖；超过三个月的，应当进行绿化、铺装或者遮盖。

5. AB 【解析】第七十六条：各级人民政府及其农业行政等有关部门应当鼓励和支持采用先进适用技术，对秸秆、落叶等进行肥料化、饲料化、能源化、工业原料化、食用菌基料化等综合利用，加大对秸秆还田、收集一体化农业机械的财政补贴力度。

6. ABC 【解析】第二十四条：企业事业单位和其他生产经营者应当按照国家有关规定和监测规范，对其排放的工业废气和本法第七十八条规定名录中所列有毒有害大气污染物进行监测，并保存原始监测记录。其中，重点排污单位应当安装、使用大气污染物排放自动监测设备，与生态环境主管部门的监控设备联网，保证监测设备正常运行并依法公开排放信息。监测的具体办法和重点排污单位的条件由国务院生态环境主管部门规定。第二十六条：禁止侵占、损毁或者擅自移动、改变大气环境质量监测设施和大气污染物排放自动监测设备。是否委托有相应资质的第三方维护自动监测设备的正常运行法律没有作出规定。

7. ACD 【解析】第八十六条：国家建立重点区域大气污染联防联控机制，统筹协调重点区域内大气污染防治工作。国务院生态环境主管部门根据主体功能区划、区域大气环境质量状况和大气污染传输扩散规律，划定国家大气污染防治重点区域，报国务院批准。

（二）《水污染防治法》

一、单项选择题

1．依据《水污染防治法》，在饮用水水源准保护区内被禁止的行为是（　　）。（2009 年、2010 年考题）

A．垂钓　　B．网箱养殖

C．新设排污口　　D．扩建对水体污染严重但不增加排污量的项目

2．依据《水污染防治法》，当饮用水水源受到污染并可能威胁到供水安全时，有权作出责令有关企业事业单位采取停止或减少排放水污染物等措施决定的是（　　）。（2009 年考题）

A．当地人民政府　　B．水行政主管部门

C．环境保护主管部门　　D．建设行政主管部门

3．《水污染防治法》的适用范围不包括（　　）。（2010 年考题）

A．湖泊污染防治　　B．渠道污染防治

C．海洋污染防治　　D．地下水污染防治

4．依据《水污染防治法》，对超过 COD 排放总量控制指标的地区，环境保护主管部门应当暂停审批（　　）的环境影响评价文件。（2010 年考题）

A．新建水电站　　B．新建制浆造纸厂

C．新建输变电工程　　D．铁路电气化改造工程

5．依据《水污染防治法》，关于水污染防治措施，下列说法中错误的是（　　）。（2010 年考题）

A．水质差异大的多层地下水可以混合开采

B．人工回灌补给地下水不得恶化地下水质

C．已受污染的潜水和承压水不得混合开采

D．利用工业废水和城镇污水进行灌溉，应当防止污染地下水

6．依据《水污染防治法》，（　　）可以对风景名胜区水体划定保护区。（2010 年考题）

A．县级以上人民政府　　B．县级以上建设主管部门

C．县级以上环境保护主管部门　　D．县级以上水行政主管部门

7．依据《水污染防治法》，在饮用水二级保护区内已建成的排放水污染物的建

设项目，由（ ）责令拆除或者关闭。（2010 年考题）

A. 县级以上人民政府　　B. 县级以上建设主管部门

C. 县级以上环境保护主管部门　　D. 县级以上水行政主管部门

8. 依据《水污染防治法》，关于船舶水污染防治的规定，下列说法中，正确的是（ ）。（2011 年考题）

A. 禁止向水体倾倒船舶垃圾

B. 船舶残油排入水体，应当执行国家污水综合排放标准

C. 禁止向水体排放船舶含油污水

D. 船舶排放生活污水，应当执行地方污水综合排放标准

9. 依据《水污染防治法》，在河流建设排污口涉及通航水域的，在审批环境影响评价文件时，（ ）应当征求交通、渔业主管部门的意见。（2011 年考题）

A. 建设单位　　B. 环境保护主管部门

C. 当地水行政主管部门　　D. 承担环境影响评价的评价机构

10. 依据《水污染防治法》，省级人民政府可以根据本行政区域水环境质量状况和水污染防治工作的需要，确定本行政区域的（ ）。（2011 年考题）

A. 水环境敏感区

B. 地表水环境质量控制区

C. 重点水污染物排放总量控制区

D. 实施总量削减和控制的重点水污染物

11. 依据《水污染防治法》，在饮用水水源地保护区内禁止（ ）。（2011 年考题）

A. 垂钓　　B. 旅游

C. 网箱养殖　　D. 新设排污口

12. 中华人民共和国领域内的（ ）污染防治不适用《水污染防治法》。（2012 年考题）

A. 海洋　　B. 湖泊地表水体

C. 江河地表水体　　D. 地下水体

13. 根据《水污染防治法》，建设单位在江河、湖泊新建、改建、扩建排污口时，应当取得（ ）或者流域管理机构同意。（2012 年考题）

A. 水行政主管部门　　B. 交通行政主管部门

C. 渔业行政主管部门　　D. 环境保护行政主管部门

14. 根据《水污染防治法》，关于城镇水污染防治的规定，下列说法中，错误的是（ ）。（2012 年考题）

A. 城镇污水应当集中处理

B．向城镇污水集中处理设施排放污水，已缴纳污水处理费用的，还须缴纳排污费

C．城镇污水集中处理设施的运营单位按照国家规定向排污者提供污水处理的有偿服务

D．向城镇污水处理设施排放水污染物，应当符合国家或者地方规定的水污染物排放标准

15．根据《水污染防治法》，水污染防治应当坚持预防为主、防治结合、综合治理的原则，优先保护（　　）。（2013 年考题）

A．生态用水　　B．景观用水

C．农业用水　　D．饮用水水源

16．根据《水污染防治法》，关于地方水污染物排放标准，下列说法中，正确的是（　　）。（2013 年考题）

A．地方水污染物排放标准须报国务院环境保护行政主管部门备案

B．地方水污染物排放标准须报国务院环境保护行政主管部门批准后实施

C．省、自治区、直辖市环境保护行政主管部门对国家水污染物排放标准中未作规定的项目，可制定地方水污染物排放标准

D．省、自治区、直辖市环境保护行政主管部门对国家水污染物排放标准中已作规定的项目，可以制定严于国家水污染物排放标准的地方水污染物排放标准

17．根据《水污染防治法》，下列说法正确的是（　　）。（2013 年考题）

A．县级以上环境保护主管部门对违反水污染防治法规定、严重污染水环境的企业予以公布

B．对超过重点水污染物排放总量控制指标的地区，有关人民政府环境保护主管部门应当暂停审批建设项目的环境影响评价文件

C．市、县人民政府可根据本行政区域水环境质量状况和水污染防治工作的需要，确定本行政区域实施总量削减和控制的重点水污染物

D．省、自治区、直辖市人民政府应当按照国务院规定削减和控制本行政区域的重点水污染物排放总量，并将重点水污染物排放总量控制指标分解落实到排污单位

18．根据《水污染防治法》关于水污染防治措施的规定，下列说法中，错误的是（　　）。（2013 年考题）

A．禁止向水体排放酸液、碱液

B．人工回灌补给地下水，不得恶化地下水水质

C．禁止在水库最高水位线以上的滩地存贮固体废物

D．多层地下水的含水层水质差异较大的，应当分层开

19．某企业生产废水经预处理后排入所在镇的污水集中处理厂处理后排放。根

据《水污染防治法》关于水污染防治措施的规定，下列说法正确的是（　　）。（2013年考题）

A．该企业已向镇污水集中处理厂缴纳污水处理费用，可不缴纳排污费

B．排入镇污水集中处理厂的生产废水应符合双方协商确定的水污染物排放标准

C．镇污水集中处理厂可将收取的污水处理费用一部分用于该企业废水预处理设施建设

D．该企业和镇污水集中处理厂的运营单位，共同对镇污水集中处理厂的出水水质负责

20．根据《水污染防治法》关于饮用水水源保护的有关规定，下列说法中，正确的是（　　）。（2013年考题）

A．禁止在饮用水水源一级和二级保护区内从事网箱养殖、旅游等活动

B．禁止在饮用水水源准保护区内扩建多水体污染严重的建设项目

C．禁止在饮用水水源一级和二级保护区内新建与供水设施无关的建设项目

D．禁止在饮用水水源一级和二级保护区内设置排污口，限制在饮用水水源准保护区内设置排污口

21．某省级环境保护行政主管部门负责审批的建设项目，拟向已有地方水污染物排放标准的水体排放水污染物。根据《水污染防治法》，其水污染物排放应执行（　　）。（2014年考题）

A．国家水污染物排放标准

B．地方水污染物排放标准

C．由行业主管部门确认的排放标准

D．由省级质量技术监督主管部门确认的排放标准

22．根据《水污染防治法》，下列说法错误的是（　　）。（2014年考题）

A．禁止向水体排放酸液、碱液

B．禁止向水体排放含病原体的污水

C．禁止向水体排放、倾倒放射性固体废物

D．禁止向水体排放、倾倒工业废渣、城镇垃圾和其他废弃物

23．根据《水污染防治法》水污染防治措施的规定，下列说法中，错误的是（　　）。（2014年考题）

A．人工回灌补给地下水，不得恶化地下水质

B．多层地下水的含水层水质差异大的，应当分层开采

C．禁止在水库最高水位线以上的滩地存储固体废弃物

D．存放可溶性剧毒废渣的场所，应当采取防水、防渗漏、防流失的措施

24．根据《水污染防治法》，水污染防治应当坚持（　　）的原则。（2015年

考题）

A．严格控制工业污染　B．防治农业面源污染

C．优先保护饮用水水源　D．预防为主、防治结合、综合治理

25．根据《水污染防治法》，建设单位在江河、湖泊新建、改建、扩建排污口，涉及通航、渔业水域的，环境保护主管部门在审批环境影响评价文件时，应当征求（　）的意见。（2015年考题）

A．流域管理机构　B．水行政主管部门

C．交通、渔业主管部门　D．上一级环境保护行政主管部门

26．根据《水污染防治法》，对超过重点水污染物排放总量控制指标的地区，有关人民政府环境保护主管部门对新增重点水污染物排放总量的建设项目的环境影响评价文件应当（　）。（2015年考题）

A．不予审批

B．限制审批

C．暂停审批

D．按重点水污染物排放总量控制倍量削减指标要求审批

27．根据《水污染防治法》，存放可溶性剧毒废渣场所采取的水污染防治措施不包括（　）。（2015年考题）

A．防水措施　B．防淋溶的措施

C．防渗漏的措施　D．防流失的措施

28．根据《水污染防治法》，下列关于饮用水水源保护区保护要求的说法中，错误的是（　）。（2015年考题）

A．在饮用水水源保护区内，禁止设置排污口

B．在饮用水水源准保护区内，改建建设项目，不得增加排污量

C．在饮用水水源二级保护区内，已建成的排放污染物的建设项目，由县级以上环境保护行政主管部门责令拆除或者关闭

D．在饮用水水源一级保护区内，已建成的与供水建设和保护水源无关的建设项目，由县级以上人民政府责令拆除或者关闭

29．根据《水污染防治法》水污染防治原则的有关规定，下列说法中，错误的是（　）。（2016年考题）

A．水污染防治应当有效保护饮用水水源

B．水污染防治应当坚持预防为主、防治结合、综合治理的原则

C．水污染防治应当严格控制工业污染、城镇生活污染和农业面源污染

D．水污染防治应当积极推进生态治理工程建设，预防、控制和减少水环境污染和生态破坏

30．某建设项目按环评文件的要求，配套建设了污水处理设施和中水回用设施，生产废水经上述设施处理后部分回用，其余排入附近河道作为城市景观用水。根据《水污染防治法》向水体排放污染的建设项目的环境影响评价有关规定，下列说法中，正确的是（　　）。（2016 年考题）

A．污染处理和中水回用设施应经过环境保护主管部门的验收

B．污染处理和中水回用设施应经过环境保护和农业主管部门的验收

C．污染处理和中水回用设施应经过环境保护和城市主管部门的验收

D．污染处理和中水回用设施应经过环境保护和水行政主管部门的验收

31．某镀铬企业，槽液套用，镀件冲洗水和生活污水混合后经污水处理设施处理后排放。经监测，排放尾水中各类污染物浓度均满足排放标准要求。根据《水污染防治法》水污染物排放监督有关规定，下列说法中，正确的是（　　）。（2016 年考题）

A．该企业符合达标排放要求

B．该企业冲洗水必须全部回用

C．该企业冲洗水可单独直接排放

D．该企业涉嫌规避水污染物排放监管

32．根据《水污染防治法》，存放可溶性剧毒废渣场所采取的水污染防治措施不包括（　　）。（2016 年考题）

A．防水的措施　　B．防淋溶的措施

C．防渗漏的措施　　D．防流失措施

33．根据《水污染防治法》水污染防治措施有关规定，人工回灌补给地下水（　　）。（2016 年考题）

A．不得恶化地下水质　　B．应达到地下水水质标准

C．应达到农田灌溉水质标准　　D．应达到地表水环境质量标准

34．根据《水污染防治法》城镇水污染防治有关规定，下列说法中，正确的是（　　）。（2016 年考题）

A．城镇污水集中处理设施免缴排污费

B．向城镇污水集中处理设施排放污水的企业事业单位，免缴排污费

C．环境保护主管部门应加强对城镇污水集中处理设施运营的监督管理

D．环境保护主管部门对城镇污水集中处理设施的出水水质和水量进行监督检查

35．甲地轮船公司，在乙地码头拟对该公司油轮的货油仓进行清洗作业。根据《水污染防治法》船舶水污染防治的相关规定，该轮船公司应当制定作业方案，采取有效的安全和防污染措施，并报（　　）批准。（2016 年考题）

A. 公司所在地海事管理机构　　B. 码头所在地海事管理机构
C. 公司所在地环境保护行政主管部门　　D. 码头所在地环境保护行政主管部门

36. 根据《水污染防治法》关于特殊水体保护的规定，在重要渔业保护区内，不得（　）。（2016年考题）

A. 垂钓　　B. 开展旅游　　C. 新建排污口　　D. 从事网箱养殖

37. 根据《水污染防治法》水污染防治原则的有关规定，下列水体中应优先保护的是（　）。（2017年考题）

A. 饮用水水源　　B. 重要渔业水体　　C. 江河源头水体　　D. 城镇景观水体

38. 某地区因重点水污染物氨氮指标未能完成总量削减要求而实行“区域限批”。根据《水污染防治法》的有关规定，该地区下列建设项目中应实行限批的是（　）。（2017年考题）

A. 城市河道改造项目　　B. 新建城镇污水处理厂项目
C. 新建玉米深加工项目　　D. 城镇污水处理提标改造项目

39. 某城镇污水处理厂因接纳上游企业改变工艺后的排水而造成该厂排放口出水超标。根据《水污染防治法》水污染防治措施的有关规定，应当对该厂出水水质负责的单位是（　）。（2017年考题）

A. 上游企业　　B. 当地环境保护主管部门
C. 城镇污水处理厂的运营单位　　D. 上游企业和城镇污水处理厂的运营单位

40. 根据《水污染防治法》，关于饮用水水源保护有关的说法，错误的是（　）。（2018年考题）

A. 在饮用水水源保护区内，禁止设置排污口
B. 禁止在饮用水水源准保护区内新建、扩建对水体污染严重的建设项目
C. 有关地方人民政府应当在饮用水水源保护区的边界设立明确的地理界标和明显的警示标志
D. 国务院和省、自治区、直辖市人民政府可以根据涉及饮用水水源的建设项目对环境的敏感程度，调整饮用水水源保护区的范围，确保饮用水安全

41. 根据《水污染防治法》，关于水污染排放总量控制制度有关规定的说法，错误的是（　）。（2018年考题）

A. 国家对重点水污染物排放实施总量控制制度
B. 国家对水环境质量不达标的地区和污染物实施总量控制制度
C. 省人民政府可以根据本行政区域水环境质量状况和水污染防治工作的需求，对国家重点水污染物之外的其他水污染物排放实行总量控制
D. 省级以上人民政府环境保护主管部门应当对超过重点水污染物排放总量控制指标的地区，暂停审批新增重点水污染物排放总量的建设项目的环境影响评价

文件

42. 根据《水污染防治法》，某企业废水经处理后排入城镇污水处理厂，以下要求的说法，正确的是（　　）。（2018 年考题）

A. 该企业废水处理后应达到城镇污水处理厂排放标准

B. 该企业废水处理后应达到《污水排放下水道水质标准》

C. 该企业废水处理后应达到国家或者地方规定的水污染物排放标准

D. 该企业废水处理后应达到城镇污水处理厂处理工艺要求的进水水质

43. 根据《水污染防治法》，下列内容中，属于环境保护主管部门应当对城镇污水集中处理设施进行监督管理的是（　　）。（2018 年考题）

A. 进水水质　　B. 设施维护情况

C. 设施运行情况　　D. 出水水质和水量

44. 某机械加工企业生产废水排向农田灌溉渠道，不能稳定达标，根据《水污染防治法》，关于该企业水污染防治措施相关要求的说法，正确的是（　　）。（2018 年考题）

A. 该企业应改进处理工艺，使出水稳定达到污水排放标准

B. 该企业应改进处理工艺，使出水稳定达到农田灌溉水质标准

C. 该企业应改进处理工艺，使出水稳定达到相关回用标准后全部回用

D. 该企业应改进处理工艺，确保下游最近的农田灌溉取水点的水质符合农田灌溉水质标准

二、不定项选择题

1. 依据《水污染防治法》，水污染防治应当坚持的原则有（　　）。（2010 年考题）

A. 综合治理　　B. 预防为主　　C. 规划优先　　D. 防治结合

2. 依据《水污染防治法》，在饮用水水源二级保护区内未禁止的活动有（　　）。（2010 年、2011 年考题）

A. 开展旅游活动　　B. 从事网箱养殖

C. 建造水源涵养林工程　　D. 建设城市垃圾填埋处理场

3. 适用《水污染防治法》的行为有（　　）。（2011 年考题）

A. 向湖泊直接排放水污染物

B. 向河流水体倾倒船舱生活垃圾

C. 向深海排放经处理达标的生活污水

D. 向江河水体排放符合国家相关标准和规定的含有低放射性物质的废水

4. 依据《水污染防治法》，下列说法中，错误的有（　　）。（2011 年考题）

A．国家对向水体排放的所有污染物均实施总量控制

B．国家对重点水污染物排放实施总量控制制度

C．国家仅对环境质量不达标的水体实施污染物排放总量控制

D．各级地方人民政府可以根据水污染防治的需要，确定本行政区域实施总量控制的重点污染物

5．依据《水污染防治法实施细则》，下列说法中，正确的有（　　）。（2011年考题）

A．生活饮用水地表水源一级保护区内的水质，适用国家《地表水环境质量标准》Ⅰ类标准

B．生活饮用水地表水源一级保护区内的水质，适用国家《地表水环境质量标准》Ⅱ类标准

C．生活饮用水地表水源二级保护区内的水质，适用国家《地表水环境质量标准》Ⅱ类标准

D．生活饮用水地表水源二级保护区内的水质，适用国家《地表水环境质量标准》Ⅲ类标准

6．根据《水污染防治法》，国务院环境保护行政主管部门制定国家水污染物排放标准的根据有（　　）。（2012年考题）

A．国家经济条件　　B．国家技术条件

C．国家监测能力　　D．国家水环境质量标准

7．根据《水污染防治法》，利用工业废水和城镇污水进行灌溉，应当防止污染（　　）。（2012年考题）

A．土壤　　B．地表水　　C．地下水　　D．农产品

8．根据《水污染防治法》，禁止在饮用水水源准保护区内（　　）。（2013年考题）

A．新建排污口

B．新建排放水污染物的建设项目

C．扩建排放水污染物的建设项目

D．新建对水体污染严重的建设项目

9．某化工企业管线爆裂后生产废液进入周边地表水体，并导致下游死鱼事件发生。根据《水污染防治法》，下列做法中，正确的是（　　）。（2013年考题）

A．立即启动本单位应急方案，采取应急措施

B．向事故发生地环境保护主管部门报告

C．向事故发生地的县级以上地方人民政府报告

D．向事故发生地的渔业主管部门报告，接受调查处理

10. 《水污染防治法》适用于（　　）的污染防治。（2014 年考题）

A. 河流　　B. 水库　　C. 地下水　　D. 近岸海城

11. 根据《水污染防治法》，环境保护行政主管部门审批在通航渔业水体设立排污口的建设项目环境影响评价文件时，应征求（　　）的意见。（2014 年考题）

A. 水行政主管部门　　B. 流域管理机构

C. 渔业行政主管部门　　D. 交通行政主管部门

12. 《水污染防治法》适用于中华人民共和国领域内的（　　）污染防治。（2015 年考题）

A. 海洋　　B. 地下水体　　C. 湖泊、水库　　D. 江河、运河、渠道

13. 根据《水污染防治法》，省、自治区、直辖市人民政府可以根据本行政区域水环境质量状况和水污染防治工作需要，确定本行政区域（　　）。（2015 年考题）

A. 重点水污染总量削减方案　　B. 重点水污染总量控制方案

C. 实施总量削减的重点水污染物　　D. 实施总量控制的重点水污染物

14. 根据《水污染防治法》，下列活动中，实施时应当采取防护性措施，防治地下水污染的活动包括（　　）。（2015 年考题）

A. 采矿　　B. 打桩　　C. 进行地下勘探　　D. 兴建地下工程

15. 根据《水污染防治法》，国务院和省、自治区、直辖市人民政府根据水环境保护的需要,规定在饮用水水源保护区内限制或禁止的措施包括(　　)。（2015 年考题）

A. 限制种植、养殖　　B. 禁止排放水污染物

C. 限制使用化肥、农药　　D. 禁止使用含磷洗涤剂

16. 根据《水污染防治法》水污染防治措施有关规定，下列场所中，禁止存贮固体废弃物的有（　　）。（2016 年考题）

A. 湖泊湿地　　B. 废弃矿坑

C. 水库最高水位线以上的岸坡　　D. 湖泊最高水位线以下的滩地

17. 根据《水污染防治法》，进行（　　）等活动，应当采取防护性措施，防治地下水污染。（2016 年考题）

A. 采矿　　B. 地下勘探　　C. 存放固体废物　　D. 地下工程兴建

18. 根据《水污染防治法》饮用水水资源保护的有关规定，在饮用水水源二级保护区，禁止（　　）。（2016 年考题）

A. 网箱养殖

B. 旅游活动

C. 新建排放粉尘的建设项目

D．改建减少水污染物排放量的建设项目

19．根据《水污染防治法》，禁止私设暗管或者采取其他规避监管的方式排放水污染物的有关规定，下列行为中涉嫌“规避监管”的有（ ）。（2017 年考题）

A．擅自设立超越排放口

B．将处理后废水经法定排污口排放

C．利用雨污分流的雨水管道排放达标污水

D．将污水通过槽车运至污水处理厂处理后达标排放

20．某医疗机构拟将现有闲置的生活污水处理设施改建为医疗废水处理设施，根据《水污染防治法》水污染防治措施的有关规定，该设施必须进行改建的内容有（ ）。（2017 年考题）

A．改建排放口　　B．增加砂滤工艺

C．进行防渗漏处理　　D．增设消毒处理单元

21．根据《水污染防治法》，饮用水水源保护的有关规定，饮用水水源二级保护区禁止建设的项目有（ ）。（2017 年考题）

A．旅游饭店　B．主题公园　C．网箱养鱼　D．水泥粉磨站

22．根据《水污染防治法》，关于水环境质量标准和水污染物排放标准有关规定的说法，正确的有（ ）。（2018 年考题）

A．向已有地方水污染物排放标准的水体排放污染物的，应当执行地方水污染物排放标准

B．省、自治区、直辖市人民政府对国家水环境质量标准中已作规定的项目，可以制定地方水环境质量标准

C．省、自治区、直辖市人民政府对国家水污染物排放标准中未作规定的项目，可以制定地方水污染物排放标准

D．省、自治区、直辖市人民政府对国家水污染物排放标准中已作规定的项目，可以制定地方水污染物排放标准

23．根据《水污染防治法》，下列水污染防治措施中，属于加油站地下 油罐建设应采取的有（ ）。（2018 年考题）

A．使用防腐罐　　B．使用双层罐

C．建造防渗池　　D．采取防渗漏监测措施

24．根据《水污染防治法》，饮用水水源保护区包括（ ）。（2018 年考题）

A．准保护区　　B．一级保护区

C．二级保护区　　D．外围保护地带

参考答案

一、单项选择题

1．C 【解析】禁止在饮用水水源准保护区内新建、扩建对水体污染严重的建设项目；改建建设项目，不得增加排污量。

2．C 【解析】环境保护主管部门有权限责令企业事业单位采取停止或减少排放污染物，但没有权限责令企业拆除或者关闭，权限在人民政府。

3．C 4．B 5．A

6．A 【解析】县级以上人民政府可以对风景名胜区水体、重要渔业水体和其他具有特殊经济文化价值的水体划定保护区，并采取措施，保证保护区的水质符合规定用途的水环境质量标准。

7．A 8．A 9．B 10．D 11．D 12．A 13．A

14．B 【解析】此题由于属考查旧法的内容，按旧法的规定选择答案。旧法规定：向城镇污水集中处理设施排放污水、缴纳污水处理费用的，不再缴纳排污费。新法规定：城镇污水集中处理设施的运营单位按照国家规定向排污者提供污水处理的有偿服务，收取污水处理费用，保证污水集中处理设施的正常运行。收取的污水处理费用应当用于城镇污水集中处理设施的建设运行和污泥处理处置，不得挪作他用。城镇污水集中处理设施的污水处理收费、管理以及使用的具体办法，由国务院规定。

15．D

16．A 【解析】地方标准只有省、自治区、直辖市人民政府有能力制定。

17．A 【解析】此题由于属考查旧法的内容，按旧法的规定选择答案。旧法规定：省、自治区、直辖市人民政府可以根据本行政区域水环境质量状况和水污染防治工作的需要，确定本行政区域实施总量削减和控制的重点水污染物。总量控制指标分解不是直接由省、自治区、直辖市人民政府分解落实到排污单位，而是先分配到市、县人民政府，再分解落实到排污单位。新法删除了“总量控制指标分解不是直接由省、自治区、直辖市人民政府分解落实到排污单位，而是先分配到市、县人民政府，再分解落实到排污单位。”

18．C 【解析】禁止在江河、湖泊、运河、渠道、水库最高水位线以下的滩地和岸坡堆放、存贮固体废弃物和其他污染物。

19．A 【解析】收取的污水处理费用应当用于城镇污水集中处理设施的建设和运行，不得挪作他用。

20．B 【解析】在饮用水水源二级保护区内从事网箱养殖、旅游等活动的，应当按照规定采取措施，防止污染饮用水水体。在饮用水水源保护区内，禁止设置排污口，因此，选项是错误的。禁止在饮用水水源准保护区内新建、扩建对水体污染严重的建设项目；改建建设项目，不得增加排污量。

21. B

22. B 【解析】含病原体的污水应当经过消毒处理，符合国家有关标准后，方可排放。

23. C 24. D 25. C 26. C

27. B 【解析】存放可溶性剧毒废渣的场所，应当采取防水、防渗漏、防流失的措施。

28. C 【解析】责令拆除或者关闭企业的权限只有人民政府。

29. A 【解析】水污染防治应当坚持预防为主、防治结合、综合治理的原则，优先保护饮用水水源，严格控制工业污染、城镇生活污染，防治农业面源污染，积极推进生态治理工程建设，预防、控制和减少水环境污染和生态破坏。

30. A 【解析】旧法规定：水污染防治设施应当经过环境保护主管部门验收，验收不合格的，该建设项目不得投入生产或者使用。新法规定：水污染防治设施应当符合经批准或者备案的环境影响评价文件的要求。

31. D 【解析】旧法内容：禁止私设暗管或者采取其他规避监管的方式排放水污染物。该企业涉及第一类污染物。新法规定：禁止利用渗井、渗坑、裂隙、溶洞，私设暗管，篡改、伪造监测数据，或者不正常运行水污染防治设施等逃避监管的方式排放水污染物。

32. B 33. A

34. D 【解析】环境保护主管部门应当对城镇污水集中处理设施的出水水质和水量进行监督检查。

35. B 【解析】旧法规定：船舶进行下列活动，应当编制作业方案，采取有效的安全和防污染措施，并报作业地海事管理机构批准。新法规定：船舶进行散装液体污染危害性货物的过驳作业，应当编制作业方案，采取有效的安全和污染防治措施，并报作业地海事管理机构批准。

36. C 37.A 38.C

39. C 【解析】城镇污水集中处理设施的运营单位，应当对城镇污水集中处理设施的出水水质负责。

40. D 【解析】第六十四条：在饮用水水源保护区内，禁止设置排污口。第六十七条：禁止在饮用水水源准保护区内新建、扩建对水体污染严重的建设项目；改建建设项目，不得增加排污量。第六十三条：国务院和省、自治区、直辖市人民政府可以根据保护饮用水水源的实际需要，调整饮用水水源保护区的范围，确保饮用水安全。有关地方人民政府应当在饮用水水源保护区的边界设立明确的地理界标和明显的警示标志。

41．B 【解析】第二十条：国家对重点水污染物排放实施总量控制制度。省、自治区、直辖市人民政府应当按照国务院的规定削减和控制本行政区域的重点水污染物排放总量。具体办法由国务院环境保护主管部门会同国务院有关部门规定。省、自治区、直辖市人民政府可以根据本行政区域水环境质量状况和水污染防治工作的需要，对国家重点水污染物之外的其他水污染物排放实行总量控制。对超过重点水污染物排放总量控制指标或者未完成水环境质量改善目标的地区，省级以上人民政府环境保护主管部门应当会同有关部门约谈该地区人民政府的主要负责人，并暂停审批新增重点水污染物排放总量的建设项目的环境影响评价文件。约谈情况应当向社会公开。

42．C 【解析】第五十条：向城镇污水集中处理设施排放水污染物，应当符合国家或者地方规定的水污染物排放标准。

43．D 【解析】第五十条：环境保护主管部门应当对城镇污水集中处理设施的出水水质和水量进行监督检查。

44．C 【解析】第五十八条：农田灌溉用水应当符合相应的水质标准，防止污染土壤、地下水和农产品。禁止向农田灌溉渠道排放工业废水或者医疗污水。向农田灌溉渠道排放城镇污水以及未综合利用的畜禽养殖废水、农产品加工废水的，应当保证其下游最近的灌溉取水点的水质符合农田灌溉水质标准。第四十四条：国务院有关部门和县级以上地方人民政府应当合理规划工业布局，要求造成水污染的企业进行技术改造，采取综合防治措施，提高水的重复利用率，减少废水和污染物排放量。第四十五条：排放工业废水的企业应当采取有效措施，收集和处理产生的全部废水，防止污染环境。含有毒有害水污染物的工业废水应当分类收集和处理，不得稀释排放。

二、不定项选择题

1．ABD 2．ABC

3．BD 【解析】“向深海排放经处理达标的生活污水”不是《水污染防治法》的行为，应该是《海洋环境保护法》的行为。

4．ACD 5．BD

6．ABD 【解析】国务院环境保护主管部门根据国家水环境质量标准和国家经济、技术条件，制定国家水污染物排放标准。

7．ACD 【解析】旧法规定：向农田灌溉渠道排放工业废水和城镇污水，应当保证其下游最近的灌溉取水点的水质符合农田灌溉水质标准。利用工业废水和城镇污水进行灌溉，应当防止污染土壤、地下水和农产品。新法规定：禁止向农田灌溉渠道排放工业废水或者医疗污水。向农田灌溉渠道排放城镇污水以及未综合利用的畜禽养殖废水、农产品加工废水的，应当保证其下游最近的灌溉取水点的水质符合农田灌溉水质标准。

8. D 9. ABCD 10. ABC

11. CD 【解析】建设单位在江河、湖泊新建、改建、扩建排污口，涉及通航、渔业水域的，环境保护主管部门在审批环境影响评价文件时，应当征求交通、渔业主管部门的意见。

12. BCD

13. AD 【解析】省、自治区、直辖市人民政府可以根据本行政区域水环境质量状况和水污染防治工作的需要，确定本行政区域实施总量削减和控制的重点水污染物。

14. ACD 【解析】兴建地下工程设施或者进行地下勘探、采矿等活动，应当采取防护性措施，防止地下水污染。

15. ACD 【解析】国务院和省、自治区、直辖市人民政府根据水环境保护的需要，可以规定在饮用水水源保护区内，采取禁止或者限制使用含磷洗涤剂、化肥、农药以及限制种植养殖等措施。

16. AD 【解析】禁止在江河、湖泊、运河、渠道、水库最高水位线以下的滩地和岸坡堆放、存贮固体废弃物和其他污染物。

17. ABD 【解析】兴建地下工程设施或者进行地下勘探、采矿等活动，应当采取防护性措施，防止地下水污染。

18. CD 【解析】禁止在饮用水水源二级保护区内新建、改建、扩建排放污染物的建设项目；已建成的排放污染物的建设项目，由县级以上人民政府责令拆除或者关闭。在饮用水水源二级保护区内从事网箱养殖、旅游等活动的，应当按照规定采取措施，防止污染饮用水水体。

19. AC 【解析】超越排放是指有些企业设置了超越管，超越管的作用是当污水处理厂出现问题不能运行时，污水不处理直接通过超越管排走。

20. D 【解析】含病原体的污水应当经过消毒处理；符合国家有关标准后，方可排放。选项D是必须要做的，其他选项，由于对某医疗机构的复杂程度没有明确。此题灵活性较大，带有应用性。

21. AD 【解析】禁止在饮用水水源二级保护区内新建、改建、扩建排放污染物的建设项目。在饮用水水源二级保护区内从事网箱养殖、旅游等活动的，应当按照规定采取措施，防止污染饮用水水体。

22. ACD 【解析】第十二条：国务院环境保护主管部门制定国家水环境质量标准。省、自治区、直辖市人民政府可以对国家水环境质量标准中未作规定的项目，制定地方标准，并报国务院环境保护主管部门备案。第十四条：国务院环境保护主管部门根据国家水环境质量标准和国家经济、技术条件，制定国家水污染物排放标准。省、自治区、直辖市人民政府对国家水污染物排放标准中未作规定的项目，可以制定地方水污染物排放标准；对国家水污染物排放标准中已作规定的项目，可以制定严于国家水污染物排放标准的地方水污染物排放标准。地方水污染物排放标准需报国务院环境保护主管部门备案。向已有地方水污染物排放标准的水体排放污染物的，应当执行地方水污染物排放标准。

23．D 【解析】第四十条：加油站等的地下油罐应当使用双层罐或者采取建造防渗池等其他有效措施，并进行防渗漏监测，防止地下水污染。

24．BC 【解析】第六十三条：国家建立饮用水水源保护区制度。饮用水水源保护区分为一级保护区和二级保护区；必要时，可以在饮用水水源保护区外围划定一定的区域作为准保护区。

（三）《环境噪声污染防治法》

一、单项选择题

1．依据《环境噪声污染防治法》，关于社会生活噪声污染的防治，下列说法中，错误的是（　　）。（2010 年考题）

A．使用乐器等进行其他家庭内娱乐活动时，避免对他人造成环境噪声污染

B．禁止在商业经营活动中使用高声广播喇叭或者采用其他发出高噪声的方法招揽顾客

C．新建营业性文化娱乐场所的边界噪声必须符合国家规定的声环境质量标准

D．在城市市区街道、广场、公园等公共场所组织娱乐、集会等活动，使用音响器材可能产生干扰周围生活环境的过大音量的，必须遵守当地公安机关的规定

2．依据《环境噪声污染防治法》，关于声响装置的使用，下列说法中，正确的是（　　）。（2010 年考题）

A．机动车辆在城市市区范围内行驶，禁止鸣喇叭

B．警车、消防车在执行非紧急任务时，可以使用警报器

C．铁路机车驶经或者进入城市市区、疗养区时，必须按照规定使用声响装置

D．消防车、工程抢险车、救护车等机动车辆安装、使用警报器，必须符合当地人民政府的规定

3．依据《环境噪声污染防治法》，产生环境噪声污染的工业企业，应当采取的措施是（　　）。（2011 年考题）

A．关闭噪声源

B．避免噪声对周围环境产生影响

C．减轻噪声对周围生活环境产生影响

D．使其厂界噪声满足区域声环境质量标准

4．某城市地铁车站开挖施工中，机械设备产生的噪声影响到周围学校。依据《环境噪声污染防治法》，该施工活动应执行的排放标准是（　　）。（2011 年考题）

A．城市区域环境振动标准

B．建筑施工场界环境噪声排放标准

C．地下铁道车站站台噪声限值

D．社会生活环境噪声排放标准

5．依据《环境噪声污染防治法》，关于交通运输噪声污染防治的规定，下列说法中，正确的是（　　）。（2011 年考题）

A. 机动车辆在城市市区范围内行驶时，禁止鸣喇叭

B. 警车、消防车在执行非紧急任务时，可以使用警报器

C. 铁路机车驶经或者进入城市市区、疗养区时，必须按照规定使用声响装置

D. 消防车、工程抢险车、救护车等机动车辆安装、使用警报器，必须符合当地人民政府的规定

6. 根据《环境噪声污染防治法》，产生环境噪声污染的工业企业，应当采取有效措施，（　　）噪声对周围生活环境的影响。（2012 年考题）

A. 减轻　　B. 避免　　C. 防止　　D. 预防

7. 根据《环境噪声污染防治法》，在城市市区噪声敏感建筑物集中区域内，禁止夜间进行（　　）建筑施工作业。（2012 年考题）

A. 全部　　B. 产生环境噪声污染的

C. 建筑机械产生严重噪声的　　D. 建筑施工场界环境噪声超标的

8. 根据《环境噪声污染防治法》，在已有的城市交通干线两侧建设噪声敏感建筑物的，建设单位应当（　　）。（2012 年考题）

A. 采取有效的减缓交通噪声影响的措施

B. 使敏感建筑物远离交通干线，避免交通噪声影响

C. 使敏感建筑物与交通干线保持合理的防噪声距离

D. 按照国家规定间隔一定距离，并采取减轻、避免交通噪声影响的措施

9. 根据《环境噪声污染防治法》，环境噪声污染是指（　　）。（2013 年考题）

A. 所产生的环境噪声干扰他人正常生活、工作和学习的现象

B. 所产生的环境噪声超过国家规定的环境噪声排放标准的现象

C. 在工业生产、建筑施工、交通运输和社会生活所产生的干扰周围生活环境的现象

D. 所产生的环境噪声超过国家规定的环境噪声排放标准，并干扰他人正常生活、工作和学习的现象

10. 根据《环境噪声污染防治法》，城市人民政府（　　）可以根据本地城市市区区域声环境保护的需要，划定禁止机动车辆行驶和禁止其使用声响装置的路段和时间，并向社会公告。（2013 年考题）

A. 交通部门　　B. 规划部门　　C. 环保部门　　D. 公安机关

11. 根据《环境噪声污染防治法》，下列说法中，正确的是（　　）。（2014 年考题）

A. 夜间，是指夜晚二十二点至早上八点之间的期间

B. 噪声排放，是指噪声源向周围生活环境辐射噪声

C．环境噪声，是指工业生产、建筑施工、交通运输和社会生活中所产生的声音

D．环境噪声污染，是指所产生的环境噪音超过国家规定的环境噪声排放标准的现象

12．根据《环境噪声污染防治法》，建筑施工噪声污染防治的有关规定，下列说法中，正确的是（　　）。（2014 年考题）

A．在城市市区，禁止夜间进行产生环境噪声污染的建筑施工作业

B．在城市居民文教区，夜间进行产生环境噪声污染的建筑施工作业应达到国家规定的建筑施工场界环境噪声排放标准

C．在城市文教科研区，经有关主管部门批准，并告知附近居民的，夜间允许进行产生环境噪声污染的抢修市政管道作业

D．在城市市区范围内，建筑施工过程中使用机械设备，可能产生环境污染的，施工单位必须在工程开工 7 日以前向工程所在地环境保护行政主管部门申报该工程的项目名称、施工场所和期限、可能产生的环境噪声值以及所采取的环境噪声污染防治措施的情况

13．根据《环境噪声污染防治法》，交通运输噪声污染防治有关规定，下列说法中，错误的是（　　）。（2014 年考题）

A．除起飞、降落或者依法规定的情形以外，民用航空器不得飞越城市市区上空

B．在已有的城市交通干线的两侧建设噪声敏感建筑物的，公路交通管理部门应当采取减轻、避免交通噪声影响的措施

C．在车站、铁路编组站、港口、码头、航空港等地指挥作业使用广播喇叭的，应当控制音量，减轻噪声对周围生活环境的影响

D．建设经过已有居民住宅为主区域的城市轨道交通，有可能造成环境噪声污染，应当设置声屏障或采取其他有效控制环境噪声污染的措施

14．根据《环境噪声污染防治法》，社会生活噪声污染防治的有关规定，下列说法中，错误的是（　　）。（2014 年考题）

A．严格控制任何单位、个人在城市市区噪声敏感建筑物集中区域内使用高音广播喇叭

B．使用家用电器、乐器进行家庭室内娱乐活动时，应当控制音量或采取其他有效措施，避免对周围居民造成环境噪声污染

C．在已竣工交付使用的住宅楼进行室内装修时，应限制作业时间，并采取其他有效措施，以减轻、避免对周围居民造成的环境噪声污染

D．在城市市区街道、广场组织娱乐、集会活动，使用音响器材可能产生干扰周围生活环境的过大音量时，必须遵守当地公安机关的规定

15．根据《环境噪声污染防治法》，下列区域中，不属于噪声敏感建筑物集中区域的是（　　）。（2015年考题）

A．医疗区　　B．商业集中区

C．科研单位聚集的区域　　D．以居民住宅为主的区域

16．某市区一居民住宅小区旁新建一商业楼。根据《环境噪声污染防治法》，按照建筑施工厂界环境噪声排放标准的要求，错误的是（　　）。（2015年考题）

A．按照建筑施工场界环境噪声排放标准的要求，采取了相应的降噪措施

B．在商业楼基础连续浇铸夜间施工作业经批准后，向附近居民住宅小区进行公告

C．除商业楼基础连续浇铸外，夜间不进行未经批准的产生环境噪声污染的施工作业

D．针对其可能产生的噪声污染及采取的防治措施，在工程开工的同时，向有关部门进行申报

17．根据《环境噪声污染防治法》，下列关于防治机动车辆行驶噪声环境污染的说法中，错误的是（　　）。（2015年考题）

A．机动车辆必须按照规定使用声响装置

B．机动车辆必须加强维修和保养，保持技术性能良好，防治环境噪声污染

C．在城市市区范围内行驶的机动车辆的消声器和喇叭必须符合国家规定的要求

D．城市人民政府公安机关可以根据本地城市市区区域声环境保护的需要，划定禁止机动车辆使用声响装置的路段和时间，并向社会公告

18．某地产商拟在已建成的城市快速路旁一侧新建居住小区。根据《环境噪声污染防治法》交通噪声污染防治的有关规定，该地产商采取的下列行动中，错误的是（　　）。（2016年考题）

A．在居住小区临路边界布设隔声屏

B．与快速路间隔一定距离布设居住小区

C．对居住小区临路的房屋安装通风隔声窗

D．要求快速路建设单位采取控制噪声污染的措施

19．根据《环境噪声污染防治法》交通噪声污染防治有关要求，城市人民政府应当在航空器起飞、降落的净空周围划定限制建设区域，限制建设（　　）。（2016年考题）

A．大型影剧院　　B．机关和住宅

C．大型工业企业　　D．超过净空高度要求的建筑

20．根据《环境噪声污染防治法》，对可能产生环境噪声污染的工业设备，下

列说法中，正确的是（　）。（2017 年考题）

A．工业设备运行时发出的噪声值，应在有关技术文件中注明

B．工业设备运行时发出的机械噪声值，应在有关技术文件中注明

C．国务院有关主管部门应在工业设备产品的行业标准中规定噪声限值

D．国务院有关主管部门应在工业设备产品的国家标准中规定噪声限值

21．某市拟对临近城市快速路的居住地块进行开发，根据《环境噪声污染防治法》交通运输噪声污染防治的有关规定，建设单位应当优先采取的措施是（　）。（2017 年考题）

A．在地块临路一侧设置声屏障

B．为城市快速路铺设低噪声路面

C．提高地块内建筑门窗的隔声要求

D．按照国家规定，地块内住宅与城市快速路之间间隔一定距离

22．根据《环境噪声污染防治法》，下列区域中，属于夜间禁止进行产生环境噪声污染建筑施工作业的是（　）。（2018 年考题）

A．航空港　　B．乡村居住区

C．城市文教区　　D．城市商业

23．根据《环境噪声污染防治法》，关于交通运输噪声污染防治有关规定的说法，正确的是（　）。（2018 年考题）

A．机动车辆在城市市区范围内行驶禁鸣喇叭

B．机动车辆在城市市区范围内行驶必须减速行驶

C．机动车辆在城市市区范围内行驶必须按照规定使用声响装置

D．机动车辆在城市市区范围内行驶必须减速行驶，并按照规定使用声响装置

24．根据《环境噪声污染防治法》，关于噪声污染防治有关规定的说法，正确的是（　）。（2018 年考题）

A．工业生产活动产生的干扰周围环境的声音，应按工业噪声污染防治有关规定管理

B．航空器运行过程产生的干扰周围环境的声音，应按交通运输噪声污染防治有关规定管理

C．高速公路施工过程产生的干扰周围环境的声音，应按建筑施工噪声污染防治有关规定管理

D．住宅楼内居民进行室内装修活动产生的干扰周围环境的声音，应按社会生活噪声污染防治有关规定管理

二、不定项选择题

1．某建筑工程位于城市市区噪声敏感建筑物集中区域内，因特殊需要必须夜间

连续作业。依据《环境噪声污染防治法》，施工单位必须（　　）才能进行夜间连续作业。（2010年考题）

A．公告附近居民

B．采取措施消除环境噪声污染

C．经环境保护行政主管部门批准

D．有县级以上人民政府或者其有关主管部门的证明

2．依据《环境噪声污染防治法》，噪声敏感建筑物集中区域包括（　　）。（2011年考题）

A．医疗区　　B．宾馆区

C．以机关为主的区域　　D．以居民住宅为主的区域

3．依据《环境噪声污染防治法》关于社会生活噪声污染防治的规定，下列说法中，正确的有（　　）。（2011年考题）

A．禁止经营中的文化娱乐场所使用大功率音响设备

B．禁止在商业经营活动中使用高音广播喇叭招揽顾客

C．使用家用电器，应当避免对周围居民造成环境噪声污染

D．新建营业性文化娱乐场所的边界噪声必须符合国家规定的环境噪声排放标准

4．根据《环境噪声污染防治法》关于社会噪声污染防治的规定，下列说法中，错误的有（　　）。（2012年考题）

A．禁止任何单位、个人在城市市区使用高音广播喇叭

B．进行住宅楼室内装修活动，必须限制作业时间并采取其他有效措施防治噪声污染

C．城市市区公共场所组织娱乐活动，使用音响器材可能产生干扰周围环境的过大音量的，必须遵守当地环境保护行政主管部门的规定

D．商业经营活动中使用冷却塔等可能产生环境噪声污染的设备，其经营者应当采取措施，使其边界噪声不得超过国家规定的环境噪声排放标准

5．根据《环境噪声污染防治法》中工业噪声污染防治的规定，使用固定设备造成环境噪声污染的工业企业，须向环境保护行政主管部门申报的材料包括（　　）。（2014年考题）

A．造成环境噪声污染设备的种类

B．造成环境噪声污染设备的数量

C．正常作业条件下，设备所发出的噪声值

D．防治噪声污染的设施情况及有关防治噪声污染的技术资料

6．根据《环境噪声污染防治法》，对可能产生环境噪声污染的工业设备，国务院有关主管部门应当逐步在依法制定的产品的（　　）中规定噪声限值。（2015年

考题）

A．设备名录　　B．国家标准

C．行业标准　　D．技术参数

7．根据《环境噪声污染防治法》，下列关于防止建筑施工噪声污染环境的要求中，错误的是（　　）。（2015 年考题）

A．在城市市区禁止夜间进行产生环境噪声的建筑施工作业

B．在城市市区因特殊需要经批准必须连续作业的建筑施工活动应公告附近居民

C．向周围生活环境排放建筑施工噪声的，应当符合国家规定的建筑施工场界环境噪声排放标准

D．在城市市区范围内，建筑施工中可能产生环境噪声污染的施工单位，必须按规定向有关部门进行申报

8．根据《环境噪声污染防治法》建筑施工噪声污染防治有关规定，在城市市区施工过程中使用机械设备，可能产生环境噪声污染的，施工单位必须向环境保护主管部门申报该工程的（　　）。（2016 年考题）

A．项目名称　　B．施工场所和期限

C．施工内容和工艺　　D．采取的环境噪声污染防治措施的情况

9．根据《环境噪声污染防治法》对可能产生环境噪声污染的工业设备的有关规定，使用固定设备造成环境噪声污染的工业企业，必须按规定向所在地县级以上环境保护主管部门申报的内容包括（　　）。（2017 年考题）

A．可能产生的最大噪声值

B．防治噪声污染的技术资料

C．防治环境噪声污染的设施情况

D．造成环境噪声污染设备的种类、数量

10．某新建房地产项目位于城市主干道一侧，根据《环境噪声污染防治法》交通运输噪声污染防治的有关规定，该项目建设单位应当采取的保护措施有（　　）。（2017 年考题）

A．增加容积率　　B．临路一侧加装隔声窗

C．设置降噪路面和禁鸣标志　　D．改变临路房间使用功能

11．某新建城市快速路途径居住区，根据《环境噪声污染防治法》交通运输噪声污染防治的有关规定，建设单位可采取的措施包括（　　）。（2017 年考题）

A．设置声屏障

B．采用低噪声路面

C．改变临路第一排住宅使用功能

D. 控制临路第一排新建住宅与快速路的距离

12. 根据《噪声污染防治法》，关于交通运输噪声污染防治有关规定的说法，正确的有（　　）。（2018 年考题）

A. 民用航空器不得飞越城市市区上空

B. 民航部门应当采取有效措施，减轻环境噪声污染

C. 城市人民政府应当在航空器起飞、降落的净空周围划定限制建设噪声敏感建筑物的区域

D. 在城市人民政府划定限制建设噪声敏感建筑物的区域内建设建筑物的，建设单位应当采取减轻、避免航空器运行时产生的噪声影响的措施

13. 根据《噪声污染防治法》，下列交通设施中，属于建设经过已有噪声敏感建筑物集中区域，有可能造成环境污染，应当设置声屏障或者采取其他有效控制环境噪声污染措施的有（　　）。（2018 年考题）

A. 高速公路　　B. 城市主干道

C. 城市次干道　　D. 城市高架、轻轨道路

参考答案

一、单项选择题

1. C 【解析】边界噪声执行的不是质量标准，应当是排放标准。

2. C 3. C 4. B 5. C 6. A

7. B 【解析】在城市市区噪声敏感建筑物集中区域内，夜间进行禁止进行的产生环境噪声污染的建筑施工作业。

8. D 9. D 10. D

11. B 【解析】夜间，是指晚二十二点至晨六点之间。环境噪声，是指在工业生产、建筑施工、交通运输和社会生活中所产生的干扰周围环境的声音。

12. C 【解析】在城市市区范围内，建筑施工过程中使用机械设备，可能产生环境噪声污染的，施工单位必须在工程开工 15 日以前向工程所在地县级以上地方人民政府环境保护行政主管部门申报该工程的项目名称、施工场所和期限、可能产生的环境噪声值以及所采取的环境噪声污染防治措施的情况。

13. B 【解析】应当是建设单位采取措施，而不是公路交通管理部门。

14. A 15. B

16. D 【解析】第二十九条：在城市市区范围内，建筑施工过程中使用机械设备，可能产生环境噪声污染的，施工单位必须在工程开工十五日以前向工程所在

地县级以上地方人民政府环境保护行政主管部门申报该工程的项目名称、施工场所和期限、可能产生的环境噪声值以及所采取的环境噪声污染防治措施的情况。

17．A 【解析】此题考得太细。第三十四条：机动车辆在城市市区范围内行驶，机动船舶在城市市区的内河航道航行，铁路机车驶经或者进入城市市区、疗养区时，必须按照规定使用声响装置。按照规定使用声响装置有一定的地域范围限制。

18．D 【解析】城市快速路已建成，采取防噪声措施只能是开发商。

19．B 20．A 21．D

22. C 【解析】第三十条：在城市市区噪声敏感建筑物集中区域内，禁止夜间进行产生环境噪声污染的建筑施工作业，但抢修、抢险作业和因生产工艺上要求或者特殊需要必须连续作业的除外。因特殊需要必须连续作业的，必须有县级以上人民政府或者其有关主管部门的证明。前款规定的夜间作业，必须公告附近居民。

23. C 【解析】第三十三条：在城市市区范围内行使的机动车辆的消声器和喇叭必须符合国家规定的要求。机动车辆必须加强维修和保养，保持技术性能良好，防治环境噪声污染。第三十四条：机动车辆在城市市区范围内行驶，机动船舶在城市市区的内河航道航行，铁路机车驶经或者进入城市市区、疗养区时，必须按照规定使用声响装置。

24. B 【解析】第二十三条：在城市范围内向周围生活环境排放工业噪声的，应当符合国家规定的工业企业厂界环境噪声排放标准。第三十一条：本法所称交通运输噪声，是指机动车辆、铁路机车、机动船舶、航空器等交通运输工具在运行时所产生的干扰周围生活环境的声音。第二十八条：在城市市区范围内向周围生活环境排放建筑施工噪声的，应当符合国家规定的建筑施工场界环境噪声排放标准。第四十一条：本法所称社会生活噪声，是指人为活动所产生的除工业噪声、建筑施工噪声和交通运输噪声之外的干扰周围生活环境的声音。

二、不定项选择题

1．AD 2．ACD

3．BCD 【解析】经营中的文化娱乐场所，其经营管理者必须采取有效措施，使其边界噪声不超过国家规定的环境噪声排放标准。

4．AC 【解析】禁止任何单位、个人在城市市区噪声敏感建筑物集中区域内使用高音广播喇叭。在城市市区街道、广场、公园等公共场所组织娱乐、集会等活动，使用音响器材可能产生干扰周围生活环境的过大音量的，必须遵守当地公安机关的规定。高音设备能否在交通道路、街道、广场等地使用是由公安机关制定规则的。

5．ABCD

6. BC 【解析】第二十六条：国务院有关主管部门对可能产生环境噪声污染的工业设备，应当根据声环境保护的要求和国家的经济、技术条件，逐步在依法制定的产品的国家标准、行业标准中规定噪声限值。

7. AC 【解析】第三十条：在城市市区噪声敏感建筑物集中区域内，禁止夜间进行产生环境噪声污染的建筑施工作业，但抢修、抢险作业和因生产工艺上要求或者特殊需要必须连续作业的除外。第二十八条：在城市市区范围内向周围生活环境排放建筑施工噪声的，应当符合国家规定的建筑施工场界环境噪声排放标准。注意有地域限制。

8. ABD 【解析】根据《环境噪声污染防治法》第二十九条：在城市市区范围内，建筑施工过程中使用机械设备，可能产生环境噪声污染的，施工单位必须在工程开工 15 日以前向工程所在地县级以上地方人民政府环境保护行政主管部门申报该工程的项目名称、施工场所和期限、可能产生的环境噪声值以及所采取的环境噪声污染防治措施的情况。

9. BCD 【解析】第二十四条：在工业生产中因使用固定的设备造成环境噪声污染的工业企业，必须按照国务院环境保护行政主管部门的规定，向所在地的县级以上地方人民政府环境保护行政主管部门申报拥有的造成环境噪声污染的设备的种类、数量以及在正常作业条件下所发出的噪声值和防治环境噪声污染的设施情况，并提供防治噪声污染的技术资料。“正常作业条件下所发出的噪声值”意思是比较明确的噪声值。

10. BD

11. AB 【解析】第三十六条：建设经过已有的噪声敏感建筑物集中区域的高速公路和城市高架、轻轨道路，有可能造成环境噪声污染的，应当设置声屏障或者采取其他有效的控制环境噪声污染的措施。选项 CD 虽然属于采取其他有效的控制环境噪声污染的措施，但题目明确了“某新建城市快速路途径居住区”，CD 没有办法再改了。

12. AB 【解析】第四十条：除起飞、降落或者依法规定的情形以外，民用航空器不得飞越城市市区上空。城市人民政府应当在航空器起飞、降落的净空周围划定限制建设噪声敏感建筑物的区域；在该区域内建设噪声敏感建筑物的，建设单位应当采取减轻、避免航空器运行时产生的噪声影响的措施。民航部门应当采取有效措施，减轻环境噪声污染。

13. AD 【解析】第三十六条：建设经过已有的噪声敏感建筑物集中区域的高速公路和城市高架、轻轨道路，有可能造成环境噪声污染的，应当设置声屏障或者采取其他有效的控制环境噪声污染的措施。

（四）《固体废物污染环境防治法》

一、单项选择题

1. 依据《固体废物污染环境防治法》，关于贮存、利用、处置、危险废物的含义，下列说法中，错误的是（　　）。（2010 年、2011 年考题）

A. 贮存，是指将固体废物临时置于特定设施或者场所中的活动

B. 利用，是指从固体废物中提取物质作为原材料或者燃料的活动

C. 处置，是指将固体废物临时置于符合环境保护规定要求的填埋场的活动

D. 危险废物，是指列入国家危险废物名录或者根据国家规定的危险废物鉴别标准和鉴别方法认定的具有危险特性的固体废物

2. 依据《固体废物污染环境防治法》，除法律、行政法规另有规定外，贮存危险废物必须采取符合国家环境保护标准的防护措施，并不得超过（　　）。确需延长期限的，必须报经原批准经营许可证的环境保护行政主管部门批准。（2010 年考题）

A. 两年　　B. 一年　　C. 半年　　D. 一个月

3. 《固体废物污染环境防治法》中所称的“生活垃圾”不包括（　　）。（2011 年考题）

A. 家庭生活中产生的废纸屑

B. 生活垃圾焚烧发电产生的底渣

C. 建筑工地产生的厨余垃圾

D. 为日常生活提供服务的活动中产生的固体废物

4. 依据《固体废物污染环境防治法》，对产生危险废物而未进行处置的单位，又不承担依法应当承担的处置费用的，由所在地县级以上人民政府环境保护行政主管部门责令（　　）。（2011 年考题）

A. 限制生产，并指定单位代为处置

B. 关闭，并处代为处置费用三倍罚款

C. 限期改正，处代为处置费用一倍以上三倍以下的罚款

D. 停产治理，并处代为处置费用一倍以上三倍以下的罚款

5. 依据《固体废物污染环境防治法》，危险废物管理计划内容有重大改变的，应当及时（　　）。（2011 年考题）

A. 备案　　B. 申报

C. 报请核准　　D. 编制环境影响评价文件

6. 依据《固体废物污染环境防治法》，危险废物集中处置设施、场所的建设规划实施前应报国务院（　　）。（2011 年考题）

A. 核准　　B. 批准　　C. 备案　　D. 审查

7. 某产生危险废物单位已采取符合国家环境保护标准的防护措施贮存危险废物一年。依据《固体废物污染环境防治法》，该单位如需延长贮存期限，必须（　　）。（2011 年考题）

A. 报所在地市人民政府批准

B. 报所在地市人民政府备案

C. 报经批准其经营许可证的环境保护行政主管部门批准

D. 报经批准其经营许可证的环境保护行政主管部门备案

8. 依据《固体废物污染环境防治法》，必须按（　　）分类进行收集、贮存危险废物。（2011 年考题）

A. 危险废物的种类　　B. 危险废物的特性

C. 危险废物的产生量　　D. 危险废物的处置方式

9. 根据《固体废物污染环境防治法》，关于该法适用的范围，下列说法错误的是（　　）。（2012 年考题）

A. 固体废物污染海洋环境的防治不适用该法

B. 放射性固体废物污染环境的防治不适用该法

C. 该法适用于中华人民共和国境内固体废物污染环境的防治

D. 该法适用于中华人民共和国领域内固体废物污染环境的防治

10. 根据《固体废物污染环境防治法》，不属于国家对固体废物污染环境防治实行的原则是（　　）。（2012 年考题）

A. 无害化处置固体废物　　B. 充分合理利用固体废物

C. 促进清洁生产和循环经济发展　　D. 减少固体废物的产生量和危害性

11. 某事业单位因技术条件对其产生的工业固体废物暂时不能利用。根据《固体废物污染环境防治法》，下列说法中，错误的是（　　）。（2012 年考题）

A. 该单位应当建设工业固体废物贮存、处置场所

B. 该单位建设的工业固体废物贮存、处置的设施、场所，必须符合国家环境保护标准

C. 该单位必须按国务院环境保护行政主管部门的规定建设贮存设施、场所，对其产生的工业固体废物安全分类存放

D. 该单位必须按国务院环境保护行政主管部门的规定建设贮存设施、场所，对其产生的工业固体废物采取无害化处置措施

12．根据《固体废物污染环境防治法》，（　　）应当依据国务院批准的危险废物集中处置设施、场所的建设规划组织建设危险废物集中处置设施、场所。（2012 年考题）

A．县级以上地方人民政府

B．县级环境保护行政主管部门

C．国务院环境保护行政主管部门

D．省、设区的市级环境保护行政主管部门

13．根据《固体废物污染环境防治法》，收集、贮存危险废物，必须按照危险废物（　　）分类进行。（2012 年考题）

A．形态　　B．特性　　C．来源　　D．去向

14．根据《固体废物污染环境防治法》，国家对固体废物污染环境防治实行的原则不包括（　　）。（2013 年考题）

A．无害化处置固体废物　　B．充分合理利用固体废物

C．促进清洁生产和循环经济发展　　D．减少固体废物的产生量和危害性

15．《固体废物污染环境防治法》不适用于（　　）污染环境的防治。（2014 年考题）

A．废酸　　B．废矿物油

C．教学用的射线装置　　D．置于容器中的废甲苯

16．根据《固体废物污染环境防治法》，工业固体废物利用、安全分类存放和无害化处置措施的规定，下列说法中，错误的是（　　）。（2014 年考题）

A．国家实行工业固体废物申报制度

B．矿山企业应当减少尾扩、矸石、废石等矿业固体废物的产生量和贮存量

C．企事业单位应当根据经济、技术条件对其产生的工业固体废物加以利用

D．建设工业固体废物贮存、处置的设施、场所，必须符合国家和地方环境保护标准

17．根据《固体废物污染环境防治法》，建设、关闭生活垃圾收集及处置设施、场所的规定，下列说法中，错误的是（　　）。（2014 年考题）

A．禁止擅自关闭、闲置或者拆除生活垃圾处置的设施、场所

B．建设生活垃圾处置的设施、场所必须符合国务院环境保护行政主管部门和国务院建设行政主管部门规定的环境保护和环境卫生标准

C．确有必要关闭、闲置或拆除生活垃圾处置的设施、场所，必须经所在地县级以上地方人民政府环境卫生行政主管部门核准，并采取措施，防止污染环境

D．县级以上人民政府应当统筹安排建设城乡生活垃圾收集、运输、处置设施，

提高生活垃圾的利用率和无害化处理率，促进生活垃圾收集、处置的产业化发展，逐步建立和完善生活垃圾污染防治的社会服务体系

18. 根据《固体废物污染环境防治法》，下列关于危险废物、工业固体废物及固体废物利用、贮存的含义中，错误的是（　　）。（2015年考题）

A. 列入国家危险废物名录的固体废物属于危险废物

B. 工业固体废物，是指在工业生产活动中产生的固体废物

C. 利用，是指从固体废物中提取物质作为原材料或者燃料的活动

D. 贮存，是指将固体废物最终置于符合环境保护规定要求场所中的活动

19. 根据《固体废物污染环境防治法》，下列关于固体废物污染防治原则的说法中，错误的是（　　）。（2015年考题）

A. 国家对固体废物污染环境防治实行生产者依法负责的原则

B. 对固体废物实行减量化、资源化和无害化是防治固体废物污染环境的重要原则

C. 国家采取有利于固体废物综合利用的经济、技术政策和措施，对固体废物实行充分回收和合理利用

D. 国家鼓励、支持采取有利于保护环境的集中处置固体废物的措施，促进固体废物污染环境防治产业发展

20. 根据《固体废物污染环境防治法》，下列关于生活垃圾处置设施、场所管理的说法中，错误的是（　　）。（2015年考题）

A. 禁止擅自关闭生活垃圾处置的设施

B. 关闭生活垃圾处置的设施或场所必须采取措施，防治污染环境

C. 经所在地环境保护行政主管部门核准后可以关闭或拆除生活垃圾处置场所

D. 生活垃圾处置场所的建设，必须同时符合国家规定的环境保护标准和环境卫生标准

21. 根据《固体废物污染环境防治法》，下列关于危险废物转移、运输等的说法中，错误的是（　　）。（2015年考题）

A. 禁止经中华人民共和国过境转移危险废物

B. 运输危险废物，必须采取防止污染环境措施，并遵守国家有关规定填写危险废物转移联单

C. 从事危险废物经营活动的单位应当制定意外事故防范措施和应急预案，并向所在地县级以上人民政府备案

D. 转移危险废物的必须按照国家有关规定填写危险废物转移联单，并向危险废物批准转移该危险废物

22. （　　）适用于《固体废物污染环境防治法》。（2016年考题）

A．液态废物污染的防治

B．排入水体的废水的污染防治

C．固体废物污染海洋环境的防治

D．放射性固体废物污染环境的防治

23．《固体废物污染环境防治法》适用于（　　）污染环境的防治。（2016 年考题）

A．液态废物　　B．城市生活污水

C．固态废物排到海洋　　D．放射性废物

24．根据《固体废物污染环境防治法》关于工业固体废物贮存、处置设施、场所管理的规定，下列说法中，错误的是（　　）。（2016 年考题）

A．禁止擅自关闭，闲置或者拆除工业固体废物污染环境的防治设施、场所

B．建设工业固体废物贮存、处置的设施、场所，必须符合国家环境保护标准

C．在饮用水水源保护区内禁止建设工业固体废物集中贮存、处置的设施和场所

D．对于确有必要关闭的工业固体废物污染防治设施、场所，必须经所在地省级环境保护行政主管部门核准，并采取措施，防止污染环境

25．根据《固体废物污染环境防治法》，关于生活垃圾处置设施、场所管理的说法中，错误的是（　　）。（2016 年考题）

A．禁止擅自关闭生活垃圾处置的设施

B．关闭生活垃圾处置的设施或场所必须采取措施，防止污染环境

C．经所在地县人民政府环境保护行政主管部门核准后可以关闭和拆除生活垃圾处置场所

D．建设生活垃圾处置的设施、场所，必须符合国务院环境保护行政主管部门和国务院建设行政主管部门规定的环境保护和环境卫生标准

26．根据《固体废物污染环境防治法》危险废物污染环境防治的有关规定，下列说法中，正确的是（　　）。（2016 年考题）

A．禁止将危险废物倒入非危险废物中贮存

B．危险废物管理计划内容有变化的，应当及时申报

C．运输危险废物，必须采取防止污染环境的措施，并遵守国家有关安全管理的规定

D．从事收集、贮存、处置危险废物经营活动的单位，必须向县级以上人民政府申请领取经营许可证

27．根据《固体废物污染环境防治法》，下列活动中属于固体废弃物利用的是

（　　）。（2017 年考题）

A. 甲厂利用乙厂的副产品生产合格产品

B. 甲厂利用乙厂废弃的下脚料生产合格产品

C. 甲厂对乙厂生产的污水处理污泥进行焚烧

D. 甲厂利用乙厂产生的余热对本厂污水处理装置生产的污泥进行脱水干化

28. 根据《固体废物污染环境防治法》生活垃圾处置设施和场所的有关规定，生活垃圾填埋场建设必须符合国务院有关部门规定的（　　）。（2017 年考题）

A. 环境保护指标

B. 环境卫生标准

C. 环境保护标准或环境卫生标准

D. 环境保护标准和环境卫生标准

29. 根据《固体废物污染环境防治法》，关于危险废物污染环境防治的特别规定，下列说法中，错误的是（　　）。（2017 年考题）

A. 禁止将危险废物混入非危险废物中贮存

B. 禁止经中华人民共和国过境转移危险废物

C. 禁止将危险废物与旅客在同一运输工具上载运

D. 从事收集、贮存、利用危险废物经营活动的单位，必须向县级以上人民政府环境保护行政主管部门申请领取经营许可证

30. 根据《固体废物污染环境防治法》，关于确有必要关闭、闲置或拆除生活垃圾处置设施和场所有关规定的说法，正确的是（　　）。（2018 年考题）

A. 必须经所在地市、县人民政府建设主管部门核准，并采取措施，防止污染环境

B. 必须经所在地市、县人民政府环境卫生行政主管部门核准，并采取措施，防止污染环境

C. 必须经所在地市、县人民政府环境保护行政主管部门核准，并采取措施，防止污染环境

D. 必须经所在地市、县人民政府环境卫生行政主管部门和环境保护行政主管部门核准，并采取措施，防止污染环境

31. 根据《固体废物污染环境防治法》，关于危险废物收集、贮存要求的说法，错误的是（　　）。（2018 年考题）

A. 禁止将危险废物混入非危险废物中贮存

B. 收集、贮存危险废物必须按照危险废物特性分类进行

C. 贮存危险废物必须采取符合国家环境保护标准的防护措施

D. 禁止混合收集、贮存、运输、处置性质不相容的危险废物

32. 某危险废物经营单位，需超期贮存危险废物，根据《固体废物污染环境防治法》，关于该单位危险废物贮存、处置有关要求的说法，错误的是（　　）。（2018年考题）

A．应停止危险废物经营行为

B．应按照国家环境保护标准要求的防护措施建设贮存场所

C．应报原批准经营许可证的环境保护行政主管部门批准延长贮存期限

D．应制定意外事故的防范措施和应急预案，并向县级以上地方人民政府环境保护行政主管部门备案

33. 根据《固体废物污染环境防治法》，下列单位中属于向国务院或省、自治区、直辖市人民政府环境保护行政主管部门申请经营许可证的是（　　）。（2018年考题）

A．危险废物收集单位　　B．危险废物贮存单位

C．危险废物利用单位　　D．危险废物处置单位

二、不定项选择题

1．依据《固体废物污染环境防治法》，应当按照国家有关环境卫生的规定，配套建设生活垃圾收集设施的单位有（　　）。（2010年考题）

A．飞机场的经营管理单位　　B．商店的经营管理单位

C．码头的经营管理单位　　D．从事城市旧区改建的单位

2．依据《固体废物污染环境防治法》，关于危险废物的收集、贮存，下列说法中，正确的是（　　）。（2010年考题）

A．性质相容的危险废物可以混合收集、贮存

B．收集、贮存危险废物，必须按照危险废物特性分类进行

C．性质相容且经安全性处置的危险废物可以与非危险废物混合贮存

D．性质不相容且未经过安全性处置的危险废物禁止混合收集、贮存

3．依据《固体废物污染环境防治法》，国家对固体废物污染环境防治实行（　　）的原则。（2011年考题）

A．总量控制　　B．无害化处置固体废物

C．充分合理利用固体废物　　D．减少固体废物的产生量和危害性

4．依据《固体废物污染环境防治法》，（　　）必须经过县级以上地方人民政府环境保护行政主管部门和环境卫生行政主管部门核准。（2011年考题）

A．拆除生活垃圾处置设施　　B．关闭生活垃圾处置场所

C．闲置生活垃圾处置设施　　D．建设生活垃圾处置场所

5．依据《固体废物污染环境防治法》，产生危险废物的单位按国家有关规定制

订的危险废物管理计划应当包括（　　）。（2011 年考题）

A. 危险废物利用措施　　B. 危险废物贮存处置措施

C. 减少危险废物产生量的措施　　D. 减少危险废物危害性的措施

6. 依据《固体废物污染环境防治法》关于危险废物收集、贮存的规定，下列说法中，正确的是（　　）。（2011 年考题）

A. 禁止危险废物与非危险废物混合收集、贮存

B. 收集、贮存危险废物，必须按照危险废物赋存形态分类进行

C. 性质相容且经安全性处置的危险废物可以与非危险废物混合贮存运输

D. 性质不相容且未经过安全性处置的危险废物，可以混合收集、贮存、运输

7. 根据《固体废物污染环境防治法》，关于固体废物贮存、处置、利用的含义，下列说法中，正确的是（　　）。（2012 年考题）

A. 利用，是指将固体废物直接作为产品原料的活动

B. 处置，包括将固体废物焚烧以消除其危险成分的活动

C. 贮存，是指将固体废物临时置于特定设施或者场所中的活动

D. 处置，包括将固体废物最终置于符合环境保护规定要求的填埋场的活动

8. 根据《固体废物污染环境防治法》关于产生危险废物的单位必须处置危险废物的规定，下列说法中，正确的是（　　）。（2012 年考题）

A. 产生危险废物的单位不处置的，代为处置的处置费用由该单位承担

B. 产生危险废物的单位不处置的，由所在地县级以上人民政府责令限期改正

C. 产生危险废物的单位，必须按照国家有关规定处置危险废物，不得擅自倾倒、堆放

D. 产生危险废物的单位逾期不处置或者处置不符合国家有关规定的，由国家环境保护行政主管部门指定单位按国家有关规定代为处置

9. 某化工厂已从城区搬迁至化工区，原址用地交当地政府收储后由房地产开发公司竞拍开发建设，一拾荒者发现原址地块内遗留有化工厂贮存的危险废物。根据《固体废物污染环境防治法》，关于固体废物污染环境防治原则的规定，下列说法中，正确的是（　　）。（2013 年考题）

A. 该拾荒者对危险废物依法承担污染防治责任

B. 当地政府对危险废物依法承担污染防治责任

C. 该化工厂对该危险废物依法承担污染防治责任

D. 购地的房地产开发公司对危险废物依法承担污染防治责任

10. 根据《固体废物污染环境防治法》，下列关于固体废物的说法中，正确的是（　　）。（2014 年考题）

A. 工业固体废物指在工业生产活动中产生的固体废物

B．丧失原有利用价值，放置于容器中的气态物品属固体废物

C．在日常生活中或为日常生活提供服务的活动中产生的固体废物属生活垃圾

D．根据国家规定的危险废物鉴别标准和鉴别方法认定具有危险特性的固体废物属危险废物

11．根据《固体废物污染环境防治法》危险废物污染环境防治的规定，产生危险废物的单位制订的危险废物管理计划应当包括（　　）。（2014 年考题）

A．危险废物处置措施

B．危险废物贮存、利用措施

C．减少危险废物产生的措施

D．减少危险废物危害性的措施

12．根据《固体废物污染环境防治法》固体废物贮存、处置设施、场所的有关规定，下列区域中，禁止建设工业固体废物贮存场的有（　　）。（2015 年考题）

A．风景名胜区　　B．基本农田保护区

C．自然保护区实验区　　D．饮用水水源二级保护区

13．根据《固体废物污染环境防治法》危险废物污染环境防治的有关规定，产生危险废物单位指定的危险废物管理计划应当包括减少危险废物产生量和危害性的措施以及危险废物（　　）措施。（2015 年考题）

A．贮存　　B．利用　　C．处置　　D．收集

14．根据《固体废物污染环境防治法》，企业事业单位对其产生的工业固体废物不能利用的，必须按照国务院环境保护行政主管部门的规定（　　）。（2016 年考题）

A．安全分类存放　　B．开展环境监测

C．建设贮存设施、场所　　D．采取无害化处置措施

15．根据《固体废物污染环境防治法》危险废物污染环境防治的有关规定，下列说法中，正确的有（　　）。（2016 年考题）

A．收集、贮存危险废物，必须按照危险废物特性分类进行

B．危险废物管理计划应当报产生危险废物的单位所在地县级以上地方人民政府备案

C．产生危险废物的单位，必须按照国家有关规定处置危险废物，不得擅自倾倒、堆放

D．转移危险废物的，必须按照国家有关规定填写危险废物转移联单，并向危险废物移出地设区的市级以上地方人民政府环境保护行政主管部门提出申请

16．根据《固体废物污染环境防治法》有关规定，产生危险废物单位制定的危险废物管理计划应当包括减少危险废物产生量和危害性的措施以及危险废物（　　）措施。（2016 年考题）

A．贮存　　B．利用　　C．处置　　D．收集

17．根据《固体废物污染环境防治法》的有关规定，（　　）内禁止建设工业固体废物贮存、处置设施和场所。（2017 年考题）

A．基本农田　　B．省级自然保护区

C．省级风景名胜区　　D．饮用水水源保护区

18．根据《固体废物污染环境防治法》关于危险废物污染环境防治的特别规定，（　　）危险废物，必须按照危险废物特性分类进行。（2017 年考题）

A．收集　　B．贮存　　C．运输　　D．处置

19．根据《固体废物污染环境防治法》，关于危险废物污染环境防治的特别规定，禁止无经营许可证或者不按经营许可证规定从事危险废物（　　）的经营活动。（2017 年考题）

A．收集　　B．贮存　　C．运输　　D．处置

20．根据《固体废物污染环境防治法》，下列区域中，属于禁止建设生活垃圾填埋场的有（　　）。（2018 年考题）

A．省级自然保护区　　B．省级风景名胜区

C．省级旅游度假区　　D．饮用水水源保护区

21．根据《固体废物污染环境防治法》，下列内容中，属于产生危险废物的单位应向环境保护行政主管部门申报的有（　　）。（2018 年考题）

A．危险废物的流向　　B．危险废物的贮存资料

C．危险废物的利用资料　　D．危险废物的处置资料

参考答案

一、单项选择题

1．C　【解析】处置应该是最终处理，不是临时。

2．B　3．B

4．C　【解析】危险废物产生者不处置其产生的危险废物又不承担依法应当承担的处置费用的，由县级以上地方人民政府环境保护行政主管部门责令限期改正，处代为处置费用 1 倍以上 3 倍以下的罚款。

5．B　6．B　7．C　8．B　9．D　10．C

11．A　【解析】企业事业单位应当根据经济、技术条件对其产生的工业固体废物加以利用；对暂时不利用或者不能利用的，必须按照国务院环境保护行政主管部门的规定建设贮存设施、场所，安全分类存放，或者采取无害化处置措施。建设工

业固体废物贮存、处置的设施、场所，必须符合国家环境保护标准。

12. A 【解析】县级以上地方人民政府只需执行规划就可以了。

13. B 14. C

15. C 【解析】置于容器中的气态物品、物质以及法律、行政法规规定纳入固体废物管理的物品、物质以及液态废物的污染防治，也适用本法。但是，排入水体的废水的污染防治适用有关法律，不适用本法。

16. D 【解析】建设工业固体废物贮存、处置的设施、场所，必须符合国家环境保护标准。

17. C 【解析】关闭、闲置或者拆除的生活垃圾处置的设施、场所，必须经两个部门即经所在地的市、县人民政府环境卫生行政主管部门和环境保护行政主管部门核准。

18. D 【解析】贮存，是指将固体废物临时置于特定设施或者场所中的活动。

19. A 【解析】国家对固体废物污染环境防治实行污染者依法负责的原则。

20. C 【解析】禁止擅自关闭、闲置或者拆除生活垃圾处置的设施、场所；确有必要关闭、闲置或者拆除的，必须经所在地县级以上地方人民政府环境卫生行政主管部门和环境保护行政主管部门核准，并采取措施，防止污染环境。两个部门都需核准。

21. C 【解析】第六十二条：产生、收集、贮存、运输、利用、处置危险废物的单位，应当制定意外事故的防范措施和应急预案，并向所在地县级以上地方人民政府环境保护行政主管部门备案；环境保护行政主管部门应当进行检查。

22. A 【解析】液态废物的污染防治，适用本法；但是，排入水体的废水的污染防治适用有关法律，不适用本法。

23. A

24. D 【解析】第二十四条：禁止擅自关闭、闲置或者拆除工业固体废物污染环境防治设施、场所；确有必要关闭、闲置或者拆除的，必须经所在地县级以上地方人民政府环境保护行政主管部门核准，并采取措施，防止污染环境。

25. C 【解析】需所在地县级以上地方人民政府环境卫生行政主管部门和环境保护行政主管部门核准。

26. A

27. B 【解析】A 选项用的是副产品不是固体废物；C 选项没说清焚烧的目的到底是作为燃料，还是仅为处置措施，有可能是处置；D 选项是处置。

18. D

29. D 【解析】第五十七条：从事收集、贮存、处置危险废物经营活动的单位，必须向县级以上人民政府环境保护行政主管部门申请领取经营许可证。

30．D 【解析】第四十四条：禁止擅自关闭、闲置或者拆除生活垃圾处置的设施、场所；确有必要关闭、闲置或者拆除的，必须经所在地的市、县级人民政府环境卫生行政主管部门商所在地环境保护行政主管部门同意后核准，并采取措施，防止污染环境。

31．D 【解析】第五十八条：收集、贮存危险废物，必须按照危险废物特性分类进行。禁止混合收集、贮存、运输、处置性质不相容而未经安全性处置的危险废物。贮存危险废物必须采取符合国家环境保护标准的防护措施，并不得超过一年；确需延长期限的，必须报经原批准经营许可证的环境保护行政主管部门批准；法律、行政法规另有规定的除外。禁止将危险废物混入非危险废物中贮存。

32．A 【解析】第五十八条：贮存危险废物必须采取符合国家环境保护标准的防护措施，且不得超过一年；确需延长期限的，必须报经原批准经营许可证的环境保护行政主管部门批准；法律、行政法规另有规定的除外。第六十二条：产生、收集、贮存、运输、利用、处置危险废物的单位，应当制定意外事故的防范措施和应急预案，并向所在地县级以上地方人民政府环境保护行政主管部门备案；环境保护行政主管部门应当进行检查。

33．C 【解析】第五十七条：从事收集、贮存、处置危险废物经营活动的单位，必须向县级以上人民政府环境保护行政主管部门申请领取经营许可证；从事利用危险废物经营活动的单位，必须向国务院环境保护行政主管部门或者省、自治区、直辖市人民政府环境保护行政主管部门申请领取经营许可证。具体管理办法由国务院规定。

二、不定项选择题

1．ABCD 2．ABD 3．BCD 4．ABC

5．ABCD 【解析】危险废物管理计划应当包括减少危险废物产生量和危害性的措施以及危险废物贮存、利用、处置措施。危险废物管理计划应当报产生危险废物的单位所在地县级以上地方人民政府环境保护行政主管部门备案。

6．A 7．BCD

8．AC 【解析】其余两个选项的执行部门都是所在地县级以上地方人民政府环境保护行政主管部门。

9．CD 【解析】产生工业固体废物的单位需要终止的，应当事先对工业固体废物的贮存、处置的设施、场所采取污染防治措施，并对未处置的工业固体废物作出妥善处置，防止污染环境。产生工业固体废物的单位发生变更的，变更后的单位应当按照国家有关环境保护的规定对未处置的工业固体废物及其贮存、处置的设施、场所进行安全处置或者采取措施保证该设施、场所安全运行。变更前当事人对工业固体废物及其贮存、处置的设施、场所的污染防治责任另有约定的，从其约定；但是，不得免除当事人的污染防治义务。

10. ABCD 11. ABCD 12. ABCD

13. ABC 【解析】危险废物管理计划应当包括减少危险废物产生量和危害性的措施以及危险废物贮存、利用、处置措施。

14. ACD 【解析】第三十三条：对暂时不利用或者不能利用的，必须按照国务院环境保护行政主管部门的规定建设贮存设施、场所，安全分类存放，或者采取无害化处置措施。

15. ACD 【解析】选项B的正确说法是：报县级以上地方人民政府环境保护行政主管部门备案。

16. ABC

17. BCD 【解析】第二十二条：在国务院和国务院有关主管部门及省、自治区、直辖市人民政府划定的自然保护区、风景名胜区、饮用水水源保护区、基本农田保护区和其他需要特别保护的区域内，禁止建设工业固体废物集中贮存、处置的设施、场所和生活垃圾填埋场。基本农田，是指按照一定时期人口和社会经济发展对农产品的需求，依据土地利用总体规划确定的不得占用的耕地。基本农田保护区，是指为对基本农田实行特殊保护而依据土地利用总体规划和依照法定程序确定的特定保护区域。两者区别是：基本农田是一个地块的概念，必须落实到具体地块。基本农田保护区是一个区域概念，保护区内以基本农田为主，但并非都是基本农田，除了基本农田外，还可能有少量的一般耕地、其他农用地、建设用地、未利用地等。

18. AB 【解析】第五十八条：收集、贮存危险废物，必须按照危险废物特性分类进行。

19. ABD 【解析】第五十七条：禁止无经营许可证或者不按照经营许可证规定从事危险废物收集、贮存、利用、处置的经营活动。第六十条：运输危险废物，必须采取防止污染环境的措施，并遵守国家有关危险货物运输管理的规定。

20. ABD 【解析】第二十二条：在国务院和国务院有关主管部门及省、自治区、直辖市人民政府划定的自然保护区、风景名胜区、饮用水水源保护区、基本农田保护区和其他需要特别保护的区域内，禁止建设工业固体废物集中贮存、处置的设施、场所和生活垃圾填埋场。

21. ABD 【解析】第五十三条：产生危险废物的单位，必须按照国家有关规定制定危险废物管理计划，并向所在地县级以上地方人民政府环境保护行政主管部门申报危险废物的种类、产生量、流向、贮存、处置等有关资料。前款所称危险废物管理计划应当包括减少危险废物产生量和危害性的措施以及危险废物贮存、利用、处置措施。危险废物管理计划应当报产生危险废物的单位所在地县级以上地方人民政府环境保护行政主管部门备案。

（五）《海洋环境保护法》

一、单项选择题

1．某设区市内有一企业的入海排污口经科学论证后拟报请审查批准。依据《海洋环境保护法》，对该排污口有审批权的是（　　）。（2010 年考题）

A．该市人民政府　　B．该市海洋行政主管部门

C．该市所在地的省级人民政府　　D．该市环境保护行政主管部门

2．依据《海洋环境保护法》，海岸工程环境影响报告书应当经（　　）提出审核意见后，报环境保护行政主管部门审查批准。（2010 年考题）

A．海事行政主管部门　　B．渔业行政主管部门

C．海洋行政主管部门　　D．军队环境保护部门

3．依据《海洋环境保护法》，下列区域中不属于滨海湿地的是（　　）。（2011 年考题）

A．低潮时水深不超过 6 m 的潮间带

B．低潮时水深低于 6m 的沿海低地

C．低潮时水深超过 6m 的永久性海域

D．低潮时水深低于 6m 的沿岸浸湿地带

4．依据《海洋环境保护法》，未被禁止向海域排放的是（　　）。（2011 年考题）

A．油类　　B．碱液　　C．剧毒废液　　D．低水平放射性废水

5．根据《海洋环境保护法》关于防治海岸工程建设项目对海岸环境污染损害的规定，下列说法中，错误的是（　　）。（2012 年考题）

A．严格限制在海岸采挖砂石

B．海岸工程的环境保护设施未经海洋行政主管部门验收不得投入生产

C．在依法划定的海滨风景名胜区，不得从事污染环境的海岸工程项目建设

D．兴建海岸工程建设项目，必须采取有效措施，保护国家和地方重点保护的野生动物及其生存环境

6．根据《海洋环境保护法》关于入海排放口位置选择的规定，下列说法错误的是（　　）。（2013 年考题）

A．在有条件地区，应当将排污口深海设置，实行离岸排放

B．在海洋自然保护区和其他需要特别保护的区域，不得新建入海排污口

C．海滨风景名胜区、半封闭海及其他自净能力较差的海域不得新建入海

排污口

D．入海排污口位置的选择，须报设区的市级以上人民政府环境保护行政主管部门审查批准

7．根据《海洋环境保护法》关于禁止、严格控制或严格向海域排放废液或废水的有关规定，下列说法中，错误的是（　　）。（2013 年考题）

A．禁止向海域排放含重金属废水

B．禁止向海域排放高、中水平放射性废水

C．含病原体的医疗污水经过处理达到国家有关排放标准后，可排入海域

D．严格控制向海湾、半封闭海及其他自净能力较差的海域排放含有机物和营养物质的工业废水、生活污水

8．根据《海洋环境保护法》，关于防治海岸工程建设项目对海洋环境的污染损害，下列说法中，错误的是（　　）。（2013 年考题）

A．禁止在海岸采挖砂石

B．禁止在沿海陆域内新建不具备有效治理措施的化工项目

C．从岸上打井开采海底矿产资源，必须采取有效措施，防止污染海洋环境

D．兴建海岸工程建设项目，必须采取有效措施，保护国家和地方重点保护的野生动植物及其生存环境和海洋水产资源

9．根据《海洋环境保护法》，下列说法中，错误的是（　　）。（2014 年考题）

A．沿海低地不属于滨海湿地

B．我国领海基线向内陆一侧的所有海域称为内水

C．海洋功能区划是指依据海洋自然属性和社会属性，以及自然资源和环境特定条件，界定海洋利用的主导功能和使用范畴

D．海洋环境污染损害是指直接或者间接地把物质或者能量引入海洋环境，产生损害海洋生物资源、危害人体健康、妨碍渔业和海上其他合法活动、损害海水使用素质和减损环境质量等有害影响

10．根据《海洋环境保护法》向海域排污的有关规定，下列说法中，正确的是（　　）。（2014 年考题）

A．禁止向海域排放油类

B．严格控制向海域排放剧毒废液

C．禁止向海域排放有机物和重金属废水

D．禁止向海湾、半封闭海域排放含有有机物和营养物质的生活污水

11．根据《海洋环境保护法》向海域排污的有关规定，下列说法中，错误的是（　　）。（2014 年考题）

A．工业废水必须经处理，符合国家有关排放标准后，方能排入海域

B. 含病原体的医疗污水经过处理后符合国家有关排放标准，方能排入海域

C. 含中水平放射性废水经过处理符合国家有关排放标准后，方能排入海域

D. 向海湾排放含热废水，必须采取有效措施，保证邻近渔业水域的水温符合国家海洋环境质量标准

12. 根据《海洋环境保护法》，下列说法中，错误的是（　　）。（2014 年考题）

A. 严格限制在海岸采挖砂石

B. 禁止在重要渔业水域建设滨海大型养殖场

C. 禁止在沿海陆域内新建不具备有效治理措施的岸边冲滩拆船项目

D. 海岸工程项目的环保设施，必须与主体工程同时设计、同时施工、同时投产使用

13. 根据《海洋环境保护法》，下列区域中，不必建立海洋自然保护区的是（　　）。（2015 年考题）

A. 海洋生物物种高度丰富的区域

B. 遭受破坏的海洋自然生态区域

C. 具有特殊保护价值的海域、海岸、岛屿

D. 具有重大科学文化价值的海洋自然遗迹所在区域

14. 根据《海洋环境保护法》，下列关于防治海岸工程损害海洋环境的说法中，错误的是（　　）。（2015 年考题）

A. 禁止在海岸采挖砂石

B. 禁止在沿海陆域内新建不具备有效治理措施的严重污染海洋环境的工业生产项目

C. 在依法划定的海洋自然保护区，不得从事污染环境、破坏景观的海岸工程项目建设

D. 兴建海岸工程建设项目，必须采取有效措施，保护国家和地方重点保护的野生动植物及其生存环境和海洋水产资源

15. 根据《海洋环境保护法》，有关内水、滨海湿地、海洋功能区划、海洋环境污染损害的含义，下列说法中，正确的是（　　）。（2016 年考题）

A. 内水，是指我国领海基线向内陆一侧的一定范围海域

B. 滨海湿地，是指低潮时水深浅于六米的水域及其沿岸浸湿地带

C. 海洋功能区划，是指依据海洋自然属性和社会属性，界定海洋利用的主导功能和使用范畴

D. 海洋环境污染损害，是指直接把物质或者能量引入海洋环境，产生损害海洋生物资源、危害人体健康、妨害渔业和海上其他合法活动、损害海水使用素质和减损环境质量等有害影响

16. 根据《海洋环境保护法》海洋生态保护有关规定，下列说法中，正确的是（　　）。（2016 年考题）

A. 对具有重要经济、社会价值的已遭到破坏的海洋生态，应当进行保护

B. 开发利用海洋资源，应当根据近岸海域环境功能区划合理布局，不得造成海洋生态破坏

C. 国务院有关部门和沿海省级人民政府应当根据保护海洋生态的需要，选划、建立海洋自然保护区

D. 凡具有特殊地理条件、生态系统、生物与非生物资源及海洋开发利用特殊需要的区域，必须建立海洋特别保护区

17. 根据《海洋环境保护法》防治海岸工程建设项目对海洋环境的污染损害的有关规定，下列说法中，正确的是（　　）。（2016 年考题）

A. 严格限制在海岸采挖砂石

B. 禁止在沿海陆域内新建印染、电镀以及其他严重污染海洋环境的工业生产项目

C. 在依法划定的海洋风景名胜区、渔业水域，禁止从事污染、破坏景观的海岸工程建设项目

D. 兴建海岸工程建设项目，必须采取有效措施，保护野生动植物及其生存环境和海洋水产资源

18. 根据《海洋环境保护法》，海洋功能区划是指依据海洋（　　）以及自然资源和环境特定条件，界定海洋利用的主导功能和使用范畴。（2017 年考题）

A. 环境属性和社会属性　　B. 社会属性和经济属性

C. 自然属性和经济属性　　D. 自然属性和社会属性

19. 根据《海洋环境保护法》建立海洋自然保护区的有关规定，下列说法中，错误的是（　　）。（2017 年考题）

A. 国家级海洋自然保护区的建立，需经国务院批准

B. 市级海洋自然保护区的建立，须经市级人民政府批准

C. 海洋生物物种高度丰富的区域，应当建立海洋自然保护区

D. 具有重大科学文化价值的海洋自然遗迹所在区域，应当建立海洋自然保护区

20. 根据《海洋环境保护法》，凡具有特殊地理条件、生态系统、生物与非生物资源及海洋开发利用特殊需要的区域，可以建立（　　），采取有效的保护措施和科学的开发方式进行特殊管理。（2017 年考题）

A. 海洋生态功能区　　B. 海洋自然保护区

C. 海洋主体功能区　　D. 海洋特别保护区

21．根据《海洋环境保护法》，下列关于入海排污口设置的说法中，错误的是（　　）。（2017 年考题）

A．应当将排污口深海设置，实现离岸排放

B．在海洋自然保护区、重要渔业水域、滨海风景名胜区和其他需要特别保护的区域，不得新建排污口

C．环境保护行政主管部门在批准设置入海排污口之前，必须征求海洋、海事、渔业行政主管部门和军队环境保护部门的意见

D．入海排污口位置的选择，应当根据近岸海洋功能区划、海水动力条件和有关规定，经科学论证后，报设区的市级以上人民政府环境保护行政主管部门审查批准

22．根据《海洋环境保护法》，下列说法正确的是（　　）。（2017 年考题）

A．禁止生活污水向海湾排放

B．严格控制生活污水向自净能力较差的海域排放

C．严格限制含营养物质的生活污水向半封闭海排放

D．禁止含有机物和营养物质的工业废水向半封闭海排放

23．根据《海洋环境保护法》，下列区域中，不属于滨海湿地的是（　　）。（2018 年考题）

A．潮间带　　B．洪泛地带

C．沿海低地　　D．水深不超过 6 m 的水域

24．根据《海洋环境保护法》，关于海洋生态保护有关规定的说法，错误的是（　　）。（2018 年考题）

A．国家建立健全海洋生态保护补偿制度

B．禁止毁坏海岸防护设施、沿海防护林、沿海城镇园林和绿地

C．海水养殖应当合理投饵，施肥，禁止使用药物，防止造成海洋环境污染

D．引进海洋动植物物种，应当进行科学论证，避免对海洋生态系统造成危害

25．根据《海洋环境保护法》，关于防治海岸工程建设项目污染损害海洋环境有关规定的说法，错误的是（　　）。（2018 年考题）

A．在海洋自然保护区、海滨风景名胜区、渔业水域，不得从事污染环境、破坏景观的海岸工程项目建设或者其他活动

B．海岸工程建设项目单位，必须对海洋进行科学调查，根据自然条件和社会条件，合理选址，编制环境影响报告书（表）

C．新建、改建、扩建海岸工程建设项目，必须遵守国家有关建设项目环境保护管理的规定，并把防治污染所需资金纳入建设项目投资计划

D．环境保护行政主管部门在批准环境影响报告书（表）之前，必须征求海事、渔业行政主管部门和军队环境保护部门的意见

二、不定项选择题

1. 依据《海洋环境保护法》，海洋功能划分，是指依据海洋（　　），界定海洋利用的主导功能和使用范畴。（2010年考题）

A. 自然资源和环境特定条件　　B. 自然属性和社会属性

C. 海水使用素质损害的程度　　D. 生物资源利用的主导功能

2. 某芦苇生长茂盛的无人海岛拟开发用于建设造船基地。依据《海洋环境保护法》，基地建设过程中，符合海洋生态保护要求的做法有（　　）。（2010年考题）

A. 利用该岛原有岸滩靠泊船只

B. 基础设施建设过程中砍伐海岛上的芦苇

C. 为平整场地，将海岛西侧山体削平填至东侧

D. 经科学论证，引进国外经济鱼种在海岛周边放养，以丰富周边海域鱼类品种

3. 依据《海洋环境保护法》，关于防治海岸工程建设项目污染损害海洋环境，正确的是（　　）。（2010年考题）

A. 在海岸采挖沙石，必须采取有效措施，防治污染海洋环境

B. 海岸工程的环保设施未经海洋行政主管部门验收，海岸工程建设项目不得投入生产

C. 在依法划定的海滨风景名胜区，不得从事破坏景观的海岸工程项目建设

D. 兴建海岸工程建设项目，必须采取有效措施，保护国家和地方重点保护的野生动植物

4. 适用《海洋环境保护法》的行为有（　　）。（2011年考题）

A. 围海造地

B. 从事海上旅游观光

C. 在海洋专属经济区内从事海洋石油勘探

D. 在海洋自然保护区的实验区开展海洋生态系统研究

5. 某灌丛生长茂盛的无人海岛拟开发用于建设造船基地。依据《海洋环境保护法》，基地建设过程中，符合海洋生态保护要求的做法有（　　）。（2011年考题）

A. 利用该岛原有岸滩靠泊船只

B. 基础设施建设过程中砍伐海岛上的灌丛

C. 为平整场地，将海岛西侧山体削平填至东侧

D. 经科学论证，引进国外经济鱼种在海岛周边放养，以丰富周边海域鱼类品种

6. 依据《海洋环境保护法》关于防治海岸工程建设项目对海洋环境污染损害的有关规定，下列说法中，正确的是（　　）。（2011年考题）

A. 禁止在海岸采沙挖石

B．严格限制在沿海陆域内新建不具备有效防治措施的岸边冲滩拆船项目

C．兴建海岸工程建设项目，必须采取有效措施，保护国家和地方重点保护的野生动植物

D．在依法划定的海滨风景名胜区不得从事污染环境、破坏景观的海岸工程建设项目

7．根据《海洋环境保护法》关于向海域排放废水或污水的规定，下列说法中，错误的是（　　）。（2012 年考题）

A．严格控制向海域排放含有重金属的废水

B．严格控制含有机物的生活污水向海湾排放

C．含病原体的医疗废水可与处理达标后的工业废水混合后排入海域

D．向海域排放含热废水，必须采取有效措施，保护邻近渔业水域的水温符合国家海洋环境质量标准

8．根据《海洋环境保护法》，设置陆源污染物深海离岸排放排污口的，应依据（　　）的有关情况确定，具体办法由国务院规定。（2013 年考题）

A．海洋功能区划　　B．海水动力条件

C．海底工程设施　　D．海岸防护设施

9．根据《海洋环境保护法》，可建立海洋自然保护区的区域包括（　　）。（2014 年考题）

A．海洋生物物种高度丰富的区域

B．具有特殊保护价值的入海河口

C．遭受破坏且经保护不能恢复的海洋自然生态区域

D．具有重大科学文化价值的海洋自然遗迹所在区域

10．根据《海洋环境保护法》海洋生态保护的有关规定，沿海地方各级人民政府应当结合当地自然环境的特点，建设（　　），对海岸侵蚀和海水入侵地区进行综合治理。（2015 年考题）

A．滨海湿地　　B．沿海防护林

C．海岸防护设施　　D．沿海城镇园林和绿地

11．根据《海洋环境保护法》，设置陆源污染物深海离岸排放排污口，应当依据（　　）和海底工程设施的有关情况规定，具体办法由国务院规定。（2017 年考题）

A．海洋功能区划　　B．海水动力条件

C．海洋生态保护规划　　D．海洋生态保护目标分布

12．根据《海洋环境保护法》，禁止在沿海陆域内新建不具备有效治理措施的（　　），以及其他严重污染海洋环境的工业生产项目。（2017 年考题）

A．化工　　B．印染

C. 燃气电厂　　　　　　　　　　　D. 岸边冲滩拆船

13. 根据《海洋环境保护法》，下列海洋生态系统中，属于国务院和沿 海地方各级人民政府应当采取有效措施保护的有（　　）。（2018 年考题）

A. 海岛、海湾　　　　　　　　　　B. 红树林、珊瑚礁

C. 滨海湿地、入海河口　　　　　　D. 重要渔业水域，海产品养殖水域

14. 根据《海洋环境保护法》，关于向海域排放废液或废水有关规定的说法，错误的有（　　）。（2018 年考题）

A. 禁止向海域排放含有不易降解的有机物和重金属的废水

B. 严格限制向海域排放油类、酸液、碱液、剧毒废液和高、中水平放射性废水

C. 严格限制向海域排放低水平放射性废水，确需排放的，必须严格执行国家水污染物排放标准的要求

D. 向海域排放含热废水，必须采取有效措施，保证邻近渔业水域的水温符合国家海洋环境质量标准，避免热污染对水产资源的危害

参考答案

一、单项选择题

1. D　2. C

3. C　【解析】滨海湿地，是指低潮时水深低于 6 m 的水域及其沿岸浸湿地带，包括水深不超过 6 m 的永久性水域、潮间带（或洪泛地带）和沿海低地等。

4. D

5. B　【解析】环保设施属专业性很强的防治设施，验收应由环保管理部门负责。

6. C　【解析】在海洋自然保护区、重要渔业水域、海滨风景名胜区和其他需要特别保护的区域，不得新建排污口。“其他需要特别保护的区域”，是指除海洋自然保护区、重要渔业水域和海滨风景名胜区以外，具有环境保护上的特殊价值，而划出一定范围，加以特别保护的区域。

7. A　【解析】严格控制向海域排放含有不易降解的有机物和重金属的废水。

8. A　【解析】严格限制在海岸采挖砂石。露天开采海滨砂矿和从岸上打井开采海底矿产资源，必须采取有效措施，防止污染海洋环境。

9. A　10. A

11. C　【解析】禁止向海域排放油类、酸液、碱液、剧毒废液和高、中水平放射性废水。

12．B 【解析】滨海大型养殖场属海岸工程。兴建海岸工程建设项目，必须采取有效措施，保护国家和地方重点保护的野生动植物及其生存环境和海洋水产资源。

13．B

14．A 【解析】严格限制在海岸采挖砂石。露天开采海滨砂矿和从岸上打井开采海底矿产资源，必须采取有效措施，防止污染海洋环境。

15．B 【解析】滨海湿地，是指低潮时水深浅于六米的水域及其沿岸浸湿地带，包括水深不超过六米的永久性水域、潮间带（或洪泛地带）和沿海低地等。

16．C 17．A

18．D 【解析】第九十五条：海洋功能区划，是指依据海洋自然属性和社会属性，以及自然资源和环境特定条件，界定海洋利用的主导功能和使用范畴。

19．B 【解析】第二十一条：国务院有关部门和沿海省级人民政府应当根据保护海洋生态的需要，选划、建立海洋自然保护区。国家级海洋自然保护区的建立，须经国务院批准。选项C和D的内容应当建立海洋自然保护区。

20．D 【解析】第二十三条：凡具有特殊地理条件、生态系统、生物与非生物资源及海洋开发利用特殊需要的区域，可以建立海洋特别保护区，采取有效的保护措施和科学的开发方式进行特殊管理。

21．A 【解析】在有条件的地区，应当将排污口深海设置，实行离岸排放。

22．B 【解析】第三十五条：含有机物和营养物质的工业废水、生活污水，应当严格控制向海湾、半封闭海及其他自净能力较差的海域排放。

23．D 【解析】第九十四条：滨海湿地，是指低潮时水深浅于6 m的水域及其沿岸浸湿地带，包括水深不超过6 m的永久性水域、潮间带（或洪泛地带）和沿海低地等。

24．C 【解析】第二十四条：国家建立健全海洋生态保护补偿制度。第二十七条：禁止毁坏海岸防护设施、沿海防护林、沿海城镇园林和绿地。第二十八条：海水养殖应当科学确定养殖密度，并应当合理投饵、施肥，正确使用药物，防止造成海洋环境的污染。第二十五条：引进海洋动植物物种，应当进行科学论证，避免对海洋生态系统造成危害。

25．A 【解析】第四十二条：新建、改建、扩建海岸工程建设项目，必须遵守国家有关建设项目环境保护管理的规定，并把防治污染所需资金纳入建设项目投资计划。在依法划定的海洋自然保护区、海滨风景名胜区、重要渔业水域及其他需要特别保护的区域，不得从事污染环境、破坏景观的海岸工程项目建设或者其他活动。第四十三条：海岸工程建设项目单位，必须对海洋环境进行科学调查，根据自然条件和社会条件，合理选址，编制环境影响报告书（表）。在建设项目开工前，将环境影响报告书（表）报环境保护行政主管部门审查批准。环境保护行政主管部门在批准环境影响报告书（表）之前，必须征求海洋、海事、渔业行政主管部门和军队环境保护部门的意见。

二、不定项选择题

1．AB 【解析】海洋功能区划，是指依据海洋自然属性和社会属性，以及自然资源和环境特定条件，界定海洋利用的主导功能和使用范畴。

2．AD

3．ACD 【解析】选项 B 的正确说法是：“海岸工程的环保设施未经环境保护行政主管部门验收，海岸工程建设项目不得投入生产”。

4．ABCD 5．AD 6．CD

7．C 【解析】含病原体的医疗废水也应达标。

8．ABC

9．ABD 【解析】遭受破坏但经保护能恢复的海洋自然生态区域应当建立海洋自然保护区。

10．BCD 【解析】**第二十七条**：沿海地方各级人民政府应当结合当地自然环境的特点，建设海岸防护设施、沿海防护林、沿海城镇园林和绿地，对海岸侵蚀和海水入侵地区进行综合治理。

11．AB 【解析】第三十条：在有条件的地区，应当将排污口深海设置，实行离岸排放。设置陆源污染物深海离岸排放排污口，应当根据海洋功能区划、海水动力条件和海底工程设施的有关情况确定，具体办法由国务院规定。

12．ABD 【解析】禁止在沿海陆域内新建不具备有效治理措施的化学制浆造纸、化工、印染、制革、电镀、酿造、炼油、岸边冲滩拆船以及其他严重污染海洋环境的工业生产项目。“岸边冲滩拆船”容易被忽视。

13．ABC 【解析】第二十条：国务院和沿海地方各级人民政府应当采取有效措施，保护红树林、珊瑚礁、滨海湿地、海岛、海湾、入海河口、重要渔业水域等具有典型性、代表性的海洋生态系统，珍稀、濒危海洋生物的天然集中分布区，具有重要经济价值的海洋生物生存区域及有重大科学文化价值的海洋自然历史遗迹和自然景观。

14．ABC 【解析】第三十三条：禁止向海域排放油类、酸液、碱液、剧毒废液和高、中水平放射性废水。严格限制向海域排放低水平放射性废水；确需排放的，必须严格执行国家辐射防护规定。严格控制向海域排放含有不易降解的有机物和重金属的废水。第三十六条：向海域排放含热废水，必须采取有效措施，保证邻近渔业水域的水温符合国家海洋环境质量标准，避免热污染对水产资源的危害。

（六）《放射性污染防治法》

一、单项选择题

1．依据《放射性污染防治法》，放射性废液产生单位的下列做法中，正确的是（　　）。（2010 年考题）

A．采取严格防渗措施后利用天然裂隙、溶洞排放放射性废液

B．利用渗井、渗坑排放符合国家放射性污染防治标准的放射性废液

C．对不得向环境排放的放射性废液按国家放射性污染防治标准予以贮存

D．采用符合省级环境保护行政主管部门规定的排放方式排放符合国家放射性污染防治标准的放射性废液

2．依据《放射性污染防治法》关于核设施开展环境影响评价的规定，下列说法中，正确的是（　　）。（2011 年考题）

A．在办理核设施选址审批手续前，应当编制环境影响报告书

B．在办理核设施退役审批手续后，应当编制环境影响报告书

C．核设施选址和建造阶段，可进行一次环境影响评价，其报告书内容应包括核设施运行过程中的环境影响评价

D．核设施选址、建造和运行阶段，可进行一次环境影响评价，其报告书内容应包括核设施退役后的环境影响评价

3．依据《放射性污染防治法》关于放射性固体废物处置方式的规定，下列说法中，正确的是（　　）。（2011 年考题）

A．在海洋上处置放射性固体废物

B．在内河水域处置放射性固体废物

C．中水平放射性固体废物实行集中的深地质处置

D．低水平放射性固体废物在符合国家规定的区域实行近地表处置

4．根据《放射性污染防治法》，产生放射性固体废物的单位，应当按照（　　）的规定，对其产生的放射性固体废物进行处理后，送交放射性固体废物处置单位处置，并承担处置费用。（2012 年考题）

A．所在地市级人民政府　　B．所在地省级人民政府

C．所在地省级环境保护行政主管部门　　D．国务院环境保护行政主管部门

5．根据《放射性污染防治法》，低、中水平放射性固体废物在符合国家规定的区域实行（　　）。（2013 年考题）

A．海洋上处置　　B．近地表处理

C．内河水域处置　　D．集中的深地质处置

6．根据《放射性污染防治法》关于产生放射性固体废物的单位处理处置放射性固体废物的规定，下列说法中，错误的是（　　）。（2013 年考题）

A．禁止将放射性固体废物提供或者委托给无许可证的单位贮存和处置

B．专门从事放射性固体废物贮存处置的单位，须经国务院环境保护行政主管部门审查批准，并取得许可证

C．产生放射性固体废物的单位，对其按规定送交放射性固体废物处置单位处置的放射性固体废物承担处置费用

D．产生放射性固体废物的单位，应当按照国务院环境保护行政主管部门的规定，直接将放射性固体废物送交放射性固体废物处理单位处置

7．根据《放射性污染防治法》中放射性固体废物处理处置的有关规定，下列说法中，错误的是（　　）。（2014 年考题）

A．设立专门从事放射性固体废物贮存、处置的单位，须经国务院核设施主管部门审查批准，取得许可证

B．伴生放射性稀土矿开发利用过程中产生的尾矿，应当建设尾矿库进行贮存、处置，建造的尾矿库应当符合放射性污染防治的要求

C．产生放射性固体废物的单位，应按照国家有关规定，对其产生的放射性固体废物进行处理后，送交放射性固体废物处置单位处置，并承当处置费用

D．国务院核设施主管部门会同国务院环境保护行政主管部门根据地质条件和放射性固体废物处置要求，在环境影响评价的基础上编制放射性固体废物处置场所选址规划，报国务院批准后实施

8．根据《放射性污染防治法》，下列关于放射性废液管理的说法中，错误的是（　　）。（2015 年考题）

A．禁止利用渗井、渗坑排放放射性废液

B．禁止利用天然裂隙、溶洞排放放射性废液

C．产生放射性废液的单位，必须按照国家放射性污染防治标准的要求，对放射性废液进行处理或者贮存

D．产生放射性废液的单位达标排放放射性废液的排放方式必须符合国务院环境保护行政主管部门的规定

9．根据《放射性污染防治法》，下列关于放射性固体废物的处置设施的说法中，错误的是（　　）。（2015 年考题）

A．放射性固体废物处置场所选址规划须报国务院批准后实施

B．放射性固体废物处置场所选址规划应在环境影响评价的基础上编制

C. 负责放射性固体废物处置场所规划编制的牵头单位是国务院环境保护行政主管部门

D. 有关地方人民政府应当根据放射性固体废物处置场所选址规划，提供放射性固体废物处置场所的建设用地

10. 根据《放射性污染防治法》关于环境影响评价的有关规定，下列说法中，正确的是（　　）。（2016 年考题）

A. 在办理核设施选址审批手续前，应当编制环境影响报告书，报国务院环境保护行政主管部门审查批准

B. 核设施运营单位应当在办理退役审批手续前编制环境影响报告书，报省级以上人民政府环境保护行政主管部门审查批准

C. 开发利用伴生放射性矿的单位，应当在申请领取采矿许可证前编制环境影响报告书，报国务院环境保护行政主管部门审查批准

D. 关闭铀（钍）矿的单位，应当在办理退役审批手续前编制环境影响报告书，报省级以上人民政府环境保护行政主管部门审查批准

11. 根据《放射性污染防治法》关于“放射性固体废物处置方式及编制处理设施选址规划”的规定，下列说法中，正确的是（　　）。（2016 年考题）

A. 放射性固体废物处置场所选址规划须报国务院批准后实施

B. 放射性固体废物应当在符合国家规定的区域内实行近地表处置

C. 在内河水域处置放射性固体废物，必须符合国家有关放射性污染标准的要求

D. 负责放射性固体废物处置场所规划编制的牵头单位，应当是国务院环境保护行政主管部门

12. 根据《放射性污染防治法》放射性固体废物处置的有关规定，下列说法中，错误的是（　　）。（2016 年考题）

A. 放射性固体废物实行有偿处置

B. 放射性固体废物处置实行经营许可

C. 放射性固体废物处置费用收取和使用管理办法，由国务院环境保护行政主管部门规定

D. 产生放射性固体废物的单位，应当按照国务院环境保护行政主管部门的规定，对其产生的放射性固体废物进行处理后，送交放射性固体废物处置单位处置，并承担处置费用

13. 根据《放射性污染防治法》核设施进行环境影响评价的有关规定，下列说法中，正确的是（　　）。（2017 年考题）

A．在办理核设施选址审批手续后，应当编制环境影响报告书，报国务院环境保护行政主管部门审查批准

B．核设施营运单位应在办理核设施退役审批手续前编制环境影响报告书，并报国务院环境保护行政主管部门审查批准

C．核设施营运单位应在申请领取运行许可证前编制环境影响报告书，报省级以上人民政府环境保护行政主管部门审查批准

D．核设施营运单位应在领取核设施建造许可证前编制环境影响报告书，报省级以上人民政府环境保护行政主管部门审查批准

14．根据《放射性污染防治法》，关于产生放射性废液的单位排放或者处 理、贮存放射性废液有关规定的说法，错误的是（ ）。（2018 年考题）

A．禁止向海洋排放放射性废液

B．禁止利用溶洞排放放射性废液

C．禁止利用天然裂隙排放放射性废液

D．产生放射性废液的单位，必须按照国家放射性污染防治标准的要求，对不得向环境排放的放射性废液进行处理或者贮存

15．根据《放射性污染防治法》，关于编制和实施放射性固体废物处置场所选址规划的说法，正确的是（ ）。（2018 年考题）

A．国务院核设施主管部门会同省级人民政府根据地质条件和放射性固体废物处置的需要，在环境影响评价的基础上编制，报国务院批准后实施

B．国务院核设施主管部门会同省级人民政府根据土地利用规划和放射性固体废物处置的需要，在环境影响评价的基础上编制，报国务院批准后实施

C．国务院核设施主管部门会同国务院环境保护行政主管部门根据地质条件和放射性固体废物处置的需要，在环境影响评价的基础上编制，报国务院批准后实施

D．国务院核设施主管部门会同国务院环境保护行政主管部门根据土地利用规划和放射性固体废物处置的需要，在环境影响评价的基础上重编制报国务院批准后实施

二、不定项选择题

1．依据《放射性污染防治法》，适用于（ ）过程中发生的放射性的防治活动。（2010 年考题）

A．核技术开发利用 B．铀（钍）矿开发利用

C．伴生放射性矿开发利用 D．核设施选址、建造、运行、退役

2．依据《放射性污染防治法》，放射性废液禁止采用的方式有（ ）。

（2010 年考题）

A．利用渗井排放　　B．利用渗坑排放

C．利用溶洞排放　　D．利用开然裂隙排放

3．适用《放射性污染防治法》的活动包括（　　）。（2011 年考题）

A．核设施选址　　B．核设施建造

C．核设施运行　　D．核设施退役

4．根据《放射性污染防治法》，核设施营运单位应当编制环境影响报告书的时段为（　　）。（2012 年考题）

A．在进行核设施装料活动前

B．在办理核设施选址审批手续前

C．在办理核设施退役审批手续前

D．在申请领取核设施建造、运行许可证前

5．根据《放射性污染防治法》关于放射性固体废物处置的规定，下列说法中，正确的是（　　）。（2012 年考题）

A．在内河水域和海洋上处置放射性固体废物

B．高水平放射性固体废物实行集中的深地质处置

C．α放射性固体废物按中水平放射性固体废物近地表处置

D．低、中水平放射性固体废物在符合国家规定的区域实行近地表处置

6．根据《放射性污染防治法》，开发利用或者关闭铀（钍）矿的单位，需编制环境影响报告书的时段包括（　　）。（2013 年考题）

A．铀（钍）矿开发选址前　　B．铀（钍）矿申请领取采矿许可证前

C．铀（钍）矿申请运行许可证前　　D．铀（钍）矿办理退役审批手续前

7．《放射性污染防治法》适用于（　　）的放射性污染的防治活动。（2014 年考题）

A．射线装置　　B．核设施退役

C．核电厂选址　　D．放射性废物

8．根据《放射性污染防治法》，（　　）项目的环境影响评价报告书应报省以上人民政府环境保护行政主管部门审查批准。（2014 年考题）

A．关闭钍矿

B．开发利用铀矿

C．开发利用伴生放射性稀土矿

D．开发利用伴生放射性磷酸盐矿

9．根据《放射性污染防治法》放射性固体废物处理处置的规定，下列说法中，正确的是（　　）。（2014 年考题）

A．禁止在海洋上处置放射性固体废物

B．禁止未经许可从事处置放射性固体废物的活动

C．禁止α放射性固体废物实行集中的深地质处置

D．禁止高水平放射性固体废物实行集中的深地质处置

10．根据《放射性污染防治法》，下列矿产资源开发项目中，其环境影响报告书应当报国务院环境保护行政主管部门审查批准的有（　　）。（2015 年考题）

A．铀矿开发项目

B．钍矿开发项目

C．伴生放射性稀土矿开发利用项目

D．伴生放射性磷酸盐矿开发利用项目

11．根据《放射性污染防治法》，下列关于放射性固体废物处置方式的说法中，正确的有（　　）。（2017 年考题）

A．低水平放射性固体废物实行近地表处置

B．高水平放射性固体废物实行集中的深地质处置

C．中、低水平放射性固体废物禁止在内河水域进行处置

D．高水平放射性固体废物可以在符合国家规定的区域进行近地表处置

12．根据《中华人民共和国放射性污染防治法》，下列行为中，属于该法适用范围的有（　　）。（2018 年考题）

A．核设施选址

B．核技术开发利用

C．含有天然放射性核素浓度稀土矿的开发利用

D．含有天然放射性核素浓度稀土矿和磷酸盐矿的开发利用

参考答案

一、单项选择题

1．C　【解析】产生放射性废液的单位，必须按照国家放射性污染防治标准的要求，对不得向环境排放的放射性废液进行处理或者贮存。产生放射性废液的单位，向环境排放符合国家放射性污染防治标准的放射性废液，必须采用符合国务院环境保护行政主管部门规定的排放方式。禁止利用渗井、渗坑、天然裂隙、溶洞或者国家禁止的其他方式排放放射性废液。

2．A　【解析】在办理核设施选址审批手续前、核设施营运单位在申请领取核设施建造、运行许可证和办理退役审批手续前都应当编制环境影响报告书。

3．D

4．D 【解析】放射性固体废物的危险特性，应当由国务院环境保护行政主管部门规定相关统一的政策。

5．B

6．D 【解析】产生放射性固体废物的单位，应当先处理后送有资质的单位处置。

7．A 【解析】设立专门从事放射性固体废物贮存、处置单位，必须经国务院环境保护行政主管部门审查批准，取得许可证。

8．C 【解析】第四十二条：产生放射性废液的单位，必须按照国家放射性污染防治标准的要求，对不得向环境排放的放射性废液进行处理或者贮存。产生放射性废液的单位，向环境排放符合国家放射性污染防治标准的放射性废液，必须采用符合国务院环境保护行政主管部门规定的排放方式。

9．C 【解析】第四十四条：国务院核设施主管部门会同国务院环境保护行政主管部门根据地质条件和放射性固体废物处置的需要，在环境影响评价的基础上编制放射性固体废物处置场所选址规划，报国务院批准后实施。

10．A

11．A 【解析】第四十四条：国务院核设施主管部门会同国务院环境保护行政主管部门根据地质条件和放射性固体废物处置的需要，在环境影响评价的基础上编制放射性固体废物处置场所选址规划，报国务院批准后实施。

12．C 【解析】第四十五条：放射性固体废物处置费用收取和使用管理办法，由国务院财政部门、价格主管部门会同国务院环境保护行政主管部门规定。

13．B 【解析】核设施的环境影响报告书都是由环境保护部审批。

14．A 【解析】第四十二条：产生放射性废液的单位，必须按照国家放射性污染防治标准的要求，对不得向环境排放的放射性废液进行处理或者贮存。产生放射性废液的单位，向环境排放符合国家放射性污染防治标准的放射性废液，必须采用符合国务院环境保护行政主管部门规定的排放方式。禁止利用渗井、渗坑、天然裂隙、溶洞或者国家禁止的其他方式排放放射性废液。

15．C 【解析】第四十四条：国务院核设施主管部门会同国务院环境保护行政主管部门根据地质条件和放射性固体废物处置的需要，在环境影响评价的基础上编制放射性固体废物处置场所选址规划，报国务院批准后实施。有关地方人民政府应当根据放射性固体废物处置场所选址规划，提供放射性固体废物处置场所的建设用地，并采取有效措施支持放射性固体废物的处置。

二、不定项选择题

1．ABCD　2．ABCD　3．ABCD

4．BCD　【解析】选项 A 的正确说法应该是装料活动运行前。

5．BCD

6．BD　【解析】第十八条：在办理核设施选址审批手续前，应当编制环境影响报告书，报国务院环境保护行政主管部门审查批准；第二十条：核设施营运单位应当在申请领取核设施建造、运行许可证和办理退役审批手续前编制环境影响报告书，报国务院环境保护行政主管部门审查批准。本题是针对铀（钍）矿开采。

7．BC

8．CD　【解析】A、B 选项应当报国务院环境保护行政主管部门审查批准。C、D 选项属开发利用伴生放射性矿，报省级以上人民政府环境保护行政主管部门审查批准。

9．AB　【解析】禁止在内河水域和海洋上处置放射性固体废物。

10．AB　【解析】开发利用伴生放射性矿的单位，应当在申请领取采矿许可证前编制环境影响报告书，报省级以上人民政府环境保护行政主管部门审查批准。

11．BC　【解析】低、中水平放射性固体废物在符合国家规定的区域实行近地表处置。

12．AB　【解析】第二条：本法适用于中华人民共和国领域和管辖的其他海域在核设施选址、建造、运行、退役和核技术、铀（钍）矿、伴生放射性矿开发利用过程中发生的放射性污染的防治活动。

（七）《清洁生产促进法》

一、单项选择题

1. 根据《清洁生产促进法》，下列行为中，不符合企业进行技术改造时的清洁生产要求的是（　　）。（2015 年考题）

A. 某煤矿改变开拓开采工艺，提高了原煤产量

B. 某化工企业通过循环水系统改造，提高了中水回用率

C. 某养猪场改进养殖方式，推进了猪粪尿的资源化利用

D. 某再生有色金属企业改进冶炼工艺，降低了二噁英的排放强度

2. 根据《清洁生产促进法》，关于企业在进行技术改造中应当采取清洁生产措施的规定，下列不属于的是（　　）。（2016 年考题）

A. 采用节水马桶　　B. 简化包装

C. 酒店增大一次性筷子使用量　　D. 采用低噪音空调系统

3. 根据《清洁生产促进法》，下列措施中，属于企业技术改造过程中应当采取的清洁生产措施的是（　　）。（2018 年考题）

A. 为提高产品质量改造生产工艺

B. 为提高矿石开采量引进先进采矿工艺

C. 为减少废气污染物排放量采用替代能源

D. 为大幅度增加产品产量调整产品生产工序

二、不定项选择题

1. 根据《清洁生产促进法》，企业在进行技术改造过程中，应当采取的清洁生产措施有（　　）。（2012 年考题）

A. 采用无毒的原料替代毒性大的原料

B. 对生产过程中产生的废水进行综合利用

C. 采用污染物产量少的设备替代污染物产生量多的设备

D. 采用能够达到国家或者地方规定的污染物排放标准的污染防治技术

2. 根据《清洁生产促进法》，下列措施中，属于企业在进行技术改造时应当采取的清洁生产措施有（　　）。（2015 年考题）

A. 对生产过程中产生的固体废物进行综合利用

B. 采用能达到国家污染物排放标准的污染防治技术

C．对生产过程中产生的预热进行循环使用，充分利用热量

D．采用能达到国家污染物排放总量控制指标的污染防治技术

参考答案

一、单项选择题

1．A 【解析】选项 A 与环境保护无关。

2．C

3．C 【解析】第十九条：企业在进行技术改造过程中，应当采取以下清洁生产措施：（1）采用无毒、无害或者低毒、低害的原料，替代毒性大、危害严重的原料；（2）采用资源利用率高、污染物产生量少的工艺和设备，替代资源利用率低、污染物产生量多的工艺和设备；（3）对生产过程中产生的废物、废水和余热等进行综合利用或者循环使用；（4）采用能够达到国家或者地方规定的污染物排放标准和污染物排放总量控制指标的污染防治技术。

二、不定项选择题

1．ABCD 2．ABCD

（八）《水法》

一、单项选择题

1．依据《水法》，国家鼓励开发、利用水能资源，在水能丰富的河流，应当有计划地进行（　　）。（2010年考题）

A．多目标梯级开发

B．以航运为目标的梯级开发

C．以生态保护为目标的梯级开发

D．以水能资源开发为目标的梯级开发

2．依据《水法》，关于排污口设置，下列说法中，正确的是（　　）。（2010年考题）

A．在湖泊扩大排污口，由流域管理机构审批

B．在江河改建排污口，由有管辖权的水行政主管部门审批

C．在饮用水水源保护区设置排污口，由环境保护行政主管部门审批

D．在湖泊新建排污口，由环境保护行政主管部门负责对该建设项目的环境影响报告书进行审批

3．依据《水法》，关于围湖造地，下列说法中，正确的是（　　）。（2010年考题）

A．可以适度围湖造地

B．已经围垦的，应当按照国家规定的防洪标准有计划地退地还湖

C．确需围垦的，应当经省、自治区、直辖市人民政府水行政主管部门或国务院水行政主管部门同意后，报本级人民政府批准

D．确需围垦的，应当经过科学论证，经省、自治区、直辖市人民政府水行政主管部门或者国务院水行政主管部门同意后，报本级人民政府批准

4．依据《水法》，（　　）应当划定饮用水水源保护区，并采取相应的保护措施进行保护。（2011年考题）

A．县级人民政府

B．县级人民政府水行政主管部门

C．省、自治区、直辖市人民政府

D．省、自治区、直辖市人民政府水行政主管部门

5．依据《水法》关于围湖造地的规定，下列说法中，正确的是（　　）。

（2011 年考题）

A．严格限制围湖造地

B．已经围垦的，应当按照国家规定的防洪标准有计划地退地还湖

C．确需围垦的，应当经省、自治区、直辖市人民政府水行政主管部门或国务院水行政主管部门同意后，报本级人民政府批准

D．确需围垦的，应当先进行科学论证，再经省、自治区、直辖市人民政府水行政主管部门或者国务院水行政主管部门同意后，报本级人民政府批准

6．根据《水法》，开发利用水资源，应当首先满足（　　）。（2012 年考题）

A．农业用水　　B．工业用水

C．生态环境用水　　D．城乡居民生活用水

7．根据《水法》，为防止水源枯竭和水体污染，保证城乡居民饮用水安全，国家建立（　　）。（2012 年考题）

A．饮用水保护制度　　B．水源保护区制度

C．水源涵养林保护制度　　D．饮用水水源保护区制度

8．根据《水法》关于水资源开发利用的规定，下列说法中，错误的是（　　）。（2013 年考题）

A．国家鼓励开发利用水能、水运资源

B．开发、利用水资源，应当首先满足农业、工业、生态环境用水的需要

C．跨流域调水，应当进行全面规划和科学论证，统筹兼顾调出和调入流域的用水需要，防止对生态环境造成破坏

D．开发、利用水资源，应当坚持兴利与除害相结合，兼顾上下游、左右岸和有关地区之间的利益，充分发挥水资源的综合效益，并服从防洪的总体安排

9．根据《水法》，（　　）应当划定饮用水水源保护区，并采取措施，防止水源枯竭和水体污染，保证城乡居民饮用水安全。（2014 年考题）

A．设区的市级人民政府

B．国务院水行政主管部门

C．国务院环境保护行政主管部门

D．省、自治区、直辖市人民政府

10．根据《水法》建立饮用水水源保护区制度的有关制度，饮用水水源保护区由（　　）划定。（2015 年考题）

A．县级以上人民政府

B．省、自治区、直辖市人民政府

C．县级以上人民政府水行政主管部门

D．省、自治区、直辖市人民政府水行政主管部门

11．根据《水法》，下列关于河道管理范围内禁止行为的说法中，错误的是（　　）。（2015 年考题）

A．禁止围湖造地

B．禁止围垦河道

C．禁止在渠道内种植林木及农作物

D．禁止在江河内堆放阻碍行洪的物体

12．根据《水法》，在干旱和半干旱地区开发、利用水资源，应当充分考虑（　　）要求。（2016 年考题）

A．工业用水　　B．农业用水

C．生态环境用水　　D．城乡居民用水

13．根据《水法》关于设置、新建、改建或者扩大排污口的有关规定，以下说法正确的是（　　）。（2016 年考题）

A．限制在江河、湖泊改建或者扩大排污口

B．禁止在饮用水水源一级保护区内设置排污口

C．在江河、湖泊新建、改建或者扩大排污口，应当经过所在地水行政部门和流域管理机构的同意

D．在饮用水水源准保护区内设置排污口，应当经过所在地水行政主管部门和流域管理机构的同意

14．根据《水法》，（　　）应当划定饮用水水源保护区。（2017 年考题）

A．省级人民政府

B．县级以上人民政府

C．县级以上人民政府水行政主管部门

D．省级人民政府环境保护主管部门

15．根据《水法》，在江河、湖泊新建、改建或者扩大排污口，应当经过有管辖权的（　　）同意，由环境保护行政主管部门负责对该建设项目的环境影响报告书进行审批。（2017 年考题）

A．县级人民政府

B．省级人民政府

C．省级水行政主管部门

D．水行政主管部门或者流域管理机构

16．根据《水法》，关于水资源开发利用中生态环境保护有关规定的说法，错误的是（　　）。（2018 年考题）

A．在干旱、半干旱地区开发、利用水资源，应当充分考虑生态环境用水需要

B．建设水力发电站，应当保护生态环境，兼顾防洪、供水、灌溉、航运、竹木流放和渔业等方面的需要

C．开发利用水资源，应当首先满足生态环境用水，并兼顾农业、工业、城市居民生活用水以及航运等需要

D．跨流域调水，应当进行全面规划和科学论证，统筹兼顾调出和调入流域的用水需求，防止对生态环境造成破坏

17．根据《水法》，关于新建排污口有关规定的说法，正确的是（　　）。（2018 年）

A．在江河、湖泊新建排污口应该经过河道管理机关同意

B．在江河、湖泊新建排污口应该经过县级以上水行政主管部门同意

C．在江河、湖泊新建排污口应该经过市级以上水行政主管部门同意

D．在江河、湖泊新建排污口应该经过有管辖权的水行政主管部门或流域管理机构同意

二、不定项选择题

1．依据《水法》，建立饮用水水源保护区的目的是（　　）。（2010 年考题）

A．保证灌溉用水　　B．防止水体污染

C．防止水源枯竭　　D．保证城乡居民饮用水安全

2．依据《水法》，禁止在（　　）种植阻碍行洪的林木。（2011 年考题）

A．渠道　　B．水库　　C．湖泊　　D．海滩

3．根据《水法》，在水资源短缺的地区，国家鼓励（　　）。（2012 年考题）

A．对海水的利用、淡化　　B．对雨水收集、开发、利用

C．对微咸水的收集、开发、利用　　D．对苦咸水的收集、开发、利用

4．根据《水法》关于设置、新建、改建或者扩大排污口的规定，下列说法中，正确的是（　　）。（2013 年考题）

A．在饮用水水源保护区设置排污口，应当由省级人民政府批准

B．在江河新建排污口，应经过有管辖权的水行政主管部门或者流域管理机构同意

C．在饮用水水源保护区设置排污口，应当由省级人民政府环境保护行政主管部门批准

D．在湖泊扩大排污口，应当经过有关部门同意，由环境保护行政主管部门负责对该建设项目的环境影响报告书进行审批

5．根据《水法》，禁止在（　　）内弃置、堆放阻碍行洪的物品和种植阻碍行洪的林木及高秆作物。（2017 年考题）

A. 江河　　　B. 水库　　　C. 运河　　　D. 渠道

6. 根据《水法》，关于建立饮用水水源保护区制度及设置、新建、改建或者扩大排污口有关规定的说法，错误的有（　　）。（2018 年考题）

A. 国家建立饮用水水源保护区制度

B. 禁止在饮用水水源保护区内设置排污口

C. 在江河新建排污口，应该经过有管辖权的水行政主管部门或者流域管理机构同意

D. 省级人民政府应当划定饮用水水源保护区，并采取措施，防止水源枯竭和水体污染，保证生产、生活、生态用水需要

参考答案

一、单项选择题

1. A

2. D 【解析】教材中没有此内容。《水法》第三十四条：禁止在饮用水水源保护区内设置排污口。在江河、湖泊新建、改建或者扩大排污口，应当经过有管辖权的水行政主管部门或者流域管理机构同意，由环境保护行政主管部门负责对该建设项目的环境影响报告书进行审批。

3. B 【解析】禁止围湖造地。已经围垦的，应当按照国家规定的防洪标准有计划地退地还湖。禁止围垦河道。确需围垦的，应当经过科学论证，经省、自治区、直辖市人民政府水行政主管部门或者国务院水行政主管部门同意后，报本级人民政府批准。

4. C　5. B　6. D　7. D　8. B　9. D　10. B

11. C 【解析】第三十七条：禁止在江河、湖泊、水库、运河、渠道内弃置、堆放阻碍行洪的物体和种植阻碍行洪的林木及高秆作物。

12. C 【解析】第二十一条：开发、利用水资源，应当首先满足城乡居民生活用水，并兼顾农业、工业、生态环境用水以及航运等需要。在干旱和半干旱地区开发、利用水资源，应当充分考虑生态环境用水需要。

13. B　14. A　15. D

16. C 【解析】第二十一条：开发、利用水资源，应当首先满足城乡居民生活用水，并兼顾农业、工业、生态环境用水以及航运等需要。在干旱和半干旱地区开发、利用水资源，应当充分考虑生态环境用水需要。第二十六条：建设水力发电站，应当保护生态环境，兼顾防洪、供水、灌溉、航运、竹木流放和渔业等方面的需要。

第二十二条：跨流域调水，应当进行全面规划和科学论证，统筹兼顾调出和调入流域的用水需要，防止对生态环境造成破坏。

17．D 【解析】第三十四条：禁止在饮用水水源保护区内设置排污口。在江河、湖泊新建、改建或者扩大排污口，应当经过有管辖权的水行政主管部门或者流域管理机构同意，由环境保护行政主管部门负责对该建设项目的环境影响报告书进行审批。

二、不定项选择题

1．BCD 【解析】第三十三条：国家建立饮用水水源保护区制度。省、自治区、直辖市人民政府应当划定饮用水水源保护区，并采取措施，防止水源枯竭和水体污染，保证城乡居民饮用水安全。

2．ABC 3．ABC

4．BD 【解析】禁止在饮用水水源保护区内设置排污口。

5．ABCD

6．BD 【解析】第三十四条：禁止在饮用水水源保护区内设置排污口。在江河、湖泊新建、改建或者扩大排污口，应当经过有管辖权的水行政主管部门或者流域管理机构同意，由环境保护行政主管部门负责对该建设项目的环境影响报告书进行审批。第三十三条：国家建立饮用水水源保护区制度。省、自治区、直辖市人民政府应当划定饮用水水源保护区，并采取措施，防止水源枯竭和水体污染，保证城乡居民饮用水安全。

（九）《防沙治沙法》

一、单项选择题

1. 依据《防沙治沙法》，在沙化土地范围内从事开发建设活动，必须依法提交环境影响报告；环境影响报告应当包括（　　）。（2010 年考题）

A. 移民安置专章　　B. 流行病学调查

C. 有关防沙治沙的内容　　D. 对土著居民产生的影响

2. 下列说法中，符合《防沙治沙法》关于沙化土地封禁保护区规定的是（　　）。（2010 年考题）

A. 在沙化土地封禁保护区范围内，禁止修建铁路

B. 在沙化土地封禁保护区范围内，禁止一切破坏植被的活动

C. 沙化土地封禁保护区范围内尚未迁出的农牧民的生产生活，由当地人民政府妥善安排

D. 对沙化土地封禁保护区范围内的农牧民，沙化土地封禁保护区主管部门应当有计划地组织迁出

3. 《防沙治沙法》中所称“土地沙化”的主要原因是（　　）。（2011 年考题）

A. 人类不合理活动　　B. 草原自然退化

C. 气候发生变化　　D. 天然沙漠自然扩张

4. 依据《防沙治沙法》关于“已沙化土地范围内实行单位治理责任制”的要求，下列说法中，正确的是（　　）。（2011 年考题）

A. 由林业行政主管部门下达治理责任书

B. 由县级以上地方人民政府下达治理责任书

C. 由县级以上地方人民政府负责组织造林种草或者采取其他治理措施

D. 由沙化土地封禁保护区主管部门负责造林种草或者采取其他治理措施

5. 根据《防沙治沙法》，不属于该法所称“土地沙化”定义的情形是（　　）。（2012 年、2013 年考题）

A. 气候变化导致草场沙化　　B. 过度放牧导致草场沙化

C. 天然绿洲人口过载导致沙化　　D. 沙漠边缘砍伐植被形成流沙

6. 《防沙治沙法》所称“土地沙化”是指主要因（　　）所导致的天然沙漠扩张和沙质土壤上植被及覆盖物被破坏，形成流沙及沙土裸露的过程。（2014 年考题）

A．人类不合理的活动

B．气候变化和人类活动

C．自然灾害和人类活动

D．气候变化、自然灾害和人类不合理活动

7．根据《防沙治沙法》，下列说法中，错误的是（　　）。（2014年考题）

A．禁止在沙化土地封禁保护区范围内安置移民

B．不得在沙化土地封禁保护区范围内修建铁路、公路

C．在沙化土地封禁保护区范围内，禁止一切破坏植被的活动

D．对沙化土地封禁保护区范围内的农牧民，县级以上人民政府应当有计划组织迁出，并妥善安置

8．根据《防沙治沙法》，下列关于沙化土地封禁保护区的说法中，错误的是（　　）。（2015年考题）

A．禁止在沙化土地封禁保护区范围内安置移民

B．在沙化土地封禁保护区范围内禁止一切破坏植被的活动

C．禁止在沙化土地封禁保护区范围内进行修建铁路、公路等建设活动

D．对沙化土地封禁保护区范围内的农牧民应有计划地组织迁出，并妥善安置

9．《防沙治沙法》所称的土地沙化是指主要因（　　）所导致的天然沙漠扩张和沙质土壤上植被及覆盖物被破坏，形成流沙及沙土裸露的过程。（2016年考题）

A．人类生产活动　　B．不利气象条件

C．长期干旱气候　　D．人类不合理活动

10．根据《防沙治沙法》关于沙化土地封禁保护区范围内活动的规定，说法错误的是（　　）。（2016年考题）

A．禁止在沙化土地封禁保护区内安置移民

B．在沙化土地封禁保护区范围内，禁止一切破坏植被的活动

C．未经国务院或者国务院指定的部门同意，不得在沙化土地封禁保护区范围内进行修建铁路、公路等建设活动

D．对沙化土地保护区范围内尚未迁出的农牧民，由沙化土地封禁保护区主管部门有计划组织迁出并妥善安置

11．根据《防沙治沙法》所称的土地沙化，是指主要因（　　）所导致的天然沙漠扩张和沙质土壤上植被及覆盖物被破坏，形成流沙及沙土裸露的过程。（2018年考题）

A．自然因素　　B．气候变化

C．开发建设活动　　D．人类不合理活动

二、不定项选择题

1. 依据《防沙治沙法》，在沙化土地范围内从事开发建设活动的环境影响报告的内容应包括（　　）。（2011 年考题）

A. 建设项目概况　　B. 有关防沙治沙的内容

C. 对当地生态产生的影响　　D. 对相关地区生态产生的影响

2. 根据《防沙治沙法》，在沙化土地封禁保护区范围内，未禁止的行为有（　　）。（2012 年考题）

A. 放牧　　B. 安置移民

C. 修建铁路　　D. 扩建公路

3. 根据《防沙治沙法》，下列说法中，正确的是（　　）。（2017 年考题）

A. 严格控制在沙化土地封禁保护区内安置移民

B. 在沙化土地封禁保护区范围内，禁止一切破坏植被的活动

C. 未经国务院或国务院指定部门同意，不得在沙化土地封禁保护区范围内新建铁路、公路

D. 对沙化土地封禁保护区范围内尚未迁出的农牧民，沙化土地封禁保护区主管部门应当有计划地组织迁出

参考答案

一、单项选择题

1. C

2. B 【解析】选项 C、D 的说法有一定的迷惑性。选项 C 的正确说法是“沙化土地封禁保护区范围内尚未迁出的农牧民的生产生活，由沙化土地封禁保护区主管部门妥善安排”。选项 D 的正确说法是“对沙化土地封禁保护区范围内的农牧民，由当地人民政府应当有计划地组织迁出”。修建铁路并不是禁止的行为。

3. A　4. B　5. A　6. A

7. B 【解析】在沙化土地封禁保护区范围内，禁止一切破坏植被活动。禁止在沙化土地封禁保护区范围内安置移民。未经国务院或者国务院指定的部门同意，不得在沙化土地封禁保护区范围内进行修建铁路、公路等建设活动。

8. C 【解析】选项 C 的正确说法是：未经国务院或者国务院指定的部门同意，不得在沙化土地封禁保护区范围内进行修建铁路、公路等建设活动。

9. D 【解析】第二条：本法所称土地沙化，是指主要因人类不合理活动所导

致的天然沙漠扩张和沙质土壤上植被及覆盖物被破坏，形成流沙及沙土裸露的过程。

10. D 【解析】第二十二条：禁止在沙化土地封禁保护区范围内安置移民。对沙化土地封禁保护区范围内的农牧民，县级以上地方人民政府应当有计划地组织迁出，并妥善安置。

11. D 【解析】第二条：本法所称土地沙化，是指主要因人类不合理活动所导致的天然沙漠扩张和沙质土壤上植被及覆盖物被破坏，形成流沙及沙土裸露的过程。

二、不定项选择题

1. ABCD 【解析】在沙化土地范围内从事开发建设活动的，必须事先就该项目可能对当地及相关地区生态产生的影响进行环境影响评价，依法提交环境影响报告；环境影响报告应当包括有关防沙治沙的内容。

2. CD

3. BC 【解析】选项A的内容应当禁止的。选项D的正确说法是：沙化土地封禁保护区范围内尚未迁出的农牧民的生产生活，由沙化土地封禁保护区主管部门妥善安排。

（十）《草原法》

一、单项选择题

1．根据《草原法》，编制草原保护、建设、利用规划应遵循的原则不包括（ ）。（2012 年考题）

A．预防为主，综合治理

B．生态效益、经济效益、社会效益相结合

C．以现有草原为基础，因地制宜、统筹规划、分类指导

D．改善生态环境，维护生物多样性，促进草原的可持续利用

2．根据《草原法》关于草原保护的规定，下列说法中，错误的是（　　）。（2012 年考题）

A．已造成石漠化的已垦草原，应当限期治理

B．水土流失严重的已垦草原，应当限期治理

C．已造成盐碱化的已垦草原，应当限期治理

D．有沙化趋势的需要改善生态环境的已垦草原，应当有计划、有步骤地退耕还草

3．根据《草原法》，不属于应当划为“基本草原”的是（　　）。（2013 年考题）

A．割草地　　B．具防风固沙作用的草原

C．人工草地及退耕还草地　　D．草原科研、教学试验基地

4．根据《草原法》，下列应当划分为基本草原的是（　　）。（2016 年考题）

A．割草地　　B．放牧场

C．具有旅游价值的草原　　D．作为野生动物生存环境的草原

5．根据《草原法》关于禁止开垦草原的有关规定，对（　　）的已垦草原，应当有计划、有步骤地退耕还草。（2016 年考题）

A．沙化

B．盐碱化

C．石漠化

D．水土流失严重，有沙化趋势，需要改善生态环境的

6．根据《草原法》基本草原保护的有关规定，下列说法中，错误的是（　　）。（2017 年考题）

A．国家实行基本草原保护制度

B．用于畜牧业生产的人工草地应当划为基本草原

C．基本草原的保护管理办法，应由省级以上人民政府制定

D．对调节气候、涵养水源、保持水土、防风固沙具有特殊作用的草原，应按基本草原要求实施严格管理

7．根据《草原法》，下列草原中，不属于基本草原的是（ ）。（2018 年考题）

A．放牧场

B．割草地

C．作为国家重点保护野生动物生存环境的草原

D．对调节气候、涵养水源、保持水土、防风固沙具有特殊作用的草原

二、不定项选择题

1．依据《草原法》，关于草原的保护，下列说法正确的是（ ）。（2010 年考题）

A．禁止一切开垦草原的活动

B．已沙化的已垦草原，应当限期治理

C．对需要改善生态环境的已垦草原，应当实行禁牧

D．水土流失严重的已垦草原，应当实行禁牧

2．《草原法》规定禁止开垦草原。对已造成（ ）的已垦草原，应当限期治理。（2014 年考题）

A．沙化　　B．盐碱化　　C．石漠化　　D．沙化趋势

3．根据《草原法》，下列草原中，应当划为基本草原，实施严格管理的有（ ）。（2015 年考题）

A．割草地

B．草原科研、教学实验基地

C．有沙化趋势、需要改善生态环境的已垦草原

D．对调节气候、涵养水源、保持水土、防风固沙具有特殊作用的草原

4．根据《草原法》禁止开垦草原的有关规定，已造成（ ）的已开垦草原，应当限期治理。（2017 年考题）

A．沙化　　B．盐碱化

C．石漠化　　D．水土流失

参考答案

一、单项选择题

1．A 【解析】“综合治理”与编制规划没有直接的关联。

2．B

3．C 【解析】用于畜牧业生产的人工草地、退耕还草地以及改良草地、草种基地应当划为基本草原。

4．A

5．D 【解析】第四十六条：禁止开垦草原。对水土流失严重、有沙化趋势、需要改善生态环境的已垦草原，应当有计划、有步骤地退耕还草；已造成沙化、盐碱化、石漠化的，应当限期治理。

6．C 【解析】基本草原的保护管理办法，由国务院制定。

7．A 【解析】第四十二条：国家实行基本草原保护制度。下列草原应当划为基本草原，实施严格管理：（1）重要放牧场；（2）割草地；（3）用于畜牧业生产的人工草地、退耕还草地以及改良草地、草种基地；（4）对调节气候、涵养水源、保持水土、防风固沙具有特殊作用的草原；（5）作为国家重点保护野生动植物生存环境的草原；（6）草原科研、教学试验基地；（7）国务院规定应当划为基本草原的其他草原。基本草原的保护管理办法，由国务院制定。

二、不定项选择题

1．AB 【解析】禁止开垦草原。对水土流失严重、有沙化趋势、需要改善生态环境的已垦草原，应当有计划、有步骤地退耕还草；已造成沙化、盐碱化、石漠化的，应当限期治理。

2．ABC 3．ABD

4．ABC 【解析】“三化”限期治理。

（十一）《文物保护法》

一、单项选择题

1．某项目需要在M市N县的县级文物保护单位的保护范围内进行钻探。依据《文物保护法》，该项目的建设单位在钻探前应当（　　）。（2010年考题）

A．征得国务院文物行政部门同意

B．报M市人民政府文物行政部门批准

C．征得核定公布该文物保护单位的人民政府同意

D．征得 M 市人民政府文物行政部门同意后，报核定公布该文物保护单位的人民政府批准

2．某省一大型水库建设工程选址涉及全国重点文物保护单位，因特殊情况无法对其实施原址保护。依据《文物保护法》，下列对该文物实施保护的做法中，正确的是（　　）。（2010年、2011年考题）

A．报该省人民政府批准后将其拆除

B．征得国务院文物行政部门同意后将其迁移异地保护

C．由该省人民政府报国务院批准后将其拆除

D．由该省人民政府报国务院批准后进行迁移保护

3．某工程位于文物保护单位的建设控制地带内。依据《文物保护法》，该工程设计方案应当（　　）。（2011年考题）

A．根据文物保护单位级别，取得相应的人民政府同意

B．根据文物保护单位级别，报相应的文物行政部门批准

C．根据文物保护单位级别，经相应文物行政部门同意后，报城乡建设规划部门批准

D．根据文物保护单位级别，经工程主管部门审核同意后，报相应的文物行政部门备案

4．根据《文物保护法》，关于建设工程选址中保护不可移动文物的规定，下列说法中，错误的是（　　）。（2012年考题）

A．建设工程选址，应当尽可能避开不可移动文物

B．因特殊情况不能避开不可移动文物，对该文物保护单位应当尽可能实施原址保护

C．无法实施原址保护，全国重点文物保护单位需要拆除的，须由省、自治区、

直辖市人民政府报国务院批准

D．无法实施原址保护，省级文物保护单位需要拆除的，应当报省、自治区、直辖市人民政府批准，批准前须征得国务院文物行政部门同意

5．根据《文物保护法》，下列说法中，错误的是（　　）。（2013 年考题）

A．文物保护单位的保护范围内一律禁止进行挖掘、钻探等作业

B．对已有的污染文物保护单位及其环境的设施，应当限期治理

C．在文物保护单位的建设控制地带内进行建设工程，不得破坏文物保护单位的历史风貌

D．在文物保护单位的保护范围和建设控制地带内，不得进行可能影响文物保护单位安全及其环境的活动

6．根据《文物保护法》，下列说法中，错误的是（　　）。（2013 年考题）

A．全国重点文物保护单位不得拆除

B．建设工程选址，必须避开不可移动文物

C．全国重点文物保护单位需要迁移的，须由省级人民政府报国务院批准

D．省级不可移动文物无法实施原址保护必须拆除的，应当报省级人民政府批准，批准前须征得国务院文物行政部门同意

7．根据《文物保护法》，下列关于保护不可移动文物的说法中，错误的是（　　）。（2015 年考题）

A．全国重点文物保护单位禁止迁移或者拆除

B．迁移或者拆除省级文物保护单位的，批准前须征得国务院文物行政部门同意

C．实施原址保护的文物保护单位，建设单位应当事先确定保护措施，根据文物保护的级别报相应的文物行政部门批准

D．建设工程选址涉及无法实施原址保护，必须迁移异地保护或者拆除的文物保护单位，应当报省、自治区、直辖市人民政府批准

8．根据《文物保护法》，下列关于建设工程选址中保护文物的说法中，错误的是（　　）。（2016 年考题）

A．全国重点文物保护单位不得拆除

B．建设工程选址，应当尽可能避开不可移动文物

C．迁移或拆除省级文物保护单位的，须由省、自治区、直辖市人民政府报国务院批准

D．建设工程选址，因特殊情况不能避开不可移动文物的，对文物保护单位应当尽可能实施原址保护

9．根据《文物保护法》，建设工程选址时因特殊情况不能避开不可移动文物的，

对文物保护单位应当尽可能实施（ ）。（2017 年考题）

A. 原址保护　B. 拆除补偿
C. 迁移保护　D. 异地重建

10. 根据《中华人民共和国文物保护法》，关于文物保护单位保护范围及建设控制地带内不得进行活动有关规定的说法，错误的是（ ）。（2018 年考题）

A. 无特殊情况，文物保护单位的保护范围内不得进行爆破、钻探、挖掘等作业
B. 在文物保护单位保护范围和建设控制地带内，对已有的污染文物保护单位及其环境的设施，应当限期治理
C. 因特殊情况需要在全国重点文物保护单位的保护范围内进行爆破、钻探、挖掘等作业的，需经国务院文物行政部门批准
D. 在文物保护单位保护范围和建设控制地带内，不得建设污染文物保护单位及其环境的设施，不得进行可能影响文物保护单位安全及其环境的活动

二、不定项选择题

1. 某省一建设工程选址涉及一国家级重点文物保护单位的不可移动文物，依据《文物保护法》，下列说法中，正确的是（ ）。（2010 年考题）

A. 应当尽可能避开该不可移动文物
B. 因特殊情况不能避开，应对文物实施原址保护
C. 若无法实施原址保护的，应报该省人民政府批准后迁移异地保护
D. 因特殊情况不能避开，应报国务院批准后拆除异地重建

2. 根据《文物保护法》，下列说法中，正确的是（ ）。（2014 年考题）

A. 文物保护单位的保护范围内未经批准不得建设其他建设工程
B. 文物保护单位的保护范围内，未经批准不得进行爆破、钻探、挖掘等作业
C. 文物保护单位的建设控制地带内进行建设工程，不得破坏文物保护单位的历史风貌
D. 在文物保护单位的保护范围和建设控制地带内，不得建设污染文物保护单位及其环境的设施

3. 根据《文物保护法》，下列关于在文物保护范围和建设控制地带内进行相关活动的说法中，正确的有（ ）。（2016 年考题）

A. 文物保护单位的保护范围内不得进行其他建设工程或者爆破、钻探、挖掘等作业
B. 在文物保护单位的建设控制地带内进行建设工程，不得破坏文物保护单位的历史风貌
C. 在文物保护单位的保护范围和建设控制地带内，对已有的污染文物保护单

位及其环境的设施，应当限期治理

D. 根据保护文物的实际需要，经国务院文物行政部门批准，可以在文物保护单位的周围划出一定的建设控制地带，并予以公布

4. 根据《文物保护法》，在文物保护单位建设控制地带范围内不得进行（　　）。（2017 年考题）

A. 爆破、钻探、挖掘等作业

B. 与保护文物无关的其他建设工程

C. 破坏文物保护单位历史风貌的建设活动

D. 可能影响文物保护单位安全及其环境的活动

参考答案

一、单项选择题

1. C

2. D 【解析】此题考点为高频考点，在 2010 年的不定项选择题中也有此考点题目。全国重点文物保护单位不得拆除，A 和 C 应排除。全国重点文物保护单位的迁移保护须国务院批准。

3. C 【解析】在文物保护单位的建设控制地带内进行建设工程，其工程设计方案未经文物行政部门同意、报城乡建设规划部门批准，对文物保护单位的历史风貌造成破坏的。

4. C 5. A

6. B 【解析】建设工程选址，应当尽可能避开不可移动文物。

7. A 【解析】第二十条：无法实施原址保护，必须迁移异地保护或者拆除的，应当报省、自治区、直辖市人民政府批准；迁移或者拆除省级文物保护单位的，批准前须征得国务院文物行政部门同意。全国重点文物保护单位不得拆除；需要迁移的，须由省、自治区、直辖市人民政府报国务院批准。

8. C 9. A

10. C 【解析】第十七条：文物保护单位的保护范围内不得进行其他建设工程或者爆破、钻探、挖掘等作业。但是，因特殊情况需要在文物保护单位的保护范围内进行其他建设工程或者爆破、钻探、挖掘等作业的，必须保证文物保护单位的安全，并经核定公布该文物保护单位的人民政府批准，在批准前应当征得上一级人民政府文物行政部门同意；在全国重点文物保护单位的保护范围内进行其他建设工程或者爆破、钻探、挖掘等作业的，必须经省、自治区、直辖市人民政府批准，在批

准前应当征得国务院文物行政部门同意。第十九条：在文物保护单位的保护范围和建设控制地带内，不得建设污染文物保护单位及其环境的设施，不得进行可能影响文物保护单位安全及其环境的活动。对已有的污染文物保护单位及其环境的设施，应当限期治理。

二、不定项选择题

1．ABC 【解析】全国重点文物保护单位不得拆除，因此，选项D是错误的。

2．ABCD

3．ABC 【解析】第十八条：根据保护文物的实际需要，经省、自治区、直辖市人民政府批准，可以在文物保护单位的周围划出一定的建设控制地带，并予以公布。在文物保护单位的建设控制地带内进行建设工程，不得破坏文物保护单位的历史风貌。

4．CD 【解析】“文物保护单位的保护范围”和“文物保护单位建设控制地带范围”属两个不同区域，保护的内容不一样。

（十二）《森林法》

一、单项选择题

1. 《森林法》所称的“防护林”不包括（　　）。（2010年、2011年考题）

A. 水土保持林　　B. 环境保护林

C. 水源涵养林　　D. 行道树等护路林

2. 依据《森林法》，关于进行勘察、开采矿藏和各项建设工程占用或者征用林地，下列说法中，正确的是（　　）。（2010年考题）

A. 进行勘察工程应当不占或少占林地

B. 开采矿藏必须占用林地的，应当经县级以上人民政府批准

C. 修建铁路已占用林地的，应当由用地单位安排植树造林、恢复植被

D. 修建公路对占用的林地已进行植被恢复，上级林业主管部门应当定期检查用地单位组织植树造林的情况

3. 依据《森林法》，关于森林采伐，下列说法中，正确的是（　　）。（2010年、2011年考题）

A. 母树林严禁采伐

B. 风景林可以进行更新性质的采伐

C. 自然保护区的森林可以进行抚育性质的采伐

D. 成热用材林皆伐后，应当在三年内完成更新造林

4. 依据《森林法》关于开采矿藏占用林地的规定，下列说法中，正确的是（　　）。（2011年考题）

A. 占用用材林地的，应经县级以上人民政府林业主管部门审核同意

B. 占用风景林地的，应经县级以上人民政府旅游主管部门审核同意

C. 占用环境保护林地的，应经县级以上人民政府环境保护主管部门审核同意

D. 占用革命纪念林地林木的，应经县级以上人民政府文物主管部门审核同意

5. 依据《森林法》关于禁止毁林开垦、开采等行为的规定，下列说法中，错误的是（　　）。（2011年考题）

A. 禁止毁林开垦

B. 禁止采伐环境保护林

C. 禁止毁林采石、采砂、采土

D. 禁止在幼林地和特种用途林内砍柴、放牧

6. 根据《森林法》，（　　）不属于特种用途林。（2012 年考题）

A. 风景林　　B. 实验林

C. 水源涵养林　　D. 环境保护林

7. 根据《森林法》，下列说法中，错误的是（　　）。（2012 年考题）

A. 禁止毁林采石　　B. 禁止毁林开垦

C. 禁止占林修路　　D. 禁止在幼林地内放牧

8. 根据《森林法》，不属于防护林的是（　　）。（2013 年考题）

A. 水土保持林　　B. 水源涵养林

C. 防风固沙林　　D. 环境保护林

9. 根据《森林法》关于采伐森林和林木的规定，下列说法中，错误的是（　　）。（2013 年考题）

A. 名胜古迹的森林严禁采伐

B. 成熟的用材林可以采取渐伐方式采伐

C. 母树林只准进行抚育和更新性质的采伐

D. 革命纪念地的林木可以采取择伐方式采伐

10. 根据《森林法》，（　　）不属于防护林。（2014 年考题）

A. 国防林　　B. 防风固沙林

C. 水源涵养林　　D. 农田防护林

11. 根据《森林法》占用或者征用林地的有关规定，下列说法中，错误的是（　　）。（2014 年考题）

A. 进行勘察、开采矿藏和各种建设工程，应当不占或者少占林地

B. 森林植被恢复费专款用于植树造林、恢复森林植被，植树造林面积不得少于因占用、征用林地而减少的森林植被面积

C. 进行勘察、开采矿藏和各种建设工程，必须占用或者征用林地的，由用地方依照国务院有关规定缴纳森林植被恢复费

D. 进行勘察、开采矿藏和各种建设工程，必须占用或者征用林地的，需经县级以上人民政府环境保护行政主管部门批准后，依法办理建设用地审批手续

12. 根据《森林法》，下列森林中，严禁采伐的是（　　）。（2015 年考题）

A. 母树林　　B. 环境保护林

C. 防风固沙林　　D. 名胜古迹和革命纪念地的林木

13. 根据《森林法》，（　　）应当根据不同情况，分别采取择伐、皆伐和渐伐方式，皆伐应当严格控制，应在采伐的当年或者次年内完成更新造林。（2016 年考题）

A. 国防林　　B. 风景林

C．环境保护林　　D．成熟的用材林

14．根据《森林法》，进行勘查、开采矿藏和各项建设工程占用或者征用林地的，用地单位应当依照国务院有关规定缴纳（　　）。（2017年考题）

A．林地征用费　　B．森林植被恢复费

C．林地赔偿费　　D．植被补偿和恢复费

15．根据《森林法》，下列森林和林木中，属于严禁采伐的是（　　）。（2018年考题）

A．国防林　　B．防护林

C．环境保护林　　D．自然保护区的森林

二、不定项选择题

1．依据《森林法》，关于森林的保护，下列说法中，错误的是（　　）。（2010年考题）

A．禁止毁林采土、采石

B．在风景林中可进行抚育和更新性质的采伐

C．持有关主管部门发放的采伐许可证可在特种用途林中砍柴

D．在自然保护区森林中可进行科学的采伐达到优化抚育，促进更新的目的

2．依据《森林法》关于“进行勘察、开采矿藏和各项建设工程占用或者征用林地”的规定，下列说法中，正确的是（　　）。（2011年考题）

A．进行勘察工程应当不占或少占林地

B．开采矿藏必须占用林地的，应当经县级以上人民政府审核同意

C．修建铁路已占用林地的，应当由用地单位安排植树造林、恢复植被

D．修建公路占用的林地已进行植被恢复，上级林业主管部门应当定期检查用地单位组织植树造林的情况

3．根据《森林法》，（　　）属于禁止的行为。（2012年考题）

A．毁林采土　　B．在幼林地砍柴

C．占用林地采油　　D．在特种用途林内放牧

4．根据《森林法》，禁止（　　）。（2014年考题）

A．在幼林地内砍柴　　B．在薪炭林内砍柴

C．在母树林内放牧　　D．在风景林内放牧

5．根据《森林法》，下列关于森林保护的说法中，错误的有（　　）。（2015年考题）

A．禁止毁林采矿、采土

B．禁止在用材林内砍柴

C. 禁止在牧场防护林内放牧

D. 进入森林的人员，禁止移动为林业服务的标志

6. 根据《森林法》，（　　）严禁采伐。（2016 年考题）

A. 防风林　　B. 环境保护林

C. 自然保护区的森林　　D. 名胜古迹和革命纪念地的林木

7. 根据《森林法》，下列说法中正确的有（　　）。（2017 年考题）

A. 禁止毁林开垦

B. 严格控制毁林采石、采砂、采土

C. 严格控制在幼林地和特殊用途林内砍柴、放牧

D. 进入森林和森林边缘地区的人员，不得损坏为林业服务的标志

8. 根据《森林法》采伐森林和林木必须遵守的有关规定，下列说法中，正确的有（　　）。（2017 年考题）

A. 自然保护区的森林，严禁采伐

B. 风景林，只准进行抚育和更新性质的采伐

C. 特殊用途林中的革命纪念地的林木，严禁采伐

D. 名胜古迹地的林木，应在采伐当年或者次年内完成更新造林

9. 根据《森林法》，下列森林和林木中，属于只准进行抚育和更新性质采伐的有（　　）。（2018 年考题）

A. 国防林　　B. 母树林

C. 名胜古迹的林木　　D. 自然保护区的森林

参考答案

一、单项选择题

1. B 【解析】环境保护林为特种保护林。

2. A 【解析】选项 B 的正确说法为："开采矿藏必须占用林地的，应当经县级以上人民政府林业主管部门批准"；选项 C 的正确说法为："修建铁路已占用林地的，应当由林业主管部门统一安排植树造林、恢复植被"。

3. B 【解析】此题的考点为高频考点，2010 年不定项选择题也有一道题。

4. A 【解析】必须占用或者征用林地的，经县级以上人民政府林业主管部门审核同意后。

5. B　6. C　7. C　8. D

9. D 【解析】特种用途林中的名胜古迹和革命纪念地的林木、自然保护区的

森林，严禁采伐。

10．A　11．D　12．D

13．D　【解析】第三十一条：成熟的用材林应当根据不同情况，分别采取择伐、皆伐和渐伐方式，皆伐应当严格控制，并在采伐的当年或者次年内完成更新造林。

14．B

15．D　【解析】第三十一条：采伐森林和林木必须遵守下列规定：（1）成熟的用材林应当根据不同情况，分别采取择伐、皆伐和渐伐方式，皆伐应当严格控制，并在采伐的当年或者次年内完成更新造林；（2）防护林和特种用途林中的国防林、母树林、环境保护林、风景林，只准进行抚育和更新性质的采伐；（3）特种用途林中的名胜古迹和革命纪念地的林木、自然保护区的森林，严禁采伐。

二、不定项选择题

1．CD　【解析】注意此题问的是“错误的有”。特种用途林中砍柴是禁止的，自然保护区森林严禁采伐。选项 C 和 D 的表达有一定的迷惑性。此题有一定的综合性，要做对这类题必须对禁止行为以及采伐森林和林木的各项规定要清楚。这类题在考试中出现得较多。

2．A　3．ABD

4．ACD　【解析】禁止毁林开垦和毁林采石、采砂、采土以及其他毁林行为。禁止在幼林地和特种用途林内砍柴、放牧。母树林、风景林属特种用途林。

5．BCD　【解析】进入森林和森林边缘地区的人员，不得擅自移动或者损坏为林业服务的标志。防护林不属于于特种用途林。

6．CD　【解析】第二十一条：特种用途林中的名胜古迹和革命纪念地的林木、自然保护区的森林，严禁采伐。

7．A　【解析】选项 B 和 C 都属禁止的行为。选项 D 的正确说法是：进入森林和森林边缘地区的人员，不得擅自移动或者损坏为林业服务的标志，注意“擅自”两字。

8．ABC　【解析】特种用途林中的名胜古迹和革命纪念地的林木、自然保护区的森林，严禁采伐。

9．AB　【解析】第三十一条：采伐森林和林木必须遵守下列规定：（1）成熟的用材林应当根据不同情况，分别采取择伐、皆伐和渐伐方式，皆伐应当严格控制，并在采伐的当年或者次年内完成更新造林；（2）防护林和特种用途林中的国防林、母树林、环境保护林、风景林，只准进行抚育和更新性质的采伐；（3）特种用途林中的名胜古迹和革命纪念地的林木、自然保护区的森林，严禁采伐。

（十三）《渔业法》

一、单项选择题

1．珍贵、濒危的水生野生动物以外的其他水生野生动物的保护，适用于（ ）的规定。（2010年考题）

A．《水法》 B．《渔业法》

C．《水污染防治法》 D．《野生动物保护法》

2．依据《渔业法》，在鱼、虾、蟹洄游通道建闸、筑坝，若对渔业资源有严重影响，建设单位（ ）。（2010年考题）

A．不得建闸筑坝 B．应当拆除已建工程

C．应当建造防洪设施 D．应当建造过鱼设施或采取其他补救措施

3．适用《渔业法》的渔业生产活动是（ ）。（2012年考题）

A．室内育苗 B．鱼塘养殖 C．公海捕捞 D．滩涂养殖

4．某河流有多种洄游鱼类生存，一水电站大坝修筑后可能严重影响鱼类洄游通道。根据《渔业法》，该工程建设单位的下列做法中，错误的是（ ）。（2014年考题）

A．保护栖息地

B．建造过鱼设施

C．施工期避让鱼类洄游产卵期

D．为保证发电，未设置生态基流保证设施

5．根据《渔业法》，下列生产活动中，不适用该法的是（ ）。（2015年考题）

A．湖泊养殖螃蟹 B．海湾养殖海参

C．近海养殖海带 D．湖泊驯养繁殖水禽

6．某河流有多种洄游鱼类生存，一水电站大坝修筑后可能影响鱼类洄游通道。根据《渔业法》，该工程建设单位采取的下列措施中，错误的是（ ）。（2015年考题）

A．保护栖息地

B．建造过鱼设施

C．施工期避让鱼类洄游产卵期

D．为保证发电，未设置生态基流保证设施

7. 根据《渔业法》，在鱼、虾、蟹洄游通道建闸、筑坝，对渔业资源有严重影响的，建设单位应当（　　）或采取其他补救措施。（2016 年考题）

A. 设置禁渔区

B. 建造过鱼设施

C. 改善渔业水域生态环境

D. 保证渔业生产所需最低水位线

8. 不适用《渔业法》的生产活动是（　　）。（2017 年考题）

A. 海湾养虾　　B. 水库捕鱼

C. 湖泊驯养鸬鹚　　D. 海湾养殖海带

9. 根据《渔业法》，在鱼、虾、蟹洞游通道建闸、筑坝，对渔业资源产生严重影响的，建设单位应当（　　）或者采取其他补救措施。（2017 年考题）

A. 设立禁渔区　　B. 建造过鱼设施

C. 定期放养鱼苗　　D. 改善鱼类养殖水域的水体质量

10. 根据《渔业法》，在中华人民共和国的（　　）以及中华人民共和国管辖的一切其他海域从事养殖和捕捞水生动物、水生植物等渔业生产、活动，都必须遵守此法。（2018 年考题）

A. 内水、滩涂、领海、专属经济区

B. 河流、滩涂、领海、专属经济区

C. 内水、滩涂、领海、大陆架和毗连区

D. 河流、滩涂、领海、大陆架和毗连区

二、不定项选择题

1. 适用《渔业法》的生产活动有（　　）。（2010 年考题）

A. 在滩涂养殖贝类　　B. 在内水用网箱养殖鱼类

C. 在领海采集海带用于科学研究　　D. 在专属经济区捕捞洄游中的鱼群

2. 某河流有多种洄游鱼类，在该河道建闸、筑坝期间，渔业资源将受到严重影响。根据《渔业法》，建设单位的下列做法中，正确的有（　　）。（2015 年考题）

A. 建设升鱼机　　B. 使用集运鱼船

C. 建造溢流水池　　D. 施工期避开鱼类洄游期

3. 根据《渔业法》，该法适用于中华人民共和国的（　　）以及中华人民共和国管辖的一切其他海域从事养殖和捕捞水生动物、水生植物等渔业生产活动。（2016 年考题）

A. 内水　　B. 滩涂　　C. 领海　　D. 专属经济区

参考答案

一、单项选择题

1．B 【解析】珍贵、濒危的陆生、水生野生动物和有益的或者有重要经济、科学研究价值的陆生野生动物适用于《野生动物保护法》。珍贵、濒危的水生野生动物以外的其他水生野生动物的保护，适用《渔业法》的规定。

2．D

3．D 【解析】《渔业法》适用：在中华人民共和国的内水、滩涂、领海、专属经济区以及中华人民共和国管辖的一切其他海域从事养殖和捕捞水生动物、水生植物等渔业生产活动。

4．D

5．D 【解析】在中华人民共和国的内水、滩涂、领海、专属经济区以及中华人民共和国管辖的一切其他海域从事养殖和捕捞水生动物、水生植物等渔业生产活动，都必须遵守本法。水禽包括鸭、鹅、鸿雁、灰雁等以水面为生活环境的禽类动物，不属于水生动物。

6．D 7．B

8．C 【解析】鸬鹚别名水老鸦、鱼鹰、鷧（音意）、乌鬼，是一种广泛分布的鸬鹚科海鸟，鸬鹚不是水生生物。

9．B

10．A 【解析】第二条：在中华人民共和国的内水、滩涂、领海、专属经济区以及中华人民共和国管辖的一切其他海域从事养殖和捕捞水生动物、水生植物等渔业生产活动，都必须遵守本法。

二、不定项选择题

1．ABD 【解析】科学研究不属于生产活动。

2．ABD

3．ABCD 【解析】第二条：在中华人民共和国的内水、滩涂、领海、专属经济区以及中华人民共和国管辖的一切其他海域从事养殖和捕捞水生动物、水生植物等渔业生产活动，都必须遵守本法。

（十四）《矿产资源法》

一、单项选择题

1. 依据《矿产资源法》，关闭矿山时不必提交（　　）。（2010 年考题）

A. 矿山闭坑报告　　B. 安全隐患资料

C. 土地复垦利用资料　　D. 闭矿环境影响报告书

2. 依据《矿产资源法》，关于开采矿产资源，下列说法中，错误的是（　　）。（2010 年考题）

A. 开采矿产资源，应当节约用地

B. 矿山企业的开采回采率应当满足市场要求

C. 建设铁路、公路、水库、大型建筑物等工程前，建设单位应了解工程所在地区的矿产资源情况

D. 开采主要矿产的同时，对具有工业价值的伴生矿产应统一规划、综合开采、综合利用、防止浪费

3. 依据《矿产资源法》关于矿产资源开采的规定，下列说法中，正确的是（　　）。（2011 年考题）

A. 开采矿产资源，必须采取合理的开采顺序、开采方法和选矿工艺

B. 耕地因采矿受到破坏，当地政府应当因地制宜地采取复垦措施

C. 矿山企业应当根据市场需要合理确定开采回采率

D. 对同时采出而尚无综合利用途径的含有有用组分的尾矿可以暂时予以丢弃

4. 根据《矿产资源法》，关闭矿山必须提出的资料不包括（　　）。（2012 年考题）

A. 采掘工程资料　　B. 环境保护资料

C. 职业健康评价资料　　D. 土地复垦利用资料

5. 根据《矿产资源法》关于矿产资源开采的规定，下列说法中，错误的是（　　）。（2013 年考题）

A. 开采矿产资源必须采取合理的开采顺序

B. 开采矿产资源必须采取合理的开采方法

C. 开采矿产资源必须采取合理的选矿工艺

D. 对具有工业价值的伴生矿必须与主要矿产同时开采，并进行综合利用

6. 根据《矿产资源法》，耕地、草原、林地因采矿受到破坏的，（　　）应当

采取复垦利用、植树种草或者其他利用措施。（2014 年考题）

A．当地政府　　B．矿山企业

C．地质矿产主管部门　　D．农业和林业主管部门

7．根据《矿产资源法》，下列关于矿产资源开采环境保护的说法中，错误的是（　　）。（2015 年考题）

A．开采矿产资源，应当节约用地

B．开采矿产资源，必须遵守有关环境保护的法律规定，防止污染环境

C．耕地、草原、林地因采矿受到破坏的，矿山企业应当因地制宜地采取复垦利用、植树种草或者其他利用措施

D．在开采主要矿产的同时，对具有工业价值的共生和伴生矿产应当统一规划，分步开采，综合利用，防止浪费

8．根据《矿产资源法》，下列关于矿产资源开采环境保护有关的说法中，正确的是（　　）。（2016 年考题）

A．开采矿产资源，应当节约用地

B．开采矿产资源，必须采取合理的开采顺序、先进的开采方法和选矿工艺

C．矿山企业的开采回采率，采矿贫化率和选矿回收率应当达到国内先进水平

D．耕地、草原、林地因采矿受到破坏的，县级以上人民政府应当因地制直采取复垦利用、植树种草或者其他利用措施

9．根据《矿产资源法》关于矿产资源开采环境保护的有关规定，下列说法中，错误的是（　　）。（2017 年考题）

A．开采矿产资源，应当节约用地

B．开采矿产资源，必须采用先进的开采方法和选矿工艺

C．开采矿产资源，必须遵守有关环境保护法律规定，防止污染环境

D．耕地、草原、林地因采矿受到破坏的，矿山企业应当因地制宜地采取复垦利用、植树种草或者其他利用措施

10．根据《矿产资源法》有关矿产资源开采的环境保护的规定，以下说法错误的是（　　）。（2018 年考题）

A．非经省、自治区、直辖市人民政府批准，不得压覆重要矿床

B．在开采主要矿产的同时，对具有工业价值的共生和伴生矿产应当统一规划，综合开采，综合利用，防止浪费

C．耕地、草原、林地、因采矿受到破坏的，矿山企业应当因地制宜地采取复垦利用、植树种草或者其他利用措施

D．对暂时不能综合开采或者必须同时采出而暂时还不能综合利用的矿产以及含有有用组分的尾矿，应当采取有效的保护措施，防止损失破坏

二、不定项选择题

1. 依据《矿产资源法》，未经国务院授权的有关主管部门同意，不得在（　　）开采矿产资源。（2010 年考题）

A. 国家划定的重要风景区内

B. 重要河流两侧一定距离以内

C. 国防工程设施圈定地区以内

D. 国家重点保护的不可移动的历史文物所在地

2. 依据《矿产资源法》关于矿产资源开采的规定，下列说法中，正确的是（　　）。（2011 年考题）

A. 开采矿产资源应当节约用地

B. 开采矿产资源必须防止污染环境

C. 开采矿产资源必须具备保障安全生产的必要条件

D. 开采矿产资源破坏草原的，当地政府应当因地制宜地采取植树种草措施

3. 依据《矿产资源法》，未经国务院授权的有关主管部门同意，不得开采矿产资源的地区包括（　　）。（2011 年考题）

A. 国家划定的重要风景区

B. 重要河流两侧一定距离以内

C. 城镇市政工程设施附近一定距离以内

D. 国家重点保护的不能移动的名胜古迹所在地

4. 根据《矿产资源法》，非经国务院授权的有关部门同意，（　　）不得开采矿产资源。（2013 年考题）

A. 铁路两侧一定距离以内　　B. 国家划定的自然保护区内

C. 一般河流两侧一定距离以内　　D. 城市供水管道设施一定距离以内

5. 根据《矿产资源法》，关闭矿山必须提出的报告及资料包括（　　）。（2014 年考题）

A. 闭坑报告　　B. 勘察报告

C. 有关采掘工程的资料　　D. 有关环境保护的资料

6. 根据《矿产资源法》，关闭矿山，必须提出矿山闭坑报告及有关（　　）的资料，并按照国家规定报请审查批准。（2015 年考题）

A. 采掘工程　　B. 环境保护

C. 地下水利用　　D. 土地复垦利用

7. 根据《矿产资源法》，非经国务院授权的有关主管部门同意，不得开采矿产资源的地区有（　　）。（2017 年考题）

A．河流、堤坝两侧一定距离以内

B．铁路、重要公路两侧一定距离以内

C．港口、机场、国防工程设施圈定地区以内

D．重要工业区、大型水利工程设施、城镇市政工程设施附近一定距离以内

8．根据《矿产资源法》，关闭矿山，必须提出矿山闭坑报告及有关（　　）的资料，并按照国家规定报请审查批准。（2017 年考题）

A．采掘工程　　B．环境保护

C．不安全隐患　　D．职工职业病档案

9．根据《矿产资源法》，下列材料中，属于关闭矿山应当提交的有（　　）。（2018 年考题）

A．矿山闭坑报告　　B．环境保护资料

C．不安全隐患资料　　D．土地复垦利用资料

参考答案

一、单项选择题

1．D　【解析】高频考点。关闭矿山时要提交环境保护的资料，但不一定是闭矿环境影响报告书。关闭矿山，必须提出矿山闭坑报告及有关采掘工程、安全隐患、土地复垦利用、环境保护的资料，并按照国家规定报请审查批准。

2．B　【解析】2009 年也有类似考题。选项 B 的正确说法是“矿山企业的开采回采率应当达到设计要求”。

3．A　【解析】选项 B 的正确说法是：耕地、草原、林地因采矿受到破坏的，矿山企业应当因地制宜地采取复垦利用、植树种草或者其他利用措施。

4．C

5．D　【解析】第三十条：在开采主要矿产的同时，对具有工业价值的共生和伴生矿产应当统一规划、综合开采、综合利用、防止浪费；对暂时不能综合开采或者必须同时采出而暂时还不能综合利用的矿产以及含有有用组分的尾矿，应当采取有效的保护措施，防止损失破坏。

6．B

7．D　【解析】第三十条：在开采主要矿产的同时，对具有工业价值的共生和伴生矿产应当统一规划，综合开采，综合利用，防止浪费。

8．A　【解析】第三十二条：开采矿产资源，应当节约用地。

9．B　【解析】开采矿产资源，必须采取合理的开采顺序、开采方法和选矿工艺。

10．A 【解析】第三十三条：非经国务院授权的部门批准，不得压覆重要矿床。第三十条：在开采主要矿产的同时，对具有工业价值的共生和伴生矿产应当统一规划，综合开采，综合利用，防止浪费；对暂时不能综合开采或者必须同时采出而暂时还不能综合利用的矿产以及含有有用组分的尾矿，应当采取有效的保护措施，防止损失破坏。

二、不定项选择题

1．ABCD 2．ABC 3．ABCD 4．ABD 5．ACD

6．ABD 【解析】高频考点。关闭矿山，必须提出矿山闭坑报告及有关采掘工程、不安全隐患、土地复垦利用、环境保护的资料，并按照国家规定报请审查批准。

7．BCD 【解析】不经允许开采矿产资源的六大区域中，没有选项 A。

8．ABC 【解析】高频考点。

9．ABCD 【解析】第二十一条：关闭矿山，必须提交矿山闭坑报告及有关采掘工程、不安全隐患、土地复垦利用、环境保护的资料，并按照国家规定报请审查批准。

（十五）《土地管理法》

一、单项选择题

1．依据《土地管理法》，国家编制土地利用总体规划时，规定的土地用途分为（　　）。（2010 年考题）

A．耕地、工业用地和特殊用地　　B．农用地、建设用地和未利用地

C．农用地、交通用地和城镇用地　　D．农用地、建设用地和特殊用地

2．依据《土地管理法》，关于“土地利用总体规划确定的用地规模范围内，将农用地转为建设用地”的审批权限，按土地利用年度计划分批次由（　　）。（2011 年考题）

A．国务院审批

B．省级人民政府批准

C．原批准土地利用总体规划的机关批准

D．原批准土地利用总体规划的主管部门审批

3．依据《土地管理法》关于耕地保护的规定，下列说法中，正确的是（　　）。（2011 年考题）

A．禁止耕地转为非耕地

B．应有计划地将河滩地开垦为耕地

C．非农业建设必须节约使用土地，可以利用荒地的，不得占用耕地

D．非农业建设经批准占用耕地的，除开垦与所占用耕地的数量相当的耕地外，还必须交纳开垦费

4．依据《土地管理法》，可由省级人民政府批准征收并报国务院备案的土地是（　　）。（2011 年考题）

A．蔬菜生产基地

B．农业科研、教学试验田

C．基本农田以外不超过 35 公顷的耕地

D．经省级人民政府批准确定的粮、棉、油生产基地内不超过 35 公顷的耕地

5．根据《土地管理法》，下列用地中不属于农用地的是（　　）。（2012 年考题）

A．草地　　B．养殖水面

C．农田水利用地　　D．交通水利设施用地

6．《土地管理法》实行的土地管理制度不包括（　　）。（2012 年考题）

A．土地用途管制制度　　B．占用耕地补偿制度

C．基本农田保护制度　　D．土地征收管理制度

7．根据《土地管理法》，35 hm^2 以内的（　　）属于国务院批准征收的土地。（2012 年考题）

A．草地　　B．林地　　C．基本农田　　D．军用设施用地

8．根据《土地管理法》，国家实行土地用途管制制度，将土地分为（　　）。（2013 年考题）

A．耕地、园地、林地

B．农用地、建设用地、未利用地

C．国家所有土地、农民集体所有土地

D．农用地、工业用地、城镇建设用地

9．根据《土地管理法》，国家编制土地利用总体规划，规定土地用途，将土地分为（　　）。（2014 年考题）

A．耕地、建设用地和未利用地　　B．耕地、工业用地和未利用地

C．农用地、建设用地和未利用地　　D．农用地、工业用地和建设用地

10．根据《土地管理法》，下列用地中，不属于农用地的是（　　）。（2015 年考题）

A．养殖水面　　B．草地、林地

C．农田水利用地　　D．交通水利设施用地

11．某公路建设项目经批准占用了 50 hm^2 耕地。根据《土地管理法》，下列关于占用耕地补偿的做法中，正确的是（　　）。（2015 年考题）

A．公路建设单位负责开垦了 50 hm^2 耕地，开垦耕地的质量与所占用耕地质量相当

B．耕地属地的县级以上人民政府监督公路建设单位开垦了 50 hm^2 耕地，并进行验收

C．耕地属地的土地管理部门负责开垦了 50 hm^2 耕地，开垦耕地的质量与所占用耕地质量相当

D．公路建设单位没有条件开垦耕地，但按照相关规定缴纳了耕地开垦费，用于公路沿途的绿化补偿

12．根据《土地管理法》，下列关于保护耕地和占用耕地补偿制度的说法中，错误的是（　　）。（2016 年考题）

A．国家实行占用耕地补偿制度

B．县级以上人民政府应当制订开垦耕地计划

C．国家保护耕地，严格控制耕地转为非耕地

D．非农业建设经批准占用耕地的，按照“占多少、垦多少”的原则，由占用耕地的单位负责开垦与所占用的耕地数量和质量相当的耕地

13．根据《土地管理法》，属于由国务院批准征用土地的是（　　）。（2017 年考题）

A．40 hm^2 林地　　B．40 hm^2 养殖水面

C．40 hm^2 工矿用地　　D．40 hm^2 蔬菜生产基地

14．根据《土地管理法》，关于保护耕地和占用耕地补偿制度有关规定的说法，错误的是（　　）。（2018 年考题）

A．国家实行占用耕地补偿制度

B．国家保护耕地，严格控制耕地转为非耕地

C．省、自治区、直辖市人民政府应当制定开垦耕地计划，监督占用耕地的单位按照计划开垦耕地或者按照计划组织开垦耕地，并进行验收

D．非农业建设经批准占用耕地的，按照“占多少，垦多少”的原则，需由占用耕地的单位负责开垦与所占耕地的数量和质量相当的耕地

二、不定项选择题

1．依据《土地管理法》，经国务院批准方可征用的土地有（　　）。（2010 年考题）

A．林地 90 hm^2　　B．基本农田 0.5 hm^2

C．集体所有未利用地 60 hm^2　　D．基本农田外的低产耕地 70 hm^2

2．根据《土地管理法》关于保护耕地和占用耕地的规定，下列说法中，正确的是（　　）。（2012 年考题）

A．非农业建设经批准占用耕地的，由占用耕地的单位负责开垦与所占用耕地数量和质量相当的耕地

B．县级人民政府应当制订开垦耕地计划，监督占用耕地的单位按照计划开垦耕地，并进行验收

C．非农业建设经批准占用耕地的，没条件开垦或开垦的耕地不符合要求的，应按照规定缴纳耕地开垦费，专款用于开垦新的耕地

D．县级以上地方人民政府可以要求占用耕地的单位将所占用耕地耕作层的土壤用于新开垦耕地、劣质地或者其他耕地的土壤改良

3．根据《土地管理法》关于保护耕地和占用耕地补偿制度的有关规定，下列说法中，错误的有（　　）。（2017 年考题）

A．国家实行土地用途管制制度

B．国家保护耕地，严格控制耕地转为非耕地

C. 县级人民政府应当制定开垦耕地计划，监督占用耕地的单位按照计划开垦耕地或者按照计划组织开垦耕地，并进行验收

D. 农田水利设施建设经批准占用耕地的，按照“占多少，垦多少”的原则，由占用耕地的单位负责开垦与所占用耕地的数量和质量相当的耕地

4. 根据《土地管理法》，下列土地中，属于应由国务院批准方可征用的有（　　）。（2018 年考题）

A. 基本农田小于 35 hm^2 的

B. 基本农田超过 35 hm^2 的

C. 军用设施用地超过 35 hm^2 的

D. 基本农田以外的耕地超过 35 hm^2 的

参考答案

一、单项选择题

1. B

2. C　3. C

4. C　【解析】占用基本农田以外的耕地超过 35 公顷的土地不属于国务院批准。

5. D　【解析】交通水利设施（水库）用地属建设用地。农田水利用地（灌溉、水渠）则属农用地。

6. D　7. C　8. B　9. C

10. D　【解析】交通水利设施用地属建设用地。

11. A　【解析】国家实行占用耕地补偿制度。非农业建设经批准占用耕地的，按照“占多少，垦多少”的原则，由占用耕地的单位负责开垦与所占用耕地的数量和质量相当的耕地；没有条件开垦或者开垦的耕地不符合要求的，应当按照省、自治区、直辖市的规定缴纳耕地开垦费，专款用于开垦新的耕地。

12. B　【解析】第三十一条：省、自治区、直辖市人民政府应当制定开垦耕地计划，监督占用耕地的单位按照计划开垦耕地或者按照计划组织开垦耕地，并进行验收。

13. D　【解析】高频考点。基本农田以外的耕地超过 35 hm^2 的属于由国务院批准。蔬菜生产基地属于耕地。

14. D　【解析】第三十一条：国家保护耕地，严格控制耕地转为非耕地。国家实行占用耕地补偿制度。非农业建设经批准占用耕地的，按照“占多少，垦多少”

的原则，由占用耕地的单位负责开垦与所占用耕地的数量和质量相当的耕地；没有条件开垦或者开垦的耕地不符合要求的，应当按照省、自治区、直辖市的规定缴纳耕地开垦费，专款用于开垦新的耕地。省、自治区、直辖市人民政府应当制定开垦耕地计划，监督占用耕地的单位按照计划开垦耕地或者按照计划组织开垦耕地，并进行验收。

二、不定项选择题

1．ABD

2．ACD 【解析】省、自治区、直辖市人民政府应当制订开垦耕地计划，监督占用耕地的单位按照计划开垦耕地或者按照计划组织开垦耕地，并进行验收。

3．CD 【解析】非农业建设经批准占用耕地的，按照“占多少，垦多少”的原则，由占用耕地的单位负责开垦与所占用耕地的数量和质量相当的耕地；没有条件开垦或者开垦的耕地不符合要求的，应当按照省、自治区、直辖市的规定缴纳耕地开垦费，专款用于开垦新的耕地。省、自治区、直辖市人民政府应当制定开垦耕地计划，监督占用耕地的单位按照计划开垦耕地或者按照计划组织开垦耕地，并进行验收。

4．ABD 【解析】第四十五条：征收下列土地的，由国务院批准：（1）基本农田；（2）基本农田以外的耕地超过 35 hm^2 的；（3）其他土地超过 70 hm^2 的。

（十六）《野生动物保护法》

一、单项选择题

1.《野生动物保护法》规定保护的野生动物，不包括（ ）。（2013 年）

A. 珍贵、濒危的陆生野生动物

B. 珍贵、濒危的水生野生动物

C. 有益的或有重要经济、科学研究价值的陆生野生动物

D. 有益的或有重要经济、科学研究价值的水生野生动物

2. 依据《野生动物保护法》，（ ）应当监视、监测环境对野生动物的影响。（2010 年考题）

A. 各级环境监测站

B. 各级地方人民政府

C. 各级野生动物行政主管部门

D. 各级环境保护行政主管部门

3. 依据《野生动物保护法》，环境保护部门在审批对重点保护野生动物生存环境产生不利影响的建设项目的环境影响报告时，应当征求（ ）的意见。（2010 年考题）

A. 上级林业行政主管部门

B. 上级农业行政主管部门

C. 上级野生动物行政主管部门

D. 同级野生动物行政主管部门

4. 某自然保护区试验区内的农田，被自然保护区内的国家重点保护野生动物黑熊践踏，造成农作物严重受损。依据《野生动物保护法》，关于该农作物损失的补偿，下列说法中，正确的是（ ）。（2010 年、2011 年考题）

A. 农作物损失由当地政府给予补偿

B. 农作物损失由自然保护区主管部门给予补偿

C. 农作物损失由国务院野生动物行政主管部门给予补偿

D. 因是国家重点保护野生动物造成的损失，农作物损失不予补偿

5.《野生动物保护法》不适用于（ ）。（2012 年考题）

A. 中华人民共和国境内从事野生动物的保护活动

B. 中华人民共和国境内从事野生动物的驯养繁殖活动

C. 中华人民共和国境内从事野生动物的开发利用活动

D. 珍贵、濒危的水生野生动物以外的其他水生野生动物的保护活动

6. 根据《野生动物保护法》，建设项目对国家或地方重点保护野生动物的生存

环境产生不利影响的，建设单位应当提交环境影响报告书，环境保护部门在审批时，应当征求（　　）的意见。（2014 年考题）

A．上级环境保护行政主管部门

B．同级野生动物行政主管部门

C．上级野生动物行政主管部门

D．当地野生动物行政主管部门

7．根据《野生动物保护法》，关于野生动物保护的说法正确的是（　　）。（2015 年考题）

A．县级以上人民政府及其野生动物行政主管部门，应当在国家和地方重点保护野生动物的繁殖场所划定自然保护区

B．国务院野生动物行政主管部门和省、自治区、直辖市政府，应当在国家和地方重点保护野生动物活动场所划定自然保护区

C．县级以上人民政府及其野生动物行政主管部门，应当在国家和地方重点保护野生动物的主要生息繁衍的地区和水域，划定自然保护区

D．国务院野生动物行政主管部门和省、自治区、直辖市政府，应当在国家和地方重点保护野生动物的主要生息繁衍的地区和水域，划定自然保护区

8．根据《野生动物保护法》，下列说法错误的是（　　）。（2016 年考题）

A．国家保护野生动物及其生存环境

B．禁止任何单位和个人非法捕猎野生动物

C．国家对珍稀、濒危的野生动物实行全面保护

D．禁止任何单位和个人非法破坏野生动物的生存环境

9．根据《野生动物保护法》，下列说法正确的是（　　）。（2016 年考题）

A．县级以上人民政府及其野生动物行政主管部门，应当在国家和地方重点保护野生动物的繁殖场所划定自然保护区

B．国务院野生动物行政主管部门和省、自治区、直辖市政府，应当在国家和地方重点保护野生动物活动场所划定自然保护区

C．县级以上人民政府及其野生动物行政主管部门，应当在国家和地方重点保护野生动物的主要生息繁衍的地区和水域，划定自然保护区

D．国务院野生动物行政主管部门和省、自治区、直辖市政府，应当在国家和地方重点保护野生动物的主要生息繁衍的地区和水域，划定自然保护区

10．根据《野生动物保护法》，下列内容中，不属于野生动物及其栖息地状况的调查、监测和评估应当包括的是（　　）。（2018 年考题）

A．野生动物种群数量及结构

B．野生动物栖息地的面积、生态状况

C．野生动物野外分布区域的环境质量

D．野生动物及其栖息地的主要威胁因素

二、不定项选择题

1．适用《野生动物保护法》的活动包括（　　）。（2011 年考题）

A．珍贵、濒危的陆生野生动物驯养繁殖

B．珍贵、濒危的水生野生动物开发、利用

C．珍贵、濒危的陆生野生动物以外的有重要经济价值的陆生野生动物驯养繁殖

D．珍贵、濒危的水生野生动物以外的有重要经济价值的水生野生动物开发、利用

2．根据《野生动物保护法》，关于重点保护的野生动物的规定，下列说法中，正确的是（　　）。（2012 年考题）

A．国家对陆生和水生野生动物实行重点保护

B．国家对珍贵、濒危的野生动物实行重点保护

C．国家重点保护的野生动物分为一级保护野生动物和二级保护野生动物

D．地方重点保护野生动物，是指国家重点保护野生动物以外，由省、自治区、直辖市重点保护的野生动物

3．下列活动中，适用《野生动物保护法》的有（　　）。（2015 年考题）

A．濒临陆生野生动物的保护

B．濒临水生野生动物的开发利用

C．有科学研究价值的陆生野生动物的开发

D．有科学研究价值的水生野生动物的保护

4. 根据《野生动物保护法》关于野生动物保护有关规定的说法，正确的有（　　）。（2018 年考题）

A．省级以上人民政府依法划定相关自然保护区域，保护野生动物及其重要栖息地、保护、恢复和改善野生动物生存环境

B．禁止或者限制在相关自然保护区区域内引入外来物种、营造单一纯林、过量施洒农药等人为干扰、威胁野生动物生息繁衍的行为

C．对不具备划定自然保护区域条件的，须由省级人民政府依法划定禁猎（渔）区、规定禁猎（渔）期等其他形式予以保护

D．机场、铁路建设项目的选址选线，应当避让野生动物迁徙洄游通道，无法避让的，应当采取措施消除或者减少对野生动物的不利影响

参考答案

一、单项选择题

1. D 【解析】高频考点。有益的或有重要经济、科学研究价值的水生野生动物适用于《渔业法》。

2. C 3. D 4. A 5. D 6. B

7. D 【解析】第十条：国务院野生动物行政主管部门和省、自治区、直辖市政府，应当在国家和地方重点保护野生动物的主要生息繁衍的地区和水域，划定自然保护区，加强对国家和地方重点保护野生动物及其生存环境的保护管理。

8. C 【解析】第九条：国家对珍贵、濒危的野生动物实行重点保护。

9. D

10. C 【解析】第十一条：对野生动物及其栖息地状况的调查、监测和评估应当包括下列内容：（1）野生动物野外分布区域、种群数量及结构；（2）野生动物栖息地的面积、生态状况；（3）野生动物及其栖息地的主要威胁因素；（4）野生动物人工繁育情况等其他需要调查、监测和评估的内容。

二、不定项选择题

1. ABC 2. BCD

3. ABC 【解析】珍贵、濒危的水生野生动物以外的其他水生野生动物的保护，适用渔业法的规定。

4. ABD 【解析】第十二条：省级以上人民政府依法划定相关自然保护区域，保护野生动物及其重要栖息地，保护、恢复和改善野生动物生存环境。对不具备划定相关自然保护区域条件的，县级以上人民政府可以采取划定禁猎（渔）区、规定禁猎（渔）期等其他形式予以保护。禁止或者限制在相关自然保护区域内引入外来物种、营造单一纯林、过量施洒农药等人为干扰、威胁野生动物生息繁衍的行为。第十三条：机场、铁路、公路、水利水电、围堰、围填海等建设项目的选址选线，应当避让相关自然保护区域、野生动物迁徙洄游通道；无法避让的，应当采取修建野生动物通道、过鱼设施等措施，消除或者减少对野生动物的不利影响。

（十七）《城乡规划法》

一、单项选择题

1．《城乡规划法》所称“城乡规划”包括（　　）。（2010 年、2011 年考题）

A．乡规划和村庄规划　　B．土地利用总体规划

C．综合交通体系规划　　D．历史文化遗产保护规划

2．依据《城乡规划法》，下列不符合城市新区开发和建设有关规定的是（　　）。（2011 年考题）

A．合理确定建设规模和时序

B．严格保护自然资源和生态环境

C．充分利用现有市政基础设施和公共服务设施

D．在城镇总体规划确定的建设用地范围外设立开发区和城市新区

3．根据《城乡规划法》，（　　）不属于“省域城镇体系规划”的内容。（2012 年考题）

A．重大基础设施的布局

B．城镇空间布局和规模控制

C．城市、镇的发展规模、步骤和建设标准

D．为保护生态环境、资源等需要严格控制的区域

4．根据《城乡规划法》，关于“规划区”的定义，下列说法中，正确的是（　　）。（2013 年考题）

A．规划区分为总体规划区和详细规划区

B．规划区包括城市规划区、城镇规划区、乡规划区和村庄规划区

C．规划区是根据城乡经济社会发展水平和统筹城乡发展的需要划定的

D．规划区是指城市、镇和村庄的建成区以及因城乡建设和发展的需要，必须实行规划控制的区域

5．根据《城乡规划法》，在城市整体规划、镇总体规划确定的建设用地范围以外，不得设立（　　）。（2013 年、2014 年考题）

A．生活垃圾填埋场　　B．公共服务设施区域

C．各类开发区和城市新区　　D．畜禽养殖场所等农村生产、生活服务设施

6．根据《城乡规划法》，下列规划中，不属于该法所称的城乡规划的是（　　）。（2015 年考题）

A. 村庄规划　　B. 城市总体规划
C. 城市交通规划　　D. 城市控制性详细规划

7. 根据《城乡规划法》，下列内容中，不属于乡规划内容的是（　　）。（2015 年考题）

A. 规划区范围
B. 各类专项规划
C. 住宅、道路、供水、供电等各项建设的用地布局、建设要求
D. 对耕地等自然资源和历史文化遗产保护、防灾减灾等的具体安排

8. 根据《城乡规划法》，应当作为城市总体规划、镇总体规划强制性内容的是（　　）。（2016 年考题）

A. 用地布局　　B. 功能分区
C. 环境保护　　D. 综合交通体系

9. 根据《城乡规划法》关于城市总体规划和乡规划、村庄规划的有关规定，下列说法中，错误的是（　　）。（2017 年考题）

A. 城市总体规划的规划期限一般为 20 年
B. 规划区内建设用地规模应当作为城市总体规划的强制性内容
C. 乡规划应当包括本行政区域内的村庄发展布局及产业发展规划
D. 乡规划、村庄规划应当从农村实际出发，尊重村民意愿，体现地方和农村特色

10. 根据《城乡规划法》，下列用地中，不属于城市规划确定的需要依法保护、禁止擅自改变用途的是（　　）。（2018 年考题）

A. 铁路、公路用地　　B. 污水处理厂用地
C. 垃圾焚烧厂用地　　D. 旅游风景区用地

二、不定项选择题

1. 依据《城乡规划法》，关于“城市总体规划的审批”，下列说法中，正确的是（　　）。（2010 年考题）

A. 一般城市的总体规划由该城市人民政府审批
B. 直辖市的城市总体规划须报国务院审批
C. 省、自治区人民政府所在地的城市总体规划，由省、自治区人民政府审批
D. 国务院确定的城市总体规划，在报国务院审批前，应经省、自治区人民政府审查同意

2. 依据《城乡规划法》，（　　）应当作为城市规划、镇总体规划的强制性内容。（2010 年考题）

A. 水源地和水系

B. 基本农田和绿化用地

C. 基础设施和公共服务设施用地

D. 环境保护、自然与历史文化遗产保护

3. 《城乡规划法》中所称的“规划区”包括（　　）。(2011 年考题)

A. 镇的建成区

B. 村庄的建成区

C. 城市的建成区

D. 因城乡建设和发展需要，必须实行规划控制的区域

4. 依据《城乡规划法》，城乡规划确定的（　　）等用地，禁止擅自改变用途。(2011 年考题)

A. 水源地　　B. 自然保护区

C. 垃圾填埋场　　D. 污水处理厂

5. 根据《城乡规划法》，省域城镇体系规划的内容应包括（　　）。(2013 年考题)

A. 工业园区布局

B. 重大基础设施布局

C. 城镇空间布局和规模控制

D. 为保护生态环境、资源等需要严格控制的区域

6. 根据《城乡规划法》，（　　）属于城市规划。(2014 年考题)

A. 村庄规划　　B. 城乡规划

C. 工业园区规划　　D. 城镇体系规划

7. 根据《城乡规划法》，乡规划的内容应当包括（　　）等。(2016 年考题)

A. 规划区范围

B. 建设用地布局及建设要求

C. 本行政区域内的村庄发展方向

D. 对耕地等自然资源和历史文化遗产保护的具体安排

8. 根据《城乡规划法》关于城市新区开发和建设的有关规定，下列说法中，正确的有（　　）。(2017 年考题)

A. 应当合理确定建设规模和时序

B. 充分利用现有市政基础设施和公共服务设施

C. 有计划地对危房集中、基础设施落后等地段进行改建

D. 在城市总体规划、镇总体规划确定的建设用地范围以外，不得设立各类开发区和城市新区

参考答案

一、单项选择题

1．A 【解析】城乡规划，包括城镇体系规划、城市规划、镇规划、乡规划和村庄规划。

2．D

3．C 【解析】选项C的内容太细。省域城镇体系规划的内容应当包括：城镇空间布局和规模控制，重大基础设施的布局，为保护生态环境、资源等需要严格控制的区域。

4．D 5．C 6．C

7．B 【解析】选项B属城市总体规划、镇总体规划的内容。乡规划比较具体。

8．C 【解析】第十七条：规划区范围、规划区内建设用地规模、基础设施和公共服务设施用地、水源地和水系、基本农田和绿化用地、环境保护、自然与历史文化遗产保护以及防灾减灾等内容，应当作为城市总体规划、镇总体规划的强制性内容。

9．C

10．D 【解析】第三十五条：城乡规划确定的铁路、公路、港口、机场、道路、绿地、输配电设施及输电线路走廊、通信设施、广播电视设施、管道设施、河道、水库、水源地、自然保护区、防汛通道、消防通道、核电站、垃圾填埋场及焚烧厂、污水处理厂和公共服务设施的用地以及其他需要依法保护的用地，禁止擅自改变用途。

二、不定项选择题

1．BD 【解析】此题在教材中未出现。第十四条：城市人民政府组织编制城市总体规划。直辖市的城市总体规划由直辖市人民政府报国务院审批。省、自治区人民政府所在地的城市以及国务院确定的城市的总体规划，由省、自治区人民政府审查同意后，报国务院审批。其他城市的总体规划，由城市人民政府报省、自治区人民政府审批。

2．ABCD 【解析】规划区范围、规划区内建设用地规模、基础设施和公共服务设施用地、水源地和水系、基本农田和绿化用地、环境保护、自然与历史文化遗产保护以及防灾减灾等内容，应当作为城市总体规划、镇总体规划的强制性内容。

3．ABCD 【解析】规划区，是指城市、镇和村庄的建成区以及因城乡建设和发展需要，必须实行规划控制的区域。

4．ABCD　5．BCD　6．ABD

7．ABD　【解析】第十八条：乡规划、村庄规划的内容应当包括：规划区范围，住宅、道路、供水、排水、供电、垃圾收集、畜禽养殖场所等农村生产、生活服务设施、公益事业等各项建设的用地布局、建设要求，以及对耕地等自然资源和历史文化遗产保护、防灾减灾等的具体安排。乡规划还应当包括本行政区域内的村庄发展布局。

8．ABD　【解析】C选项为“旧城区改建”的有关规定，不属于城市新区开发和建设的有关规定。

（十八）《河道管理条例》

一、单项选择题

1．依据《河道管理条例》，在河道管理范围内禁止进行的活动是（　　）。（2010 年考题）

A．修建围堤　　B．利用堤顶兼作公路

C．采砂　　D．在河道滩地修建厂房

2．关于《河道管理条例》的适用范围，下列说法中，错误的是（　　）。（2011 年考题）

A．该条例适用于中华人民共和国领域内的湖泊

B．该条例适用于中华人民共和国领域内的滞洪区

C．该条例适用于中华人民共和国领域内的人工水道

D．该条例不适用于中华人民共和国领域内河道内的航道

3．依据《河道管理条例》关于“修建桥梁、码头和其他设施所涉及防洪和船运”的要求，下列说法中，正确的是（　　）。（2011 年考题）

A．桥梁的梁底应按河流多年平均水位设计

B．桥梁的梁底应首先满足航运的要求，并留有一定的超高

C．跨越河道的管道、线路的净空高度必须符合防洪和航运的要求

D．修建桥梁、码头和其他设施，应满足国家规定的防洪标准所确定的河深，兼顾行洪通道

4．根据《河道管理条例》，下列说法中，正确的是（　　）。（2012 年考题）

A．严禁在河道滩地存放物件　　B．河道滩地禁止开采地下资源

C．河道滩地不得进行考古发掘　　D．城镇建设和发展不得占用河道滩地

5．根据《河道管理条例》，城镇建设和发展不得占用河道滩地。沿河城镇在编制和审查城镇规划时，应当事先（　　）。（2013 年考题）

A．报航运主管机关审批

B．报河道主管机关审批

C．报环境保护行政主管部门审批

D．征求河道主管机关的意见

6．根据《河道管理条例》，下列说法中，错误的是（　　）。（2014 年考题）

A．桥梁和栈桥的设计洪水位须由设计单位根据防洪规划确定

B．跨越河道的管道、线路的净空高度必须符合防洪和航运的要求

C．桥梁和栈桥的梁底必须高于设计洪水位，并按照防洪和航运的要求，留有一定的超高

D．修建桥梁、码头和其他设施，必须按照国家规定的防洪标准确定的河宽进行，不得缩窄行洪通道

7．根据《河道管理条例》，下列要求中，符合建造桥梁工程要求的是（　　）。（2015 年考题）

A．不得缩窄现有河道宽度

B．应当按河流常水位所确定的河宽进行

C．应当按河流历史最高水位所确定的河宽进行

D．必须按国家规定的防洪标准所确定的河宽进行，不得缩窄行洪通道

8．根据《河道管理条例》，下列说法中，错误的是（　　）。（2016 年考题）

A．设计洪水位由河道主管机关根据防洪规划确定

B．跨越河道的管道、线路的净空高度必须符合防洪和航运的要求

C．桥梁和栈桥的梁底必须高于历史最高水位，并按照防洪和航运的要求，留有一定超高

D．修建桥梁、码头和其他设施，必须按照国家规定的防洪标准所确定的河宽进行，不得缩窄行洪通道

9．根据《河道管理条例》关于修建桥梁、码头和其他设施必须按照防洪和航运标准要求进行的有关规定，下列说法中，正确的是（　　）。（2017 年考题）

A．设计洪水位由水行政主管部门根据防洪规划确定

B．跨越河道的管道、线路的净空高度必须符合防洪和航运的要求

C．桥梁和栈桥的梁底必须高于 100 年一遇的洪水位，并按照防洪和航运的要求留有一定的超高

D．修建桥梁码头和其他设施，应按照国家规定的防洪标准确定河宽，必要时可以缩窄行洪通道宽度

10．根据《河道管理条例》，下列在河道管理范围内的行为中，属于必须报经河道主管机关批准或由其会同有关部门批准的活动是（　　）。（2018 年考题）

A．弃置矿渣　　B．弃置砂石

C．弃置泥土　　D．种植树木

二、不定项选择题

1．《河道管理条例》的适用范围包括（　　）。（2010 年考题）

A．太湖　　B．京杭大运河

C. 河道内的航道　　D. 洪水泛滥可能淹没的地区

2. 依据《河道管理条例》，不得在河道管理范围内的河道滩地（　　）。（2010 年考题）

A. 改造城镇居民小区　　B. 挖筑鱼塘

C. 开采地下资源　　D. 存放防洪物资

3. 适用《河道管理条例》的范围包括（　　）。（2011 年考题）

A. 洪泛区　　B. 河道滩地

C. 人工运河　　D. 蓄滞洪区

4. 根据《河道管理条例》，下列说法中，正确的是（　　）。（2012 年考题）

A. 跨越河道的管道、线路的净空高度必须符合防洪的和航运的要求

B. 修建桥梁必须按照百年一遇洪水标准所确定的河宽进行，不得缩窄行洪通道

C. 修建码头必须按照国家规定的防洪标准所确定的河宽进行，可适当占用行洪通道

D. 桥梁和栈桥的桥面必须高于设计洪水位，并按照防洪和航运要求，留有一定的超高

5. 《河道管理条例》适用于中华人民共和国领域内的（　　）。（2014 年考题）

A. 湖泊　　B. 人工水道

C. 滞洪区　　D. 洪泛区

6. 根据《河道管理条例》，下列活动中，属于在河道管理范围内的堤防和护堤地禁止的有（　　）。（2018 年考题）

A. 弃置矿渣　　B. 考古发掘

C. 修建厂房　　D. 晾晒粮食

参考答案

一、单项选择题

1. A 【解析】第二十四条：在河道管理范围内，禁止修建围堤、阻水渠道、阻水道路；种植高秆农作物、芦苇、杞柳、薪柴和树木（堤防防护林除外）；设置拦河渔具；弃置矿渣、石渣、煤灰、泥土、垃圾等。

在堤防和护堤地，禁止建房、放牧、开渠、打井、挖窖、葬坟、晒粮、存放物料、开采地下资源、进行考古发掘以及开展集市贸易活动。

2. D　3. C

4. D 【解析】其余三个选项的行为必须报经河道主管机关批准。

5．D

6．A 【解析】设计洪水位由河道主管机关根据防洪规划确定。

7．D 【解析】第十二条：修建桥梁、码头和其他设施，必须按照国家规定的防洪标准所确定的河宽进行，不得缩窄行洪通道。

8．C 【解析】第十二条：桥梁和栈桥的梁底必须高于设计洪水位，并按照防洪和航运的要求，留有一定的超高。设计洪水位由河道主管机关根据防洪规划确定。

9．B 【解析】选项A的正确说法是：设计洪水位由河道主管机关根据防洪规划确定。选项C的正确说法是：桥梁和栈桥的梁底必须高于设计洪水位，并按照防洪和航运的要求，留有一定的超高。选项D的正确说法是：修建桥梁、码头和其他设施，必须按照国家规定的防洪标准所确定的河宽进行，不得缩窄行洪通道。

10．B 【解析】第二十五条：在河道管理范围内进行下列活动，必须报经河道主管机关批准；涉及其他部门的，由河道主管机关会同有关部门批准：（1）采砂、取土、淘金、弃置砂石或者淤泥；（2）爆破、钻探、挖筑鱼塘；（3）在河道滩地存放物料、修建厂房或者其他建筑设施；（4）在河道滩地开采地下资源及进行考古发掘。

二、不定项选择题

1．ABC 【解析】据《防洪法》，“洪水泛滥可能淹没的地区”指防洪区，防洪区包括洪乏区、蓄滞洪区和防洪保护区。蓄滞洪区包括行洪区、分洪区、蓄洪区和滞洪区。防洪区概念较大，条例适用的范围所列出的（行洪区、蓄洪区、滞洪区）概念较小。河道内的航道，同时适用《航道管理条例》。

2．A 【解析】第十六条：城镇建设和发展不得占用河道滩地。其他选项的活动必须报经河道主管机关批准。

3．BC 【解析】蓄滞洪区包括行洪区、分洪区、蓄洪区和滞洪区。条例适用的范围：行洪区、蓄洪区、滞洪区。前者的范围大。

4．AD 5．ABC

6．ABCD 【解析】第二十条：有堤防的河道，其管理范围为两岸堤防之间的水域、沙洲、滩地（包括可耕地）、行洪区，两岸堤防及护堤地。无堤防的河道，其管理范围根据历史最高洪水位或者设计洪水位确定。河道的具体管理范围，由县级以上地方人民政府负责划定。第二十四条：在河道管理范围内，禁止修建围堤、阻水渠道、阻水道路；种植高秆农作物、芦苇、杞柳、荻柴和树木（堤防防护林除外）；设置拦河渔具；弃置矿渣、石渣、煤灰、泥土、垃圾等。在堤防和护堤地，禁止建房、放牧、开渠、打井、挖窖、葬坟、晒粮、存放物料、开采地下资源、进行考古发掘以及开展集市贸易活动。

（十九）《自然保护区条例》

一、单项选择题

1．自然保护区内部未进行功能分区的，依照《自然保护条例》，应按照（　　）的规定管理。（2011年考题）

A．缓冲区　　B．实验区

C．核心区和缓冲区　　D．缓冲区和实验区

2．依据《自然保护区条例》，关于“自然保护区功能区的划分及保护”，下列说法正确的是（　　）。（2010年、2013年考题）

A．在自然保护区内不得建设任何生产设施

B．自然保护区可以分为核心区、缓冲区、实验区和外围保护地带

C．严禁开设与自然保护区保护方向不一致的参观、旅游项目

D．自然保护区核心区内的原有居民确有必要迁出的，由保护区管理机构予以妥善安置

3．依据《自然保护区条例》，关于自然保护区内禁止的行为，下列说法正确的是（　　）。（2010年考题）

A．不得进入实验区从事参观考察和旅游活动

B．可不经批准进入缓冲区从事科学研究和教学实习

C．禁止进入核心区从事科学研究活动

D．在自然保护区的外围地带建设的项目，不得损害自然保护区的环境质量，已造成损害的，应当限期治理

4．依据《自然保护区条例》关于自然保护区内禁止行为的规定，下列说法错误的是（　　）。（2011年考题）

A．自然保护区核心区内不得建设任何生产设施

B．自然保护区缓冲区内不得建设任何生产设施

C．自然保护区实验区内不得建设污染环境的生产设施

D．自然保护区外围保护地带不得建设损害其环境质量的生产设施

5．根据《自然保护区条例》，关于“自然保护区功能区划分和保护要求”，下列说法错误的是（　　）。（2012年考题）

A．核心区禁止任何单位和个人进入

B．自然保护区的缓冲区只准进入从事科学试验活动

C．自然保护区的外围保护地带可以进行建设项目的建设

D．自然保护区的实验区可以从事参观考察、教学实习等活动

6．根据《自然保护区条例》关于自然保护区内禁止行为的规定，下列说法中，错误的是（　　）。（2012 年考题）

A．在自然保护区的核心区内不得建设任何生产设施

B．在自然保护区的外围保护地带建设的项目，不得损害自然保护区内的环境质量

C．在自然保护区实验区内已建成的设施，其污染物排放超过国家和地方标准的，应限期治理

D．在自然保护区的缓冲区内不得建设污染环境、破坏资源或景观的生产设施，建设其他项目其污染物排放不得超过国家和地方规定的标准

7．根据《自然保护区条例》关于内部未分区的自然保护区管理的规定，下列说法中，错误的是（　　）。（2012 年考题）

A．禁止任何人进入内部未分区的自然保护区

B．禁止在内部未分区的自然保护区内开展旅游活动

C．禁止在内部未分区的自然保护区内从事科学试验活动

D．不得在内部未分区的自然保护区内建设任何生产设施

8．某公路工程拟通过内部未分区的自然保护区。根据《自然保护区条例》，该建设项目须（　　）。（2013 年、2014 年考题）

A．避绕该自然保护区

B．降低公路等级和通行能力

C．缩小路基宽度，禁止设置取弃土场

D．优化路由，缩短通过该保护区路线长度

9．根据《自然保护区条例》中自然保护区的功能划分及保护的要求，下列说法中，错误的是（　　）。（2014 年考题）

A．自然保护区可以分为核心区、缓冲区和实验区

B．自然保护核心区外围可以划定一定面积的缓冲区，只准进入从事科学研究观测活动

C．自然保护区缓冲区外围划为实验区，可以进入从事教学实习、参观考察等活动

D．自然保护区的外围须划定一定面积的外围保护地带，该地带的建设项目不得损害自然保护区的环境质量

10．根据《自然保护区条例》，在自然保护区的缓冲区，经自然保护区管理机构批准可以从事（　　）活动。（2014 年考题）

A．旅游　　B．参观考察　　C．生产经营　　D．标本采集

11．根据《自然保护区条例》，下列活动中，允许在自然保护区内开展的活动是（　　）。（2015 年考题）

A．旅游　　B．采药　　C．放牧　　D．捕捞

12．某地拟在内部未分区的自然保护区开展生态旅游活动。根据《自然保护区条例》，下列关于开展该项活动的说法中，正确的是（　　）。（2015 年考题）

A．禁止开展该项旅游活动

B．该项旅游活动应与自然保护区保护方向一致

C．开展该项旅游活动，不得损害自然保护区的环境质量

D．开展该项旅游活动应向自然保护区管理机构提交申请和活动计划，并经其批准

13．根据《自然保护区条例》，在自然保护区缓冲区内，只准从事的活动是（　　）。（2016 年考题）

A．旅游　　B．参观考察

C．科学研究观测　　D．驯化珍稀、濒危野生动物

14．某地拟在内部未分区的自然保护区开展生态旅游活动，根据《自然保护区条例》，下列关于开展该项活动的说法中，正确的是（　　）。（2016 年考题）

A．禁止自然保护区内开展该项旅游活动

B．该项旅游活动应与自然保护区保护方向一致

C．开展该项旅游活动，不得损害自然保护区的环境质量

D．开展专项旅游活动应向自然保护区管理机构提交申请和活动计划，并经自然保护区管理机构批准

15．根据《自然保护区条例》关于自然保护区内禁止行为的有关规定，下列说法中，错误的是（　　）。（2017 年考题）

A．在自然保护区核心区内，不得建设任何生产设施

B．在自然保护区缓冲区内建设的生产设施，其污染物排放不得超过国家和地方规定的排放标准

C．在自然保护区的实验区内已经建成的设施，其污染物排放超过国家和地方规定的排放标准的，应当限期治理

D．在自然保护区的外围保护地带建设的项目，不得损害自然保护区内的环境质量，已造成损害的，应当限期治理

16．根据《自然保护区条例》，自然保护区的内部未分区的，依照条例有关（　　）的规定管理。（2017 年考题）

A．核心区　　B．缓冲区

C. 实验区　　　　　　　　　　D. 核心区和缓冲区

17. 根据《自然保护区条例》，下列活动中，属于自然保护区实验区内禁止行为的是（ ）。（2018 年考题）

A. 放牧、采药

B. 开展旅游活动

C. 从事科学研究活动

D. 驯化、繁殖珍稀、濒危野生动植物等活动

18. 因科学研究的需要，某高校研究人员必须进入国家级自然保护区核心区从事科学研 究观测活动，根据《自然保护区条例》，关于该研究人员在自然保护区内禁止行为有关要求的说法，正确的是（　　）。（2018 年考题）

A. 应事先向自然保护区管理机构提交申请和活动计划，并经省、自治区、直辖市人民政府批准

B. 应事先向自然保护区管理机构提交申请和活动计划，并经省、自治区、直辖市人民政府有关保护区行政主管部门批准

C. 应事先向省、自治区、直辖市人民政府有关保护区行政主管部门提交申请和活动计划，并经省、自治区、直辖市人民政府批准

D. 应事先向省、自治区、直辖市人民政府提交申请和活动计划，并经省、自治区、直辖市人民政府有关保护区行政主管部门批准

19. 根据《自然保护区条例》，下列活动中，不属于自然保护区内禁止行为的是（　　）。（2018 年考题）

A. 砍伐　　　B. 挖沙　　　C. 捕捞　　　D. 标本采集

二、不定项选择题

1. 依据《自然保护区条例》，在内部未分区的自然保护区内，禁止的活动有（　　）。（2010 年考题）

A. 参观旅游　　　　　　　　B. 教学实习

C. 采挖草药　　　　　　　　D. 繁殖珍稀野生植物

2. 某高校因科研需要，拟在一省级自然保护区缓冲区内采集标本，依据《自然保护区条例》，该高校的下列做法中，正确的是（　　）。（2010 年考题）

A. 经批准后采集标本，并将标本采集成果副本提交该自然保护区管理机构

B. 事先向该自然保护区管理机构提交申请和活动计划，经批准后即可进行标本采集

C. 事先向该省人民政府自然保护区行政主管部门申报申请和活动计划，经批准后即可进行标本采集

D．事先向该自然保护区管理机构提交申请和活动计划，并报该省该省人民政府自然保护区行政主管部门批准后，即可进行标本采集

3．一公路因受地形限制等原因线位走向无法避绕某自然保护区。根据《自然保护区条例》，禁止该工程（　　）。（2013 年考题）

A．线位穿越自然保护区核心区　　B．线位穿越自然保护区缓冲区

C．线位穿越自然保护区实验区　　D．在自然保护实验区设置砂石料场

4．根据《自然保护区条例》，进入自然区缓冲区从事标本采集活动的必要前提有（　　）。（2015 年考题）

A．该活动为公益性的

B．该活动为非破坏性的

C．该活动以教学科研为目的

D．该活动经自然保护区管理机构批准

5．根据《自然保护区条例》，下列区域中，属于不得建设任何生产设施区域的有（　　）。（2018 年考题）

A．自然保护区的核心区　　B．自然保护区的缓冲区

C．自然保护区的实验区　　D．自然保护区的外围保护地带

参考答案

一、单项选择题

1．C

2．C 【解析】选项 A 说法太绝对了。选项 B 的划分错误。选项 D 的正确说法是“自然保护区核心区内的原有居民确有必要迁出的，由自然保护区所在地的地方人民政府予以妥善安置”。

3．D　4．D

5．B 【解析】缓冲区，只准进入从事科学研究观测活动。在自然保护区的外围保护地带建设的项目，不得损害自然保护区内的环境质量；已造成损害的，应当限期治理。实验区，可以进入从事科学试验、教学实习、参观考察、旅游以及驯化、繁殖珍稀、濒危野生动植物等活动。

6．D 【解析】在自然保护区的核心区和缓冲区内，不得建设任何生产设施。

7．C　8．A

9．D 【解析】原批准建立自然保护区的人民政府认为必要时，可以在自然保护区的外围划定一定面积的外围保护地带。

10．D

11．A 【解析】禁止在自然保护区内进行砍伐、放牧、狩猎、捕捞、采药、开垦、烧荒、开矿、采石、挖沙等活动。

12．B

13．C 【解析】第十八条：核心区外围可以划定一定面积的缓冲区，只准进入从事科学研究观测活动。

14．A

15．B 【解析】在自然保护区的核心区和缓冲区内，不得建设任何生产设施。

16．D

17．A 【解析】第十八条：缓冲区外围划为实验区，可以进入从事科学试验、教学实习、参观考察、旅游以及驯化、繁殖珍稀、濒危野生动植物等活动。第二十六条：禁止在自然保护区内进行砍伐、放牧、狩猎、捕捞、采药、开垦、烧荒、开矿、采石、挖沙等活动；但是，法律、行政法规另有规定的除外。

18．B 【解析】第二十七条：禁止任何人进入自然保护区的核心区。因科学研究的需要，必须进入核心区从事科学研究观测、调查活动的，应当事先向自然保护区管理机构提交申请和活动计划，并经自然保护区管理机构批准；其中，进入国家级自然保护区核心区的，应当经省、自治区、直辖市人民政府有关自然保护区行政主管部门批准。”

19．D【详解】第二十六条：禁止在自然保护区内进行砍伐、放牧、狩猎、捕捞、采药、开垦、烧荒、开矿、采石、挖沙等活动；但是，法律、行政法规另有规定的除外。

二、不定项选择题

1．ABCD 【解析】内部未分区的自然保护区按核心区和缓冲区的规定管理。“采挖草药”是自然保护区内禁止的行为，A、B、D 选项仅是实验区允许的活动。

2．AB 【解析】选项 D 是核心区所要求的。

3．ABC 【解析】在自然保护区的实验区内，不得建设污染环境、破坏资源或者景观的生产设施；建设其他项目，其污染物排放不得超过国家和地方规定的污染物排放标准。

4．BCD 【解析】第二十八条：禁止在自然保护区的缓冲区开展旅游和生产经营活动。因教学科研的目的，需要进入自然保护区的缓冲区从事非破坏性的科学研究、教学实习和标本采集活动的，应当事先向自然保护区管理机构提交申请和活动计划，经自然保护区管理机构批准。

5．AB 【解析】第三十二条：在自然保护区的核心区和缓冲区内，不得建设任何生产设施。在自然保护区的实验区内，不得建设污染环境、破坏资源或者景观的生产设施；建设其他项目，其污染物排放不得超过国家和地方规定的污染物排放标准。在自然保护区的实验区内已经建成的设施，其污染物排放超过国家和地方规定的排放标准的，应当限期治理；造成损害的，必须采取补救措施。在自然保护区的外围保护地带建设的项目，不得损害自然保护区内的环境质量；已造成损害的，应当限期治理。

（二十）《风景名胜区条例》

一、单项选择题

1．依据《风景名胜区条例》，在国家级风景名胜区内修建缆车、索道等重大建筑工程，项目的选址方案应当报（　　）核准。（2010 年考题）

A．国务院　　B．国务院建设主管部门

C．国务院林业主管部门　　D．国务院环境保护主管部门

2．依据《风景名胜区条例》，经风景名胜区管理机构审核，依照有关法律、法规的规定报有关主管部门批准，可以在风景名胜区内进行的活动是（　　）。（2010 年、2011 年考题）

A．开荒　　B．开山、采石

C．修建储存腐蚀性物品的设施　　D．改变水资源、水环境自然状态

3．依据《风景名胜区条例》，关于“风景名胜区的保护”，下列说法中，错误的是（　　）。（2010 年考题）

A．风景名胜区内的景观和自然环境应当根据可持续发展的原则，严格保护，不得破坏或者随意改变

B．风景名胜区管理机构应当建立健全风景名胜资源保护的各项制度

C．风景名胜区所在地县级以上人民政府应当对风景名胜区的重要景观进行调查、鉴定，并制订相应的保护措施

D．国家建立风景名胜区管理信息系统，对风景名胜区规划的实施和资源保护情况进行动态监测

4．依据《风景名胜区条例》，在国家级风景名胜区内修建游览索道的选址方案应当（　　）。（2011 年考题）

A．报国务院批准

B．报国务院建设主管部门核准

C．报名胜区规划编制部门同意

D．经风景名胜区管理机构审核后，按规定报有关主管部门批准

5．根据《风景名胜区条例》，在国家级风景名胜区内修建缆车、索道等重大建设工程，项目的选址方案应当报（　　）。（2012 年考题）

A．国务院批准　　B．国务院核准

C．国务院建设主管部门核准　　D．国务院环境保护主管部门核准

6．根据《风景名胜条例》，下列关于风景名胜区内进行建设活动的说法中，不属于该条例要求的是（　　）。（2015 年考题）

A．建设、施工单位应当保护好地形地貌

B．建设、施工单位应当制定绿色施工方案

C．建设、施工单位应当制定污染防治方案

D．建设、施工单位应当制定水土保持方案

7．根据《风景名胜区条例》，风景名胜区内禁止的活动是（　　）。（2016 年考题）

A．开山、采石、采矿　　B．举办大型游乐活动

C．设置、张贴商业广告　　D．改变水资源、水环境的自然状态

8．根据《风景名胜区条例》关于风景名胜区保护的有关规定，下列说法中，错误的是（　　）。（2017 年考题）

A．国家建立风景名胜区管理信息系统，对风景名胜区规划实施和资源保护情况进行动态监测

B．风景名胜区管理机构应当对风景名胜区内的重要景观进行调查、鉴定，并制定相应的保护措施

C．在国家级风景名胜区内修建缆车、索道等重大建设工程，项目的选址方案应当报国务院建设主管部门核准

D．禁止违反风景名胜区规划，在风景名胜区内设立各类开发区和在核心景区内建设与风景名胜资源保护无关的其他建筑物；已经建设的，应当按照风景名胜区规划，从严管理

9．根据《风景名胜区条例》，关于风景名胜区保护有关规定的说法，错误的是（　　）。（2018 年考题）

A．禁止在风景名胜区核心景区内建设宾馆、招待所

B．禁止违反风景名胜区规划，在风景名胜区内设立各类开发区

C．在国家级风景名胜区内修建缆车、索道等重大建设工程，项目的选址方案应当报国务院建设主管部门核准

D．风景名胜区内的建设项目应当符合风景名胜区规划，并与景观相协调，不得破坏景观，污染环境，妨碍游览

二、不定项选择题

1．根据《风景名胜区条例》，下列说法正确的有（　　）。（2016 年考题）

A．在风景名胜区内，禁止修建储存爆炸性、易燃性、放射性、毒害性、腐蚀性物品的设施

B. 风景名胜区内的景观和自然环境，应当根据可持续发展的原则，严格保护，不得破坏或者随意改变

C. 在风景名胜区内，禁止建设宾馆、招待所、培训中心、疗养院以及与风景名胜资源保护无关的其他建筑物

D. 风景名胜区内的建设项目应当符合风景名胜区规划，并与景观相协调，不得破坏景观、污染环境、妨碍游览

参考答案

一、单项选择题

1. B

2. D 【解析】其余三个选项都是禁止行为。

3. C 【解析】选项 C 的正确说法是："风景名胜区管理机构应当对风景名胜区的重要景观进行调查、鉴定，并制定相应的保护措施"。

4. B 5. C

6. B 【解析】在风景名胜区内进行建设活动的建设单位、施工单位应当制定污染防治和水土保持方案，并采取有效措施，保护好周围景物、水体、林草植被、野生动物资源和地形地貌。

7. A

8. D 【解析】选项 D 中后一句应是：已经建设的，应当按照风景名胜区规划，逐步迁出。

9. C 【解析】第二十七条：禁止违反风景名胜区规划，在风景名胜区内设立各类开发区和在核心景区内建设宾馆、招待所、培训中心、疗养院以及与风景名胜资源保护无关的其他建筑物；已经建设的，应当按照风景名胜区规划，逐步迁出。第二十八条：在国家级风景名胜区内修建缆车、索道等重大建设工程，项目的选址方案应当报省、自治区人民政府建设主管部门和直辖市人民政府风景名胜区主管部门核准。第三十条：风景名胜区内的建设项目应当符合风景名胜区规划，并与景观相协调，不得破坏景观、污染环境、妨碍游览。

二、不定项选择题

1. ABD 【解析】第二十七条：禁止违反风景名胜区规划，在风景名胜区内设立各类开发区和在核心景区内建设宾馆、招待所、培训中心、疗养院以及与风景名胜资源保护无关的其他建筑物；已经建设的，应当按照风景名胜区规划，逐步迁出。

（二十一）《基本农田保护条例》

一、单项选择题

1. 国家某重点原油输送项目涉及基本农田转用为建设用地。依据《基本农田保护条例》，（ ）有权批准该项目占用基本农田。（2010 年考题）

A. 国务院　　B. 省级人民政府

C. 设区的市级人民政府　　D. 国务院土地行政主管部门

2. 依据《基本农田保护条例》，在基本农田保护区内未被禁止的活动是（ ）。（2010 年、2011 年考题）

A. 取土　　B. 挖塘养鱼

C. 发展林果业　　D. 兴修农田水利

3. 依据《基本农田保护条例》，关于基本农田的保护，下列说法中，正确的是（ ）。（2010 年考题）

A. 禁止任何单位和个人闲置、荒芜基本农田

B. 国家军事设施选址无法避开基本农田，需要占用基本农田的，必须经省级人民政府批准，报国务院备案

C. 占用基本农田的单位应当按照当地土地管理部门的要求，将所占用基本农田耕作层的土地用于新开垦耕地的土壤改良

D. 经国务院批准占用基本农田的，当地人民政府应当按照国务院的批准文件修改土地利用总体规划，并补充划入数量相当的基本农田

4. 根据《基本农田保护条例》，关于与建设项目有关的基本农田保护措施，下列说法中，错误的是（ ）。（2012 年考题）

A. 基本农田保护区经依法划定后，任何单位和个人不得改变或者占用

B. 国家重点建设项目确实需要占用基本农田、涉及征用土地的，必须经国务院批准

C. 国家重点建设项目确实需要占用基本农田，涉及农用地转用的，必须经当地省级人民政府批准

D. 占用基本农田的单位没有条件开垦或开垦的耕地不符合要求的，应按规定缴纳耕地开垦费，专款用于开垦新的耕地

5. 根据《基本农田保护条例》，基本农田是指（ ）。（2015 年、2016 年考题）

A. 按照一定时期人口和社会经济发展对农产品的需求，依据农业产业规划确定的不得占用的耕地

B. 按照一定时期人口和社会经济发展对农产品的需求，依据土地利用总体规划确定的不得占用的耕地

C. 按照一定时期人口和社会经济发展对农产品的需求，依照国家主体功能区划确定的不得占用的耕地

D. 按照现有人口和平均生活水平对农产品的需求，依据国民经济和社会发展计划确定的不得占用的耕地

6. 根据《基本农田保护条例》有关基本农田保护措施的规定，下列说法中，正确的是（　　）。（2017 年考题）

A. 占用基本农田发展林果业的挖塘养鱼，需经有关部门批准

B. 禁止任何单位和个人在基本农田内建窑、挖砂、采石

C. 承包经营基本农田的单位连续两年以上弃耕抛荒的，原发包单位应当终止承包合同，收回发包的基本农田

D. 占用基本农田的单位应当按照县级以上人民政府的要求，将所占用基本农田耕作层的土壤用于新开垦耕地、劣质地或者其他耕地的土壤改良

7. 根据《基本农田保护条例》，关于与建设项目有关的基本农田保护措施的说法，错误的是（　　）。（2018 年考题）

A. 禁止任何单位或个人在基本农田内堆放固体废弃物

B. 承包经营基本农田的单位或者个人连续两年弃耕抛荒的，原发包单位应当终止承包合同

C. 经国务院批准占用基本农田的，当地人民政府应当按照国务院的批准文件修改土地利用总体规划，并补充划入数量和质量相当的基本农田

D. 占用基本农田的单位应当按照县级以上地方人民政府的要求，将所占用基本农田耕作层的土壤用于新开垦耕地、劣质地或者其他耕地的土壤改良

二、不定项选择题

1. 依据《基本农田保护条例》，在基本农田保护区内禁止的活动有（　　）。（2010 年考题）

A. 挖砂　　B. 农业教学

C. 修建房屋　　D. 取土制砖

2. 根据《基本农田保护条例》，禁止任何单位和个人（　　）。（2012 年考题）

A. 堆放固体废弃物

B．闲置、荒芜基本农田

C．占用基本农田发展林果业和挖塘养鱼

D．在基本农田保护区挖砂、采石、采矿

3．根据《基本农田保护条例》，禁止任何单位和个人在基本农田保护区进行（ ）活动。（2014 年考题）

A．挖塘养鱼　　B．修路取土

C．倾倒建筑垃圾　　D．种子改良试验

4．根据《基本农田保护条例》，基本农田保护区内禁止（ ）。（2015 年考题）

A．取土　　B．发展林果业

C．堆放固体废弃物　　D．建设国家重点项目

5．根据《基本农田保护条例》，禁止任何单位和个人在基本农田保护区内（ ）。（2016 年考题）

A．取土　　B．发展林果业

C．堆放固体废弃物　　D．建设国家重点项目

参考答案

一、单项选择题

1．A　2．D

3．A　【解析】选项 B 的正确说法是："国家军事设施选址无法避开基本农田，需要占用基本农田的，必须经国务院批准"；选项 C 的正确说法是："占用基本农田的单位应当按照县级以上地方人民政府的要求，将所占用基本农田耕作层的土地用于新开垦耕地的土壤改良"；选项 D 的正确说法是："经国务院批准占用基本农田的，当地人民政府应当按照国务院的批准文件修改土地利用总体规划，并补充划入数量和质量相当的基本农田"。

4．C

5．B　【解析】第二条：本条例所称基本农田，是指按照一定时期人口和社会经济发展对农产品的需求，依据土地利用总体规划确定的不得占用的耕地。

6．D　【解析】选项 A 的正确说法是：禁止任何单位和个人占用基本农田发展林果业和挖塘养鱼。选项 B 的正确说法是：禁止任何单位和个人在基本农田保护区内建窑、建房、建坟、挖砂、采石、采矿、取土、堆放固体废弃物或者进行其他破坏基本农田的活动。基本农田保护区和基本农田是有区别的。选项 C 的正确说法是：

承包经营基本农田的单位或者个人连续两年弃耕抛荒的，原发包单位应当终止承包合同，收回发包的基本农田。

7．A 【解析】《基本农田保护条例》第十七条：禁止任何单位和个人在基本农田保护区内建窑、建房、建坟、挖砂、采石、采矿、取土、堆放固体废弃物或者进行其他破坏基本农田的活动。第十八条：承包经营基本农田的单位或者个人连续两年弃耕抛荒的，原发包单位应当终止承包合同，收回发包的基本农田。第十六条：经国务院批准占用基本农田的，当地人民政府应当按照国务院的批准文件修改土地利用总体规划，并补充划入数量和质量相当的基本农田。占用基本农田的单位应当按照县级以上地方人民政府的要求，将所占用基本农田耕作层的土壤用于新开垦耕地、劣质地或者其他耕地的土壤改良。

二、不定项选择题

1．ACD

2．ABCD 【解析】高频考点。禁止任何单位和个人在基本农田保护区内建窑、建房、建坟、挖砂、采石、采矿、取土、堆放固体废弃物或者进行其他破坏基本农田的活动。禁止任何单位和个人占用基本农田发展林果业和挖塘养鱼。

3．ABC 4．ABC 5．ABC

（二十二）《土地复垦条例》

一、单项选择题

1．根据《土地复垦条例》，关于生产建设活动损毁土地复垦的原则，下列说法中，错误的是（　　）。（2012 年考题）

A．历史遗留损毁土地由县级以上人民政府负责组织复垦

B．自然灾害损毁的土地由县级以上人民政府负责组织复垦

C．生产建设活动损毁的土地应由土地复垦义务人负责复垦

D．生产建设活动损毁的土地应由县级以上人民政府国土资源主管部门负责复垦

2．根据《土地复垦条例》，由土地复垦义务人负责复垦的损毁土地不包括（　　）。（2014 年考题）

A．挖沙取土损毁的土地

B．洪涝灾害损毁的土地

C．堆放采矿废石压占的土地

D．核电设施建设临时占用损毁的土地

3．一水库未按防洪标准建设，洪水时溃坝，造成土地损毁。根据《土地复垦条例》，损毁土地应由（　　）负责组织复垦。（2015 年考题）

A．水库施工单位　　B．水库建设单位

C．水库设计单位　　D．当地县级以上人民政府

4．某矿开采造成了地表塌陷，矿方拟采用含有重金属污染物的尾矿渣对塌陷土地进行复垦。根据《土地复垦条例》，下列关于该复垦方案的说法中，正确的是（　　）。（2015 年考题）

A．该方案违反《土地复垦条例》的有关规定，方案不可行

B．在复垦土地不用于种植食用农作物的前提下，方案可行

C．在原方案的基础上采用剥离的表土进行覆盖后，方案可行

D．在耕作层土壤质量达到土壤环境质量标准的前提下，方案可行

5．根据《土地复垦条例》生产建设活动损毁土地复垦的原则，下列说法中，错误的是（　　）。（2016 年考题）

A．复垦的土地应当优先用于农业

B．土地复垦应当坚持科学规划、因地制宜、综合治理、经济可行、合理利用的原则

C．由于历史原因无法确定土地复垦义务人的生产建设活动损毁的土地，由当地人民政府负责组织复垦

D．生产建设活动损毁的土地复垦，应按照“谁损毁、谁复垦”的原则，由生产建设单位或者个人负责复垦

6．根据《土地复垦条例》，下列说法中，错误的是（　　）。（2016年考题）

A．土地复垦义务人应当建立土地复垦质量控制制度

B．土地复垦义务人应当遵守土地复垦标准和环境保护标准

C．受重金属污染物污染的土地复垦后，不得用于种植食用农作物

D．土地复垦义务人应当剥离拟损毁耕地、林地、牧草地的表土用于被损毁土地的复垦

7．根据《土地复垦条例》有关复垦义务人应当保护土地质量与生态环境、避免污染土壤和地下水的规定，下列说法中，错误的是（　　）。（2017年考题）

A．土地复垦义务人应当建立土地复垦质量控制制度

B．禁止将重金属污染物或者其他有毒有害物质用作回填或者充填材料

C．受重金属污染物或者其他有毒有害物质污染的土地复垦后，不得用于种植食用农作物

D．土地复垦义务人应当首先对拟损毁的耕地、林地、牧草地进行表土剥离，剥离的表土用于被损毁土地的复垦

二、不定项选择题

1．根据《土地复垦条例》，（　　）由土地复垦义务人负责复垦。（2012年考题）

A．地下采矿等造成地质塌陷的土地

B．露天烧制砖瓦挖掘地表所损毁的土地

C．堆放采矿剥离物、废石、矿渣等固体废弃物压占的土地

D．能源、交通、水利设施建设活动临时占用所损毁的土地

2．根据《土地复垦条例》，土地复垦义务人应当（　　）。（2012年考题）

A．建立土地复垦质量控制制度

B．遵守土地复垦标准和环境保护标准

C．建立土地复垦效果验收、跟踪评价制度

D．保护土壤质量和生态环境，避免污染土壤和地下水

3．根据《土地复垦条例》，土地复垦义务人应当首先对拟损毁的（　　）进行表土剥离，剥离的表土用于被损毁土地的复垦。（2012年考题）

A．耕地　　　　B．林地

C．牧草地　　　　　　　　　　　　　　　D．农田水利用地

4．根据《土地复垦条例》，下列损毁土地中，应当由县级以上人民政府负责组织复垦的是（　　）。（2013 年考题）

A．历史遗留损毁土地　　　　　　　　　　B．自然灾害损毁的土地

C．露天采矿生产中所损毁的土地　　　　　D．公路建设临时占用所损毁的土地

5．根据《土地复垦条例》，受重金属污染物或者其他有毒有害物质污染的土地复垦后，达不到国家有关标准的，不得用于种植（　　）。（2014 年考题）

A．粮食　　　　　　　　　　　　　　　　B．棉花

C．蔬菜　　　　　　　　　　　　　　　　D．花卉

6．根据《土地复垦条例》，下列关于土地复垦的说法中，正确的有（　　）。（2015 年考题）

A．复垦的土地应当优先用于农业

B．历史遗留损毁的土地，由县级以上人民政府组织复垦

C．自然灾害损毁的土地不属于《土地复垦条例》规定的复垦范围

D．受重金属污染的土地复垦后，达不到国家有关标准的，不得用于种植食用农作物

7．根据《土地复垦条例》，下列损毁土地中，属于由土地复垦义务人负责复垦的有（　　）。（2018 年考题）

A. 历史遗留损毁土地　　　　　　　　　　B. 地下采矿造成地表塌陷的土地

C. 露天采矿地表挖掘所损毁的土地　　　　D. 道路施工临时占用所损毁的土地

参考答案

一、单项选择题

1．D　【解析】“谁损毁，谁复垦”的原则。

2．B　【解析】历史遗留损毁土地和自然灾害损毁的土地由县级以上人民政府负责组织复垦。其他损毁土地遵循“谁损毁，谁复垦”的原则。

3．B　【解析】生产建设活动损毁的土地，按照“谁损毁，谁复垦”的原则，由生产建设单位或者个人（土地复垦义务人）负责复垦。

4．A　【解析】禁止将重金属污染物或者其他有毒有害物质用作回填或者充填材料。

5．C

6．C　【解析】受重金属污染物或者其他有毒有害物质污染的土地复垦后，达

不到国家有关标准的，不得用于种植食用农作物。

7. C 【解析】选项C的正确说法是：受重金属污染物或者其他有毒有害物质污染的土地复垦后，达不到国家有关标准的，不得用于种植食用农作物。

二、不定项选择题

1. ABCD

2. ABD 【解析】选项 C 属监管的内容。土地复垦义务人应当建立土地复垦质量控制制度，遵守土地复垦标准和环境保护标准，保护土壤质量与生态环境，避免污染土壤和地下水。

3. ABC 4. AB

5. AC 【解析】第十六条：受重金属污染物或者其他有毒有害物质污染的土地复垦后，达不到国家有关标准的，不得用于种植食用农作物。

6. ABD 【解析】第四条：生产建设活动应当节约集约利用土地，不占或者少占耕地；对依法占用的土地应当采取有效措施，减少土地损毁面积，降低土地损毁程度。土地复垦应当坚持科学规划、因地制宜、综合治理、经济可行、合理利用的原则。复垦的土地应当优先用于农业。

7. BCD 【解析】《中华人民共和国土地复垦条例》第三条：生产建设活动损毁的土地，按照“谁损毁，谁复垦”的原则，由生产建设单位或者个人（以下称土地复垦义务人）负责复垦。但是，由于历史原因无法确定土地复垦义务人的生产建设活动损毁的土地（以下称历史遗留损毁土地），由县级以上人民政府负责组织复垦。自然灾害损毁的土地，由县级以上人民政府负责组织复垦。

（二十三）《医疗废物管理条例》

一、单项选择题

1. 依据《医疗废物管理条例》，不符合医疗废物集中贮存、处置设施选址规定的是（　　）。（2011 年考题）

A. 选址远离居民居住区　　B. 选址远离水源保护区

C. 选址位于交通干道附近　　D. 选址与工厂有适当的安全防护距离

2. 根据《医疗废物管理条例》关于医疗废物集中贮存、处置设施选址的规定，下列说法中，错误的是（　　）。（2012 年考题）

A. 应当远离水源保护区

B. 应当远离居（村）民居住区

C. 与交通干道有适当的安全防护距离

D. 与工厂、企业有适当的安全防护距离，并符合国务院环境保护行政主管部门的规定

3. 根据《医疗废物管理条例》，医疗废物集中处置单位的贮存、处置设施，应当远离（　　），并符合国务院环境保护行政主管部门的规定。（2013 年考题）

A. 公路　　B. 一般河流

C. 工厂、企业　　D. 居（村）民居住区

4. 根据《医疗废物管理条例》，关于医疗废物集中贮存、处置设施选址的说法，错误的是（　　）。（2018 年考题）

A. 医疗废物集中处置单位的贮存、处置设施，应当远离交通干道

B. 医疗废物集中处置单位的贮存、处置设施，应当远离大中型河流

C. 医疗废物集中处置单位的贮存、处置设施，应当远离居（村）民居住区

D. 医疗废物集中处置单位的贮存、处置设施，应当与工厂、企业等工作场所有适当的安全防护距离

二、不定项选择题

1. 依据《医疗废物管理条例》，医疗废物集中处置单位的贮存、处置设施，应当远离（　　）。（2006 年、2014 年考题）

A. 医院　　B. 交通干道

C. 水源保护区　　D. 工厂、企业

E．居（村）居民住区

2．依据《医疗废物管理条例》，医疗废物集中处置单位的贮存、处置设施应当（　　），并符合国务院环保行政主管部门的规定。（2010 年考题）

A．远离交通干道

B．远离居住区

C．与工厂有适当的安全防护距离

D．与水源保护区有适当的卫生防护距离

3．根据《医疗废物管理条例》，医疗废物集中处置单位的贮存、处置设施的选址应当远离（　　）。（2016 年考题）

A．交通干道　　　　B．水源保护区

C．居（村）民居住区　　　　D．城市生活垃圾焚烧厂

参考答案

一、单项选择题

1．　2．C　3．D

4．B　【解析】《医疗废物管理条例》第二十四条：医疗废物集中处置单位的贮存、处置设施，应当远离居（村）民居住区、水源保护区和交通干道，与工厂、企业等工作场所有适当的安全防护距离，并符合国务院环境保护行政主管部门的规定。

二、不定项选择题

1．BCE

2．ABC　【解析】选项 D 的正确说法是：“远离水源保护区”。

3．ABC　【解析】第二十四条：医疗废物集中处置单位的贮存、处置设施，应当远离居（村）民居住区、水源保护区和交通干道，与工厂、企业等工作场所有适当的安全防护距离，并符合国务院环境保护行政主管部门的规定。

（二十四）《危险化学品安全管理条例》

一、单项选择题

1．依据《危险化学品安全管理条例》，下列场所、区域中，与危险化学品生产装置之间的距离不受相关规定限制的是（　　）。（2010 年、2011 年考题）

A．渔业水域　　B．运输工具加油站

C．基本农田保护区　　D．种子、种畜、水产苗种生产基地

2．《危险化学品安全管理条例》所称“危险化学品”，是指（　　）。（2014 年考题）

A．储存数量等于或超过临界量的剧毒化学品和其他化学品

B．等同于废气、废水、固体废物等污染物质，并能造成环境污染的剧毒化学品和其他化学品

C．因管理不善或使用不当而进入环境，并对人体和环境造成严重持久性危害的剧毒化学品和其他化学品

D．具有毒害、腐蚀、爆炸、燃烧、自燃等性质，对人体、设施、环境具有危害的剧毒化学品和其他化学品

3．某单位拟建储量为 1 000 m^3 的甲醇储罐（甲醇重大危险源临界量 500 t）一座。根据《危险化学品安全管理条例》，该储罐区与（　　）的距离应当符合国家有关规定。（2015 年考题）

A．客运码头　　B．城市支路

C．城市规划区　　D．危险废物处置中心

4．某单位拟建储量为 1 000 t 的甲醇储罐（甲醇贮存设施构成重大危险源的临界量为 500 t）一座。根据《危险化学品安全管理条例》，该储罐与（　　）的距离应当符合国家有关规定。（2016 年考题）

A．城市通道　　B．基本草原

C．城市规划区　　D．危险废物处置中心

5．根据《危险化学品安全管理条例》，（　　）与饮用水水源、水厂及水源保护区的距离应当符合国家有关规定。（2017 年考题）

A．运输工具加油站　　B．运输工具加气站

C．危险化学品储存设施　　D．危险化学品生产装置

6. 根据《危险化学品安全管理条例》，关于国家对危险化学品的生产、储存实行统筹规划，合理布局的说法，错误的是（　　）。（2018 年考题）

A. 危险化学品目录可根据化学品危险特性的分类标准适时调整

B. 城乡规划中应规划适当区域专门用于危险化学品的生产、储存

C. 危险化学品生产、储存的行业布局由国务院环境保护主管部门负责

D. 危险化学品生产、储存的行业规划由国务院工业和信息化主管部门以及国务院其他有关部依据各自职责负责

二、不定项选择题

1. 根据《危险化学品安全管理条例》，下列说法正确的是（　　）。（2012 年考题）

A. 国家对危险化学品生产、储存实行统筹规划、合理布局

B. 设区的市级人民政府应规划适当区域专门用于危险化学品的生产、储存

C. 储存数量构成重大危险源的危险化学品储存设施的选址，应当避开地震活动断层

D. 重大危险源，是指生产、储存、使用或搬运危险化学品，且危险化学品的数量等于或者超过临界量的单元（包括场所和设施）

2. 根据《危险化学品安全管理条例》，危险化学品生产装置与（　　）的距离应符合国家有关规定。（2014 年考题）

A. 河流、湖泊

B. 基本农田保护区

C. 城市污水处理厂、垃圾填埋场

D. 饮用水源、水厂以及水源保护区

3. 根据《危险化学品安全管理条例》，储存数量构成重大危险源的危险化学品储存设施的选址，应当避开（　　）的区域。（2015 年考题）

A. 容易发生洪灾　　　　B. 容易产生滑坡

C. 地震活动断层　　　　D. 容易产生水土流失

4. 根据《危险化学品安全管理条例》，储存数量构成重大危险源的危险化学品储存设施的选址，应当避开（　　）。（2016 年考题）

A. 地震活动断层　　　　B. 容易产生滑坡的区域

C. 容易发生洪灾的区域　　　　D. 容易产生水土流失的区域

5. 《危险化学品安全管理条例》所称危险化学品，是指具有（　　）等性质，对人体、设施、环境具有危害的剧毒化学品和其他化学品。（2017 年考题）

A. 毒害　　　　B. 腐蚀

C. 爆炸　　　　D. 燃烧、助燃

6. 根据《危险化学品安全管理条例》，国家对危险化学品的（　　）实行统筹规划、合理布局。（2017 年考题）

A. 生产　　B. 储存　　C. 销售　　D. 使用

7. 根据《危险化学品安全管理条例》，储存数量构成重大危险源的危险化学品储存设施与（　　）的距离应当符合国家有关规定。（2018 年考题）

A. 影剧院　　B. 商业中心

C. 铁路线路　　D. 水产苗种生产基地

参考答案

一、单项选择题

1. B

2. D 【解析】《危险化学品安全管理条例》所称危险化学品，包括爆炸品、压缩气体和液化气体、易燃液体、易燃固体、自燃物品和遇湿易燃物品、氧化剂和有机过氧化物、有毒品和腐蚀品等。

3. A

4. B 【解析】从题干可知，甲醇储罐不构成重大危险源，但属于危险化学品生产装置，与相关场所、设施、区域的距离也应符合国家有关规定满足距离的要求。

5. C

6. C 【解析】《危险化学品安全管理条例》第三条：危险化学品目录，由国务院安全生产监督管理部门会同国务院工业和信息化、公安、环境保护、卫生、质量监督检验检疫、交通运输、铁路、民用航空、农业主管部门，根据化学品危险特性的鉴别和分类标准确定、公布，并适时调整。第十一条：国家对危险化学品的生产、储存实行统筹规划、合理布局。国务院工业和信息化主管部门以及国务院其他有关部门依据各自职责，负责危险化学品生产、储存的行业规划和布局。地方人民政府组织编制城乡规划，应当根据本地区的实际情况，按照确保安全的原则，规划适当区域专门用于危险化学品的生产、储存。

二、不定项选择题

1. ABCD　2. ABD

3. ABC 【解析】储存数量构成重大危险源的危险化学品储存设施的选址，应当避开地震活动断层和容易发生洪灾、地质灾害的区域。据《地质灾害防治条例》，地质灾害，包括自然因素或者人为活动引发的危害人民生命和财产安全的山体崩塌、滑坡、泥石流、地面塌陷、地裂缝、地面沉降等与地质作用有关的灾害。容易产生水土流失的区域不属于地质灾害的区域。

4．ABC

5．ABCD 【解析】高频考点。第三条：本条例所称危险化学品，是指具有毒害、腐蚀、爆炸、燃烧、助燃等性质，对人体、设施、环境具有危害的剧毒化学品和其他化学品。

6．AB 【解析】销售和使用很难做到统筹规划。第七条：国家对危险化学品的生产和储存实行统一规划、合理布局和严格控制，并对危险化学品生产、储存实行审批制度；未经审批，任何单位和个人都不得生产、储存危险化学品。

7．ABCD 【解析】《危险化学品安全管理条例》第十九条：危险化学品生产装置或者储存数量构成重大危险源的危险化学品储存设施（运输工具加油站、加气站除外），与下列场所、设施、区域的距离应当符合国家有关规定：（1）居住区以及商业中心、公园等人员密集场所；（2）学校、医院、影剧院、体育场（馆）等公共设施；（3）饮用水水源、水厂以及水源保护区；（4）车站、码头（依法经许可从事危险化学品装卸作业的除外）、机场以及通信干线、通信枢纽、铁路线路、道路交通干线、水路交通干线、地铁风亭以及地铁站出入口；（5）基本农田保护区、基本草原、畜禽遗传资源保护区、畜禽规模化养殖场（养殖小区）、渔业水域以及种子、种畜禽、水产苗种生产基地；（6）河流、湖泊、风景名胜区、自然保护区；（7）军事禁区、军事管理区；（8）法律、行政法规规定的其他场所、设施、区域。

（二十五）《防治海岸工程建设项目污染损害海洋环境管理条例》

一、单项选择题

1．依据《防治海岸工程建设项目污染损害海洋环境管理条例》关于建设各类海岸工程建设项目应当采取环保措施的规定，下列说法错误的是（　　）。（2011年考题）

A．岸边造船厂应设置含油废水接收处理设施

B．岸边油库应设置船舶垃圾接收处理设施

C．岸边修船厂应设置残油、废油接收处理设施

D．岸边油库须设置库场地面冲刷水的收集处理设施和事故应急设施

2．依据《防治海岸工程建设项目污染损害海洋环境管理条例》，海岸工程项目不包括（　　）。（2012 年考题）

A．海上堤坝工程

B．造船厂、修船厂工程

C．滨海物资存储设施工程项目

D．固体废弃物、污水等污染物处理处置排海工程项目

3．根据《防治海岸工程建设项目污染损害海洋环境管理条例》关于禁止兴建的海岸工程建设项目的规定，下列说法正确的是（　　）。（2012 年考题）

A．不得在入海河口处兴建水利设施

B．禁止建设滨海核电站和其他核设施

C．禁止建设滨海垃圾场或者工业废渣填埋场

D．不得兴建可能导致重点保护的野生动植物生存环境污染和破坏的海岸工程建设项目

4．根据《防治海岸工程建设项目污染损害海洋环境管理条例》，下列说法错误的是（　　）。（2013 年考题）

A．建设岸边油库，应设置含油废水接受处理设施

B．建设岸边造船厂、修船厂，应设置工业废水接受处理设施

C．输油管线和储油设施应当符合国家关于防渗漏、防腐蚀的规定

D．采用管道方式向海域排放废水的，出水管口位置应设在低潮线以上

5．根据《防治海岸工程建设项目污染损害海洋环境管理条例》，（　　）不属于海岸工程建设项目。（2014 年考题）

A．码头　　B．滨海风电站

C．海底隧道工程　　D．污水处理处置排海工程

6．根据《防治海岸工程建设项目污染损害海洋环境管理条例》，建设岸边油库项目应采取的环境保护措施不包括（　　）。（2014 年考题）

A．设置含油废水处理系统

B．库场地面冲刷废水的收集、处理设施和事故应急设施

C．设置与其性质规模相适应的残油废油接收处理设施

D．符合国家关于防渗漏、防腐蚀规定的输油管线和储油设施

7．下列工程建设项目中，不属于《防治海岸工程建设项目污染损害海洋环境管理条例》所称的海岸工程建设项目的是（　　）。（2015 年考题）

A．码头　　B．造船厂

C．跨海桥梁　　D．入海河口处的水利设施

8．根据《防治海岸工程建设项目污染损害海洋环境管理条例》，下列关于建设海岸工程项目的要求，错误的是（　　）。（2015 年考题）

A．海岸工程建设项目引进技术和设备，应当有相应的防治污染措施，防止转嫁污染

B．禁止在红树林和珊瑚礁生长的地区，建设毁坏红树林和珊瑚礁生态系统的海岸工程建设项目

C．禁止兴建向中华人民共和国海域及海岸转嫁污染的中外合资经营企业、中外合作经营企业和外资企业

D．在海洋特别保护区、海上自然保护区、重要渔业水域等需要特殊保护的区域内不得建设海岸工程建设项目

9．根据《防治海岸工程建设项目污染损害海洋管理条例》下列工程建设项目中，不属于海岸工程建设项目的有（　　）。（2016 年考题）

A．海上堤坝工程

B．滨海物资存储设施工程项目

C．滨海火电站、核电站、风电站

D．海岸防护工程，砂石场和入海河口处的水利设施

10．根据《防治海岸工程建设项目污染损害海洋环境管理条例》禁止兴建海洋工程建设项目的有关规定，下列说法中，错误的是（　　）。（2016 年考题）

A．禁止在红树林和珊瑚礁生长的地区，建设海岸工程建设项目

B．在滨海风景游览区内不得建设污染环境、破坏景观的海岸工程建设项目

C．在海上自然保护区界区外建设海岸工程项目的，不得损害海上自然保护区

区域环境质量

D. 海岸工程建设项目引进技术和设备，必须有相应的防治污染措施，防止转嫁污染

11. 根据《防治海岸工程建设项目污染损害海洋环境管理条例》，海岸工程建设项目的法律定义及范围，（　　）不属于海岸工程建设项目。（2017 年考题）

A. 港口、码头　　B. 人工鱼礁工程

C. 造船厂、修船厂　　D. 滨海石油勘探开发工程项目

12. 根据《防治海岸工程建设项目污染损害海洋环境管理条例》，关于禁止兴建的海岸工程建设项目的有关规定，下列说法错误的是（　　）。（2017 年考题）

A. 严格限制兴建向中华人民共和国海域及海岸转嫁污染的中外合资经营企业

B. 海岸工程建设项目引进技术和设备，应当有相应的防治污染措施，防止转嫁污染

C. 在需要特殊保护的区域外建设海岸工程建设项目的，不得损害特殊保护区域的环境质量

D. 禁止在红树林和珊瑚礁生长的地区，建设毁坏红树林和珊瑚礁生态系统的海岸工程建设项目

13. 根据《防治海岸工程建设项目污染损害海洋环境管理条例》，下列建设项目中，不属于海岸工程建设项目的是（　　）。（2018 年考题）

A. 滨海火电站　　B. 人工鱼礁工程

C. 滨海大型养殖场　　D. 污水处理处置排海工程项目

二、不定项选择题

1. 依据《防治海岸工程建设项目污染损害海洋环境管理条例》，以下各类海岸工程项目应采取的环保措施中符合规定的有（　　）。（2007 年、2010 年考题）

A. 岸边油库，设置含油废水接收处理设施

B. 滨海垃圾场，建造防护堤坝和场底封闭层

C. 化学危险品码头，配备海上重大污染损害事故应急设备和器材

D. 岸边修船厂，设置与其性质规模相适应的残油、废油接收处理设施

2. 依据《防治海岸工程建设项目污染损害海洋环境管理条例》，下列建设项目属于海岸工程的有（　　）。（2010 年考题）

A. 码头　　B. 跨海桥梁

C. 滨海大型养殖场　　D. 污水处置排海工程

3. 依据《防治海岸工程建设项目污染损害海洋环境管理条例》关于禁止兴建海岸工程建设项目的有关规定，下列说法正确的是（　　）。（2011 年考题）

A．严格限制兴建向我国海岸转嫁污染的外资企业

B．海水浴场区域内不得建设污染环境的海岸上程建设项目

C．兴建海岸工程建设项目，应当防止导致海岸非正常侵蚀

D．在海洋特别保护区不得建设污染环境、破坏景观的海岸工程建设项目

4．根据《防治海岸工程建设项目污染损害海洋环境管理条例》，在（　　）不得建设污染环境、破坏景观的海岸工程建设项目。（2012 年考题）

A．海水浴场　　B．盐场保护区

C．海上自然保护区　　D．海滨风景游览区

5．根据《防治海岸工程建设项目污染损害海洋环境管理条例》，属于海岸工程的建设项目有（　　）。（2013 年考题）

A．码头工程　　B．滨海大型养殖场

C．大型海水养殖场　　D．海上娱乐及运动、景观开发工程

6．《防治海岸工程建设项目污染损害海洋环境管理条例》所指的海岸工程建设项目包括（　　）。（2015 年考题）

A．造船厂　　B．围填海工程

C．航道工程项目　　D．固体废弃物处理处置排海工程项目

7. 根据《中华人民共和国防治海岸工程建设项目污染损害海洋环境管理条例》，下列环境保护措施中，属于岸边油库应当采取的有（　　）。（2018 年考题）

A. 事故应急设施

B. 含油废水接收处理设施

C. 库场地面冲刷废水的集接、处理设施

D. 输油管线和储油设施采取防渗漏、防腐蚀措施

参考答案

一、单项选择题

1．B　2．A 3．D　4．D　5．C　6．C

7．C　【解析】海岸工程建设项目主要靠海岸一侧。

8．D　【解析】在海洋特别保护区、海上自然保护区、海滨风景游览区、盐场保护区、海水浴场、重要渔业水域和其他需要特殊保护的区域内不得建设污染环境、破坏景观的海岸工程建设项目。

9．A

10．A　【解析】第二十四条：禁止在红树林和珊瑚礁生长的地区，建设毁坏红

树林和珊瑚礁生态系统的海岸工程建设项目。

11．B 【解析】“人工鱼礁工程”属于海洋工程。

12．A 【解析】第九条：禁止兴建向中华人民共和国海域及海岸转嫁污染的中外合资经营企业、中外合作经营企业和外资企业；海岸工程建设项目引进技术和设备，应当有相应的防治污染措施，防止转嫁污染。

13．B 【解析】《中华人民共和国防治海岸工程建设项目污染损害海洋管理条例》第二条：本条例所称海岸工程建设项目，是指位于海岸或者与海岸连接，工程主体位于海岸线向陆一侧，对海洋环境产生影响的新建、改建、扩建工程项目。具体包括：（1）港口、码头、航道、滨海机场工程项目；（2）造船厂、修船厂；（3）滨海火电站、核电站、风电站；（4）滨海物资存储设施工程项目；（5）滨海矿山、化工、轻工、冶金等工业工程项目；（6）固体废弃物、污水等污染物处理处置排海工程项目；（7）滨海大型养殖场；（8）海岸防护工程、砂石场和入海河口处的水利设施；（9）滨海石油勘探开发工程项目；（10）国务院环境保护主管部门会同国家海洋主管部门规定的其他海岸工程项目。

二、不定项选择题

1．ABCD 2．ACD

3．BCD 【解析】第九条：禁止兴建向中华人民共和国海域及海岸转嫁污染的中外合资经营企业、中外合作经营企业和外资企业；海岸工程建设项目引进技术和设备，必须有相应的防治污染措施，防止转嫁污染。

4．ABCD 【解析】第十条：在海洋特别保护区、海上自然保护区、海滨风景游览区、盐场保护区、海水浴场、重要渔业水域和其他需要特殊保护的区域内不得建设污染环境、破坏景观的海岸工程建设项目；在其界区外建设海岸工程建设项目，不得损害上述区域环境质量。法律法规另有规定的除外。

5．AB 6．ACD

7．ABCD 【解析】《中华人民共和国防治海岸工程建设项目污染损害海洋环境管理条例》第十七条：建设岸边油库，应当设置含油废水接收处理设施，库场地面冲刷废水的集接、处理设施和事故应急设施；输油管线和储油设施应当符合国家关于防渗漏、防腐蚀的规定。

（二十六）《防治海洋工程建设项目污染损害海洋环境管理条例》

一、单项选择题

1. 依据《防治海洋工程建设项目污染损害海洋环境管理条例》，禁止进行围填海活动的场所和区域是（　　）。（2010 年考题）

A. 盐场保护区　　B. 鸟类栖息地

C. 经济生物养殖场　　D. 经济生物人工产卵场

2. 依据《防治海洋工程建设项目污染损害海洋环境管理条例》，属于海洋工程建设项目的是（　　）。（2011 年考题）

A. 盐田　　B. 滨海核电站　　C. 滨海风电站　　D. 滨海火电站

3. 依据《防治海洋工程建设项目污染损害海洋环境管理条例》，海洋工程拆除（　　）。（2011 年考题）

A. 必须进行环境影响评价　　B. 应当报海洋主管部门备案

C. 应当编制拆除的环境保护方案　　D. 必须报环境保护行政主管部门批准

4. 根据《防治海洋工程建设项目污染损害海洋环境管理条例》，下列说法错误的是（　　）。（2012 年考题）

A. 海洋工程改变用途后可能产生重大环境影响的，应当进行环境影响评价

B. 海洋工程需要拆除的，应当报原核准该工程环境影响报告书的海洋主管部门批准

C. 海洋工程改作他用的，应当报原批准该工程环境影响报告书的环境保护行政主管部门批准

D. 海洋工程拆除时，施工单位应当编制拆除的环境保护方案，采取必要的措施，防止对海洋环境造成污染和损害

5. 根据《防治海洋工程建设项目污染损害海洋环境管理条例》关于海洋工程污染物排放管理的规定，下列说法中，正确的是（　　）。（2012 年考题）

A. 严格控制向海域排放油类

B. 禁止向海域排放含有重金属废水

C. 禁止向海域排放低水平放射性废水

D. 严格控制向海域排放含有不易降解有机物的废水

6. 根据《防治海洋工程建设项目污染损害海洋环境管理条例》关于海洋工程污染物排放管理的规定，下列说法中，正确的是（　　）。（2013 年考题）

A．油基泥浆可排放入海

B．塑料制品可弃置入海

C．含油污水经稀释后达标后，可排放入海

D．含油垃圾应集中储存在专门容器中，运回陆地处理

7．根据《防治海洋工程建设项目污染损害海洋环境管理条例》，海洋工程需要拆除或者改作他用的，应当报（　　）批准。（2014 年考题）

A．负责日常环境监察的海洋行政主管部门

B．负责日常环境监察的环境保护行政主管部门

C．原核准该工程环境影响报告书的海洋行政主管部门

D．原核准该工程环境影响报告书的环境保护行政主管部门

8．根据《防治海洋工程建设项目污染损害海洋环境管理条例》，下列关于海洋工程环境保护的说法中，正确的是（　　）。（2015 年考题）

A．海洋工程拆除或改变用途的，应当进行环境影响评价

B．海洋工程需要在海上弃置的，应当报原核准该工程的主管部门批准

C．海洋工程需要拆除或改作他用的，应当报原核准该工程的主管部门批准

D．海洋工程拆除时，施工单位应当编制拆除的环境保护方案，采取必要的措施，防止对海洋环境造成污染和损害

9．根据《防治海洋工程建设项目污染损害海洋环境管理条例》，下列废水、废液中，禁止向海域排放的是（　　）。（2015 年考题）

A．酸液、碱液　　　　B．放射性废水

C．含重金属的废水　　　　D．含不易降解的有机物的废水

10．根据《防治海洋工程建设项目污染损害海洋环境管理条例》，下列说法中，正确的是（　　）。（2016 年考题）

A．海洋油气矿产资源勘探作业中，严禁向海域排放钻屑

B．海洋油气矿产资源勘探作业中，含油废水应经处理后排放

C．海洋油气矿产资源勘探作业中，含油垃圾、油基泥浆应集中储存在专门容器中，运回陆地处理

D．海洋油气矿产资源勘探作业中，应当安装污染物流量自动监控仪器，对污水的排放浓度进行监测

11．根据《防治海洋工程建设项目污染损害海洋环境管理条例》，下列工程建设项目中不属于海洋工程的是（　　）。（2017 年考题）

A．人工岛　　　　B．海底管道

C．滨海大型养殖场　　　　D．盐田、海水淡化等海水综合利用工程

12．根据《防治海洋工程建设项目污染损害海洋环境管理条例》，下列说法中，

错误的是（　　）。（2017 年考题）

A. 禁止海洋工程在海上弃置

B. 海上娱乐及运动、景观开发工程属于海洋工程

C. 围填海工程使用的填充材料应当符合有关环境保护标准

D. 海洋工程拆除时，施工单位应当编制拆除的环境保护方案，采取必要措施防止对海洋环境造成污染和损害

13. 根据《防治海洋工程建设项目污染损害海洋环境管理条例》，下列建设项目中，不属于海洋工程建设项目的是（　　）。（2018 年考题）

A. 围填海工程　　B. 大型海水养殖场

C. 海底物资储藏设施　　D. 固体废弃物处理处置排海工程项目

二、不定项选择题

1. 依据《防治海洋工程建设项目污染损害海洋环境管理条例》，关于围填海工程，下列说法中，正确的是（　　）。（2010 年考题）

A. 禁止在滨海风景区附近进行围填海工程

B. 禁止在大型养殖场进行围填海工程

C. 围填海工程使用的填充材料应当符合环保标准

D. 采取相应的防护措施后，可在经济生物的自然繁殖场进行围填海工程

2.《防治海洋工程建设项目污染损害海洋环境管理条例》规定，禁止在（　　）进行围填海活动。

A. 鸟类栖息地　　B. 经济生物的自然繁殖场

C. 经济生物的自然索饵场　　D. 经济生物的自然产卵场

3. 根据《防治海洋工程建设项目污染损害海洋环境管理条例》，禁止在（　　）进行围填海活动。（2016 年考题）

A. 鸟类栖息地　　B. 经济生物繁殖场

C. 经济生物的索饵场　　D. 经济生物的人工产卵场

4. 根据《防治海洋工程建设项目污染损害海洋环境管理条例》，所称海洋工程是指以（　　）海洋资源为目的，并且工程主体位于海岸线向海一侧的新建、改建、扩建工程。（2017 年考题）

A. 开发　　B. 利用　　C. 保护　　D. 防止破坏

5. 根据《防治海洋工程建设项目污染损害海洋环境管理条例》严格控制围填海的规定，禁止在（　　）进行围填海活动。（2017 年考题）

A. 鸟类栖息地　　B. 滨海风景游览区

C. 经济生物的自然繁殖场　　D. 经济生物的自然产卵场

6. 根据《防治海洋工程建设项目污染损害海洋环境管理条例》关于海洋工程污染物管理的规定，（ ）和其他有毒有害残液残渣，不得直接排放，或者弃置入海，应当集中储存在专门的容器中，运回陆地处理。（2017 年考题）

A. 油基泥浆 B. 塑料制品 C. 含油垃圾 D. 残油、废油

7. 根据《防治海洋工程建设项目污染损害海洋环境管理条例》，下列区域中属于禁止进行围填海活动的有（ ）。（2018 年考题）

A. 鸟类栖息地

B. 大型海水养殖场

C. 海洋矿产资源勘探开发区

D. 经济生物的自然产卵场、繁殖场、索饵场

参考答案

一、单项选择题

1. B 2. A 3. C

4. C 【解析】海洋工程的环评报批手续有些特殊。新建、改建、扩建海洋工程的建设单位，应当委托具有相应环境影响评价资质的单位编制环境影响报告书，报有核准权的海洋主管部门核准。海洋工程需要拆除或者改作他用的，应当报原核准该工程环境影响报告书的海洋主管部门批准。拆除或者改变用途后可能产生重大环境影响的，应当进行环境影响评价。

5. D

6. D 【解析】含油污水不得直接或者经稀释排放入海，应当经处理符合国家有关排放标准后再排放；塑料制品、残油、废油、油基泥浆、含油垃圾和其他有毒有害残液残渣，不得直接排放或者弃置入海，应当集中储存在专门容器中，运回陆地处理。

7. C

8. C 【解析】第二十九条：海洋工程需要拆除或者改作他用的，应当报原核准该工程环境影响报告书的海洋主管部门批准。拆除或者改变用途后可能产生重大环境影响的，应当进行环境影响评价。

9. A 【解析】高、中水平放射性废水是禁止的，低水平放射性废水是严格限制的。其他两个选项都是严格控制的。

10. C 【解析】第三十条：塑料制品、残油、废油、油基泥浆、含油垃圾和其他有毒有害残液残渣，不得直接排放或者弃置入海，应当集中储存在专门容器中，

运回陆地处理。

11. C 【解析】滨海大型养殖场属海岸工程。

12. A 【解析】第二十九条：海洋工程需要在海上弃置的，应当拆除可能造成海洋环境污染损害或者影响海洋资源开发利用的部分，并按照有关海洋倾倒废弃物管理的规定进行。

13. D 【解析】《防治海洋工程建设项目污染损害海洋环境管理条例》第三条：本条例所称海洋工程，是指以开发、利用、保护、恢复海洋资源为目的，并且工程主体位于海岸线向海一侧的新建、改建、扩建工程。具体包括：（1）围填海、海上堤坝工程；（2）人工岛、海上和海底物资储藏设施、跨海桥梁、海底隧道工程；（3）海底管道、海底电（光）缆工程；（4）海洋矿产资源勘探开发及其附属工程；（5）海上潮汐电站、波浪电站、温差电站等海洋能源开发利用工程；（6）大型海水养殖场、人工鱼礁工程；（7）盐田、海水淡化等海水综合利用工程；（8）海上娱乐及运动、景观开发工程；（9）国家海洋主管部门会同国务院环境保护主管部门规定的其他海洋工程。

二、不定项选择题

1. C 【解析】禁止进行围填海活动的区域是经济生物的自然产卵场、繁殖场、索饵场、鸟类栖息地。

2. ABCD 【解析】第二十一条：严格控制围填海工程。禁止在经济生物的自然产卵场、繁殖场、索饵场和鸟类栖息地进行围填海活动。围填海工程使用的填充材料应当符合有关环境保护标准。

3. ABC 4. ABC

5. ACD 【解析】第二十一条：严格控制围填海工程。禁止在经济生物的自然产卵场、繁殖场、索饵场和鸟类栖息地进行围填海活动。

6. ABCD 【解析】第三十条：塑料制品、残油、废油、油基泥浆、含油垃圾和其他有毒有害残液残渣，不得直接排放或者弃置入海，应当集中储存在专门容器中，运回陆地处理。

7. AD 【解析】《中华人民共和国防治海洋工程建设项目污染损害海洋环境管理条例》第二十条：严格控制围填海工程。禁止在经济生物的自然产卵场、繁殖场、索饵场和鸟类栖息地进行围填海活动。

六、环境政策

（一）《生态文明体制改革总体方案》

一、单项选择题

1．根据《生态文明体制改革总体方案》，以下有关生态环境损害赔偿制度的有关规定的说法，错误的是（　　）。（2016 年考题）

A．对违反环境保护法律法规的，依法追究刑事责任

B．强化生产者环境保护法律责任，大幅度提高违法成本

C．健全环境损害赔偿方面的法律制度、评估方法和实施机制

D．对造成生态环境损害的，以损害程度等因素依法确定赔偿额度

2．根据《生态文明体制改革总体方案》，不属于环境信息公开制度有关规定的是（　　）。（2017 年考题）

A．健全环境新闻发言人制度

B．建立企业排污环境信息定期通报制度

C．健全建设项目环境影响评价信息公开机制

D．建立环境保护网络举报平台和举报制度，健全举报、听证、舆论监督等制度

3．根据《生态文明体制改革总体方案》，关于环境信息公开制度有关规定的说法，错误的是（　　）。（2018 年考题）

A．健全环境新闻发言人制度

B．建立环境保护网络举报平台和举报制度，健全举报、听证、舆论监督等制度

C．引导人民群众树立环保意识，完善公众参与制度，保障人民群众依法有序行使环境监督权

D．全面推进大气、水和土壤等环境信息公开、排污单位环境信息公开、监管部门环境信息公开，健全建设项目环境影响评价信息公开机制

二、不定项选择题

1．根据《生态文明体制改革总体方案》，建立污染防治区域联动机制的规定包括（　　）。（2017 年考题）

A．建立陆海统筹的污染防治机制和重点海域污染物排海总量控制制度

B．在部分地区开展环境保护管理体制创新试点，统一规划、统一标准、统一环评、统一监测、统一执法

C．完善突发环境事件应急机制，提高与环境风险程度、污染物种类等相匹配的突发环境事件应急处置能力

D．开展按流域设置环境监管和行政执法机构试点，构建各流域内相关省级涉水部门参加，多形式的流域水环境保护协作机制和风险预警防控体系

2．根据《生态文明体制改革总体方案》关于生态环境损害赔偿制度的有关规定，说法正确的是（　　）。（2017 年考题）

A．建立独立公正的生态环境损害评估制度

B．强化生产者环境保护法律责任，大幅度提高违法成本

C．健全环境损害赔偿方面的法律制度、评估方法和实施机制，对违反环保法律法规的，依法严惩重罚

D．对造成生态环境损害的，以损害程度等因素依法确定赔偿额度，造成严重后果的，依法追究刑事责任

3．根据《生态文明体制改革总体方案》推行排污权交易制度的有关规定，下列说法中，正确的有（　　）。（2017 年考题）

A．加强排污权交易平台建设

B．制定排污权核定、使用费收取使用和交易价格等规定

C．在重点流域和大气污染重点区域，合理推进跨行业排污权交易

D．在企业排污总量控制制度基础上，尽快完善初始排污权核定，扩大涵盖的污染物覆盖面

4．根据《生态文明体制改革总体方案》，关于生态环境损害赔偿制度有关规定的说法，正确的有（　　）。（2018 年考题）

A．强化生产者环境保护法律责任，大幅度提高违法成本

B．健全环境损害赔偿方面的法律制度、评估方法和实施机制，对违反环保法律法规的，依法严惩重罚

C．健全环境损害赔偿方面的法律制度、评估方法实施机制，对造成生态环境损害的，追究刑事责任

D．健全环境损害赔偿方面的法律制度、评估方法和实施机制，对造成严重后果的，以损害程度等因素依法确定赔偿额度

参考答案

一、单项选择题

1. A

2. B 【解析】选项B的正确说法是：排污单位环境信息公开。

3. D 【解析】《生态文明体制改革总体方案》规定，健全环境信息公开制度。全面推进大气和水等环境信息公开、排污单位环境信息公开、监管部门环境信息公开，健全建设项目环境影响评价信息公开机制。健全环境新闻发言人制度。引导人民群众树立环保意识，完善公众参与制度，保障人民群众依法有序行使环境监督权。建立环境保护网络举报平台和举报制度，健全举报、听证、舆论监督等制度。

二、不定项选择题

1. ABCD 【解析】在《生态文明体制改革总体方案》中第三十六条：建立污染防治区域联动机制”，总共列了5个要点，这题列了后4点。第1点是：完善京津冀、长三角、珠三角等重点区域大气污染防治联防联控协作机制，其他地方要结合地理特征、污染程度、城市空间分布以及污染物输送规律，建立区域协作机制。

2. BCD 【解析】选项A的正确说法是：严格实行生态环境损害赔偿制度，大标题出现错误。《生态文明体制改革总体方案》中第三十九条：严格实行生态环境损害赔偿制度。强化生产者环境保护法律责任，大幅度提高违法成本。健全环境损害赔偿方面的法律制度、评估方法和实施机制，对违反环保法律法规的，依法严惩重罚；对造成生态环境损害的，以损害程度等因素依法确定赔偿额度；对造成严重后果的，依法追究刑事责任。

3. ABD 【解析】选项C的正确说法是：在重点流域和大气污染重点区域，合理推进跨行政区排污权交易。

4. AB 【解析】《生态文明体制改革总体方案》规定，严格实行生态环境损害赔偿制度。强化生产者环境保护法律责任，大幅度提高违法成本。健全环境损害赔偿方面的法律制度、评估方法和实施机制，对违反环保法律法规的，依法严惩重罚；对造成生态环境损害的，以损害程度等因素依法确定赔偿额度；对造成严重后果的，依法追究刑事责任。

（二）《国务院关于加快推进生态文明建设的意见》

一、单项选择题

1．根据《国务院关于加快推进生态文明建设的意见》，不属于加大自然生态系统和环境保护力度，切实改善生态环境质量有关要求的是（　　）。（2016 年考题）

A．积极应对气候变化

B．全面推进污染防治

C．保护和修复自然生态系统

D．基本确立生态文明重大制度

2．根据《关于加强推进生态文明建设的意见》的总体要求，不属于生态文明建设基本原则的是（　　）。（2017 年考题）

A．坚持把培育生态文明作为主要支撑

B．坚持把深化改革和创新驱动作为基本动力

C．坚持把绿色发展、循环发展、低碳发展作为基本途径

D．坚持把节约优先、保护优先、自然恢复为主作为基本方针

3．根据《关于加快推进生态文明建设的意见》，健全生态文明制度体系的有关要求不包括（　　）。（2017 年考题）

A．完善标准制度　　B．推行市场化机制

C．完善责任追究制度　　D．严格实行生态环境损害赔偿制度

4．根据《关于加快推进生态文明建设的意见》中关于“严守资源环境生态红线”的说法，正确的是（　　）。（2018 年考题）

A．树立底线思维，设定并严守能源消耗上限、环境质量底线、生态保护红线，将各类开发活动限制在资源环境承载能力之内

B．树立底线思维，设定并严守资源消耗上限、环境质量底线、生态保护红线，将各类开发活动限制在资源环境承载能力之内

C．树立底线思维，设定并严守能源消耗上限、环境质量底线、生态保护红线、环境准入负面清单，将各类开发活动限制在资源环境承载能力之内

D．树立底线思维，设定并严守资源消耗上限、环境质量底线、生态保护红线、环境准入负面清单，将各类开发活动限制在资源环境承载能力之内

二、不定项选择题

1. 根据《国务院关于加快推进生态文明建设的意见》，属于健全生态文明制度体系要求的有（ ）。（2016 年考题）

A. 健全生态保护补偿机制

B. 严守资源环境生态红线

C. 国土空间开发格局进一步优化

D. 健全自然资源资产产权制度和用途管制制度

2. 根据《关于加快推进生态文明建设的意见》的总体要求，到 2020 年的主要目标有（ ）。（2017 年考题）

A. 资源利用更加高效　　B. 生态环境质量总体改善

C. 生态文明重大制度基本确立　　D. 国土空间开发格局进一步优化

3. 根据《关于加快推进生态文明建设的意见》，加大自然生态系统和环境保护力度，切实改善生态环境质量的具体要求包括（ ）。（2017 年考题）

A. 完善生态环境监管制度

B. 继续落实大气污染防治行动计划，逐渐消除重污染天气，切实改善大气环境质量

C. 建立国家公园体制，实行分级，统一管理，保护自然生态和自然文化遗产原真性、完整性

D. 制定实施土壤污染防治行动计划，优先保护耕地土壤环境，强化工业污染场地治理，开展土壤污染治理与修复试点

4. 根据《中共中央、国务院关于加快推进生态文明建设的意见》中关于严守资源环境生态红线的说法，正确的有（ ）。（2018 年考题）

A. 继续实施水资源开发利用控制、用水效率控制、水功能区限制纳污三条红线管理

B. 合理设定资源消耗“天花板”，加强能源、水、土地等战略性资源管控，强化能源消耗强度控制，做好能源消费总量管理

C. 探索建立资源环境承载能力监测预警机制，对资源消耗和环境容量接近或超过承载能力的地区，及时采取区域限批等限制性措施

D. 严守环境质量底线，将大气、水、土壤等环境质量维持现状作为地方各级政府环保责任红线，相应确定污染物排放总量限值和环境风险防控措施

参考答案

一、单项选择题

1. D

2. A 【解析】A 选项应为："坚持把培育生态文化作为重要支撑"。

3. D 【解析】D 选项应为"健全生态保护补偿机制"。

4. B 【解析】《关于加快推进生态文明建设的意见》规定，树立底线思维，设定并严守资源消耗上限、环境质量底线、生态保护红线，将各类开发活动限制在资源环境承载能力之内。

二、不定项选择题

1. ABD 【解析】根据《国务院关于加快推进生态文明建设的意见》属于健全生态文明制度体系要求的有：（1）健全法律法规；（2）完善标准体系；（3）健全自然资源资产产权制度和用途管制制度；（4）完善生态环境监管制度；（5）严守资源环境生态红线；（6）完善经济政策；（7）推行市场化机制；（8）健全生态保护补偿机制；（9）健全政绩考核制度；（10）完善责任追究制度。

2. ABCD 【解析】这题考察的主要目标的四个大标题。

3. BCD 【解析】A 选项属于第六大点"健全生态文明制度体系"的内容。其他三个选项则是第五大点"加大自然生态系统和环境保护力度，切实改善生态环境质量"的内容。

4. ABC 【解析】《中共中央、国务院关于加快推进生态文明建设的意见》规定，继续实施水资源开发利用控制、用水效率控制、水功能区限制纳污三条红线管理。合理设定资源消耗"天花板"，加强能源、水、土地等战略性资源管控，强化能源消耗强度控制，做好能源消费总量管理。探索建立资源环境承载能力监测预警机制，对资源消耗和环境容量接近或超过承载能力的地区，及时采取区域限批等限制性措施。严守环境质量底线，将大气、水、土壤等环境质量"只能更好、不能变坏"作为地方各级政府环保责任红线，相应确定污染物排放总量限值和环境风险防控措施。

（三）《全国生态环境保护纲要》

一、单项选择题

1．依据《全国生态环境保护纲要》，在重点资源开发的生态环境保护的要求中，未列为禁止行为的是（　　）。（2010 年、2011 年考题）

A．在沿海地区采矿　　B．在森林公园内采矿

C．在泥石流易发区采石　　D．向水体倾倒建筑废料

2．依据《全国生态环境保护纲要》，对生态功能保护区应采取的保护措施是（　　）。（2011 年考题）

A．限制一切导致生态功能继续退化的开发活动

B．停止一切产生严重环境污染的工程项目建设

C．控制人口增长，区内人口已超出承载能力的应全部采取移民措施

D．禁止粗放生产经营方式，走生态经济型发展道路，尽快遏制生态环境恶化趋势

3．根据《全国生态环境保护纲要》，重要生态功能区不包括（　　）。（2012 年考题）

A．江河源头区　　B．风景名胜区

C．重要水源涵养区　　D．江河洪水调蓄区

4．根据《全国生态环境保护纲要》，关于各类资源开发利用的生态环境保护要求，下列说法中，错误的是（　　）。（2012 年考题）

A．合理控制地下水开采，做到采补平衡

B．加强对耕地的管理，确实需要复耕的，应严格依法报批

C．实施天然林保护工程，最大限度地保护和发挥好森林的生态效益

D．生物物种资源的开发应在保护物种多样性和确保生物安全的前提下进行

5．根据《全国生态环境保护纲要》，关于生态功能保护区保护措施，下列说法中，错误的是（　　）。（2013 年考题）

A．应严格控制生态功能保护区内人口增长

B．不得新建与生态功能保护无关的建设项目

C．必须停止一切导致生态功能继续退化的开发活动和其他人为破坏活动

D．对已经破坏的重要生态系统要结合生态环境建设措施，认真组织重建与恢复，尽快遏制生态环境恶化趋势

6. 根据《全国生态环境保护纲要》，下列关于生态功能保护区的类型和级别的说法中，错误的是（　　）。（2015 年考题）

A. 生态功能保护区分为两级，分别为国家级、省级和地（市）级

B. 生态功能保护区分为三级，分别为国家级、省级和地（市）级、县级

C. 跨省域和重点流域、重点区域的重要生态功能区，建立国家级生态功能保护区

D. 江河洪水调蓄区的现有植被和自然生态系统应严加保护，通过建立生态功能保护区，实施保护措施，防止生态环境的破坏和生态功能的退化

7. 根据《全国生态环境保护纲要》，下列关于矿产资源开发利用的说法中，错误的是（　　）。（2015 年考题）

A. 严禁在泥石流易发区采石、采矿、取土

B. 矿产资源开发必须防止次生地质灾害的发生

C. 经批准，可在生态功能保护区、自然保护区、森林公园内采矿

D. 在沿江、沿河、沿湖、沿库、沿海地区开采矿产资源，必须落实生态环境保护措施

8. 根据《全国生态环境保护纲要》，需要建立生态功能保护区的重要生态功能区不包括（　　）。（2017 年考题）

A. 江河源头区　　B. 重要渔业水域

C. 重要水源涵养区　　D. 国家重点风景名胜区

9. 根据《全国生态环境保护纲要》，不需要建立国家级生态功能保护区的是（　　）。（2017 年考题）

A. 跨省域的重要生态功能区　　B. 跨地（市）的重要生态功能区

C. 跨重点区域的重要生态功能区　　D. 跨重点流域的重要生态功能区

10. 根据《全国生态环境保护纲要》生态功能保护区保护措施的有关规定，下列说法中，错误的是（　　）。（2017 年考题）

A. 停止一切产生严重环境污染的工程项目建设

B. 改变粗放生产经营方式，走生态经济型发展道路

C. 严格控制导致生态功能继续退化的开发活动和其他人为破坏活动

D. 对已经破坏的重要生态系统，要结合生态环境建设措施，认真组织重建与恢复，尽快遏制生态环境恶化趋势

11. 根据《全国生态环境保护纲要》，各类资源开发利用的生态环境保护要求不包括（　　）。（2017 年考题）

A. 矿产资源开发利用的生态环境保护

B. 旅游资源开发利用的生态环境保护

C．海洋和渔业资源开发利用的生态环境保护

D．遏制生态环境破坏、减轻自然灾害的危害

12．根据《全国生态环境保护纲要》中关于各类资源开发利用生态保护要求的说法，错误的是（ ）。（2018 年考题）

A．对具有重要生态功能的林区、草原，应划为禁垦区、禁伐区或禁牧区，严格管护

B．大力发展风能、太阳能、生物质能等可再生能源技术，减少对林草植被的破坏

C．要切实保护好各类水源涵养林、水土保护林、防风固沙林、特种用途林等生态公益林

D．对毁林、毁草开垦的耕地和造成的废弃地，要按照“谁批准谁恢复，谁破坏谁负责”的原则，限期退耕还林还草

二、不定项选择题

1．依据《全国生态环境保护纲要》，下列区域中不属于重要生态功能区的有（ ）。（2010 年考题）

A．防风固沙区　　B．资源型缺水地区

C．江河洪水调蓄区　　D．水土保持重点监督区

2．依据《全国生态环境保护纲要》，下列关于“重点资源开发的生态环境保护”说法中，正确的是（ ）。（2011 年考题）

A．严禁在生态功能保护区、自然保护区、风景名胜区内采矿

B．海洋和渔业资源开发利用必须按功能区划进行，做到统一规划，合理开发利用

C．建立缺水地区高耗水项目管制制度，限制新上高耗水项目，确保流域生态用水

D．对具有重要生态功能的林区、草原，应划为禁垦区、禁伐区或禁牧区，严格管护

3．根据《全国生态环境保护纲要》，应建立生态功能保护区的区域有（ ）。（2013 年考题）

A．防风固沙区　　B．自然保护区

C．重要水源涵养区　　D．国家风景名胜区

4．根据《全国生态环境保护纲要》，跨（ ）的重要生态功能区，建立国家级生态功能保护区。（2013 年考题）

A．地（市）　　B．省域

C．重点流域　　　　　　　　　　　D．重点区域

5．根据《全国生态环境保护纲要》，生态功能保护区的保护措施包括（　　）。（2014 年考题）

A．停止生态功能保护区一切产生严重环境污染的工程项目建设

B．加强生态监测与评估能力建设，构建重点生态功能保护区生态安全预警体系

C．停止生态功能保护区一切导致生态功能继续退化的开发活动和其他人为破坏活动

D．严格控制人口增长，生态功能保护区内人口已超出承载能力的应采取必要的移民措施

6．根据《全国生态环境保护纲要》，建立国家级生态功能保护区的有（　　）。（2016 年考题）

A．跨省域的重要生态功能保护区

B．跨地市的生态功能保护区

C．跨重点区域的重要生态功能保护区

D．跨重点流域的重要生态功能保护区

7．根据《全国生态环境保护纲要》，对生态功能保护区采取的保护措施包括（　　）。（2016 年考题）

A．停止一切产生严重环境污染的工程项目建设

B．停止一切导致生态功能继续退化的开发活动和其他人为破坏活动

C．严禁在生态功能保护区、自然保护区、风景名胜区和森林公园内采矿

D．严格控制人口增长，区内人口已超出承载能力的应采取必要的移民措施

8．根据《全国生态环境保护纲要》中关于生态功能保护区保护措施的说法，正确的有（　　）。（2018 年考题）

A．停止一切产生严重环境污染的工程项目建设

B．改变粗放生产经营方式，走生态经济型发展道路

C．严格控制导致生态功能继续退化的开发活动和其他人为破坏活动

D．严格控制人口增长，区内人口已超出承载能力的应采取必要的移民措施

参考答案

一、单项选择题

1．A　【解析】严禁在生态功能保护区、自然保护区、风景名胜区、森林公园内采矿。严禁在崩塌滑坡危险区、泥石流易发区和易导致自然景观破坏的区域采石、

采砂、取土。

2．B 【解析】对生态功能保护区采取以下保护措施：停止一切导致生态功能继续退化的开发活动和其他人为破坏活动；停止一切产生严重环境污染的工程项目建设；严格控制人口增长，区内人口已超出承载能力的应采取必要的移民措施；改变粗放生产经营方式，走生态经济型发展道路，对已经破坏的重要生态系统，要结合生态环境建设措施，认真组织重建与恢复，尽快遏制生态环境恶化趋势。

3．B

4．B 【解析】选项B的正确说法是：建设项目确需占用生态用地的，应严格依法报批和补偿，并实行"占一补一"的制度，确保恢复面积不少于占用面积。

5．B 6．B

7．C 【解析】严禁在生态功能保护区、自然保护区、风景名胜区、森林公园内采矿。严禁在崩塌滑坡危险区、泥石流易发区和易导致自然景观破坏的区域采石、采砂、取土。矿产资源开发利用必须严格规划管理，开发应选取有利于生态环境保护的工期、区域和方式，把开发活动对生态环境的破坏减少到最低限度。矿产资源开发必须防止次生地质灾害的发生。在沿江、沿河、沿湖、沿库、沿海地区开采矿产资源，必须落实生态环境保护措施，尽量避免和减少对生态环境的破坏。已造成破坏的，开发者必须限期恢复。已停止采矿或关闭的矿山、坑口，必须及时做好土地复垦。

8．D 【解析】江河源头区、重要水源涵养区、水土保持的重点预防保护区和重点监督区、江河洪水调蓄区、防风固沙区和重要渔业水域等重要生态功能区，在保持流域、区域生态平衡，减轻自然灾害，确保国家和地区生态环境安全方面具有重要作用。

9．B

10．C 【解析】选项C的正确说法是：停止一切导致生态功能继续退化的开发活动和其他人为破坏活动。

11．D

12．D 【解析】对具有重要生态功能的林区、草原，应划为禁垦区、禁伐区或禁牧区，严格管护；大力发展风能、太阳能、生物质能等可再生能源技术，减少樵采对林草植被的破坏；要切实保护好各类水源涵养林、水土保持林、防风固沙林、特种用途林等生态公益林；对毁林、毁草开垦的耕地和造成的废弃地，要按照"谁批准谁负责，谁破坏谁恢复"的原则，限期退耕还林还草。

二、不定项选择题

1．B 【解析】注意：此题问的是"不属于"。重要生态功能区包括：江河源头区、重要水源涵养区、水土保持的重点预防保护区和重点监督区、江河洪水调蓄区、防风固沙区和重要渔业水域等。

2. ABD 3. AC 4. BCD 5. ACD

6. ACD 【解析】生态功能保护区分为两级。跨省域和重点流域、重点区域的重要生态功能区，建立国家级生态功能保护区；跨地（市）和县（市）的重要生态功能区，建立省级和地（市）级生态功能保护区。

7. ABCD

8. ABD 【解析】《全国生态环境保护纲要》规定，对生态功能保护区采取以下保护措施：(1) 停止一切导致生态功能继续退化的开发活动和其他人为破坏活动；（2）停止一切产生严重环境污染的工程项目建设；（3）严格控制人口增长，区内人口已超出承载能力的应采取必要的移民措施；（4）改变粗放生产经营方式，走生态经济型发展道路。对已经破坏的重要生态系统，要结合生态环境建设措施，认真组织重建与修复，尽快遏制生态环境恶化趋势。

（四）《国家重点生态功能保护区规划纲要》

一、单项选择题

1. 《国家重点生态功能保护区规划纲要》的规划目标是（　　）。（2010 年考题）

A. 到 2015 年，生态脆弱区新增治理面积达到 30%以上

B. 到 2020 年，生态脆弱区新增治理面积达到 40%以上

C. 到 2015 年，生态脆弱区 30%以上土地得到不同程度的治理

D. 到 2020 年，生态脆弱区 40%以上土地得到不同程度的治理

2. 依据《国家重点生态功能保护区规划纲要》，“合理引导产业发展”的主要任务不包括（　　）。（2011 年考题）

A. 推广清洁能源

B. 发展资源环境可承载的特色产业

C. 限制损害区域生态功能的产业扩张

D. 禁止在重要防风固沙区发展沙产业

3. 根据《国家重点生态功能保护区规划纲要》，强化生态环境监管的主要任务不包括（　　）。（2012 年考题）

A. 强化监督管理能力　　B. 提高监测预警能力

C. 增强宣传教育能力　　D. 增强生物多样性维护能力

4. 根据《国家重点生态功能保护区规划纲要》，重点生态功能保护区规划的基本原则不包括（　　）。（2013 年考题）

A. 统筹规划、分步实施　　B. 高度重视、精心组织

C. 协调发展、互惠互赢　　D. 避免重复、互为补充

5. 根据《国家重点生态功能保护区规划纲要》，重点生态功能保护区规划的基本原则不包括（　　）。（2014 年考题）

A. 统筹规划、分步实施　　B. 高度重视、精心组织

C. 强化监管，适度开发　　D. 避免重复、互为补充

6. 根据《国家重点生态功能保护区规划纲要》，合理引导产业发展的主要任务不包括（　　）。（2014 年考题）

A. 推广清洁能源

B. 发展资源环境可承载的特色产业

C．限制损害区域生态功能的产业扩张

D．停止一切导致生态功能继续退化的开发活动

7．根据《国家重点生态功能保护区规划纲要》，下列任务中，不属于重点生态环境保护区规划的主要任务的是（　　）。（2015 年考题）

A．合理引导产业发展　　B．强化生态环境监管

C．保护和恢复生态功能　　D．完善生态功能保护区建设体系

8．根据《国家重点生态功能保护区规划纲要》，下列说法中，错误的是（　　）。（2017 年考题）

A．重点生态功能保护区属于限制开发区

B．在空间范围上，重点生态功能保护区包含自然保护区等特别保护区域

C．各级环保部门应通过与相关部门的协调与衔接，力争将生态功能保护区的建设纳入当地经济社会发展规划

D．生态功能保护区建设是一个长期的系统工程，应积极探索生态功能保护区建设多样化模式，建立符合我国国情的生态功能保护区格局体系

9．根据《国家重点生态功能保护区规划纲要》中关于重点生态功能保护区规划基本原则的说法，错误的是（　　）。（2018 年考题）

A．“统筹规划、分步实施”是重点生态功能保护区建设的基本原则之一

B．重点生态功能保护区建设，应坚持保护优先、限制开发、点状发展的原则

C．各级环保部门要力争上游，将重点生态功能保护区的建设纳入当地经济社会发展规划

D．在空间范围上，重点生态功能保护区包含自然保护区、世界文化自然遗产、风景名胜区、森林公园等特别保护区域

二、不定项选择题

1．《国家重点生态功能保护区规划纲要》中，保护和恢复生态功能区的主要任务包括（　　）。（2010 年考题）

A．提高水源涵养能力　　B．增强防风固沙能力

C．提高调洪蓄洪能力　　D．加强退化草场的改良和建设

2．依据《国家重点生态功能保护区规划纲要》，“保护和恢复生态功能的主要任务”包括（　　）。（2011 年考题）

A．提高水源涵养能力　　B．增强防风固沙功能

C．提高调洪蓄洪能力　　D．增强生物多样性维护能力

3．《国家重点生态功能保护区规划纲要》要求建设一批（　　）生态功能保护区，形成较完善的生态功能保护区建设体系。（2012 年考题）

A. 水源涵养　　B. 重要渔业水域

C. 生物多样性维护　　D. 水土保持、防风固沙

4. 根据《国家重点生态功能保护区规划纲要》，该规划纲要提出的主要任务包括（　　）。（2016年考题）

A. 限制不符合主导生态功能保护需要的产业发展，鼓励使用清洁能源

B. 在海洋生态功能保护区，发展海洋生态养殖，生态旅游等海洋生态产业

C. 严肃查处毁林、毁草、破坏湿地等行为，合理开发水电，提高区域水源涵养生态功能

D. 积极推广沼气、风能、小水电、太阳能、地热能及其他清洁能源，解决农村能源需求，减少对自然生态系统的破坏

参考答案

一、单项选择题

1. D

2. D 【解析】合理引导产业发展的主要任务：（1）限制损害区域生态功能的产业扩张；（2）发展资源环境可承载的特色产业；（3）推广清洁能源。

3. D 【解析】（1）强化监督管理能力；（2）提高监测预警能力；（3）增强宣传教育能力；（4）加强科研支撑能力。

4. C 【解析】原则：统筹规划、分步实施；高度重视、精心组织；保护优先，限制开发；避免重复、互为补充。

5. C　6. D　7. D

8. B 【解析】在空间范围上，生态功能保护区不包含自然保护区、世界文化自然遗产、风景名胜区、森林公园、地质公园等特别保护区域。

9. D 【解析】《国家重点生态功能保护区规划纲要》规定，重点生态功能保护区规划的基本原则：（1）统筹规划，分步实施：生态功能保护区建设是一个长期的系统工程，应统筹规划，分步实施，在明确重点生态功能保护区建设布局的基础上，分期分批开展，逐步推进，积极探索生态功能保护区建设多样化模式，建立符合我国国情的生态功能保护区格局体系。（2）高度重视，精心组织：各级环保部门要将重点生态功能保护区的规划编制、相关配套政策的制定和研究、管理技术规范研究作为生态环境保护的重要内容。并通过与相关部门的协调和衔接，力争将生态功能保护区的建设纳入当地经济社会发展规划。（3）保护优先，限制开发：生态功能保护区属于限制开发区，应坚持保护优先、限制开发、点状发展的原则，因地制

宜地制定生态功能保护区的财政、产业、投资、人口和绩效考核等社会经济政策，强化生态环境保护执法监督，加强生态功能保护和恢复，引导资源环境可承载的特色产业发展，限制损害主导生态功能的产业扩张，走生态经济型的发展道路。（4）避免重复，互为补充：生态功能保护区属于限制开发区，自然保护区、世界文化自然遗产、风景名胜区、森林公园等各类特别保护区域属于禁止开发区，生态功能保护区建设要考虑两者之间的协调与补充。在空间范围上，生态功能保护区不包含自然保护区、世界文化自然遗产、风景名胜区、森林公园、地质公园等特别保护区域；在建设内容上，避免重复，互相补充；在管理机制上，各类特别保护区域的隶属关系和管理方式不变。

二、不定项选择题

1．ABC　【解析】《国家重点生态功能保护区规划纲要》中关于保护和恢复生态功能区的主要任务有六点：（1）提高水源涵养能力；（2）恢复水土保持功能；（3）增强防风固沙功能；（4）提高调洪蓄洪能力；（5）增强生物多样性维护能力；（6）保护重要海洋生态功能。

2．ABCD　3．ACD　4．ABCD

（五）《全国生态脆弱区保护规划纲要》

一、单项选择题

1．根据《全国生态脆弱区保护规划纲要》，下列任务中，不属于该规划的具体任务的是（　）。（2015 年考题）

A．加强生态保育，促进生态脆弱区修复进程

B．优化产业布局，促进脆弱区生态与经济的协调发展

C．强化资源开发监管执法力度，防止无序开发和过度开发

D．加强生态监测与评估能力建设，构建脆弱区生态安全预警体系

2．不属于《全国生态脆弱区保护规划纲要》基本原则的是（　　）。（2017 年考题）

A．预防为主，保护优先　　B．分区推进，分类指导

C．强化监管，适度开发　　D．高度重视，精心组织

3．根据《全国生态脆弱区保护规划纲要》的总体任务，下列说法中，错误的是（　　）。（2017 年考题）

A．建立健全脆弱区生态环境监测、评估及预警体系

B．加强生态保育，增强脆弱区生态系统的抗干扰能力

C．强化资源开发监管和执法力度，促进脆弱区资源环境协调发展

D．优化产业布局，调整产业结构，全面禁止有损于脆弱区生态环境的产业扩张

4．根据《全国生态脆弱区保护规划纲要》，下列原则中，不属于生态脆弱区保护规划基本原则的是（　　）。（2018 年考题）

A. 预防为主、保护优先　　B. 高度重视、精心组织

C. 强化监管、适度开发　　D. 统筹规划、分步实施

二、不定项选择题

1．《全国生态脆弱区保护规划纲要》的总体任务包括（　　）。（2010 年考题）

A．合理引导产业发展

B．强化生态环境监管

C．保护和恢复生态功能

D．全面限制有损脆弱区生态环境的产业扩张

2．依据《全国生态脆弱区保护规划纲要》关于生态脆弱区保护规划的基本原则

和主要任务，下列说法正确的是（　　）。（2011 年考题）

A. 强化“环境准入”，科学指导生态保育与产业发展活动，促进生态恢复

B. 发展与当地资源环境承载力相适应的特色产业和环境友好产业，从源头控制生态退化

C. 全面开展生态环境监察工作，严格禁止超采、过牧、乱垦、滥挖等资源破坏行为的发生

D. 高度重视环境极度脆弱、生态退化严重、具有重要保护价值地区的生态应急工程建设与技术创新

3. 根据《全国生态脆弱区保护规划纲要》，规划的基本原则包括（　　）。（2013 年考题）

A. 预防为主，保护优先　　B. 分区推进，分类指导

C. 强化监管，适度开发　　D. 统筹规划，分步实施

4. 根据《全国生态脆弱区保护规划纲要》，属于规划的主要任务有（　　）。（2013 年考题）

A. 建立健全脆弱区生态环境监测、评估及预警体系

B. 加强生态保育，增强脆弱区生态系统的抗干扰能力

C. 强化资源开发监管和执法力度，促进脆弱区资源环境协调发展

D. 在保护优先的前提下，合理选择发展方向，发展特色优势产业，加强生态环境的保护与修复，加大生态环境监管力度，保护和恢复区域生态功能

参考答案

一、单项选择题

1. B

2. A　【解析】考查大标题。

3. D　【解析】选项 D 应是“全面限制”非“全面禁止”。

4. B　【解析】《全国生态脆弱区保护规划纲要》基本原则：①预防为主，保护优先。②分区推进，分类指导。③强化监管，适度开发。④统筹规划，分步实施。

二、不定项选择题

1. D　【解析】此题从总体任务中“挖”了一句话作为选项，有点难。

2. ABCD　3. ABCD　4. ABC

（六）《全国主体功能区规划》

一、单项选择题

1. 根据《全国主体功能区规划》，关于主体功能区划分的规定，下列说法中，错误的是（　　）。（2012 年考题）

A. 世界文化自然遗产属于禁止开发的区域

B. 限制开发区分为农产品主产区和重点生态功能区两类

C. 城市化地区、农产品主产区和重点生态功能区，是以提供主体产品的类型为基准划分的

D. 优化开发区域是有一定经济基础、资源承载能力较强、发展潜力较大、集聚人口和经济条件较好的城市化地区

2. 根据《全国主体功能区规划》，重点开发区域的功能定位和发展方向不包括（　　）。（2012 年考题）

A. 优化基础设施布局　　B. 统筹规划国土空间

C. 健全城市规模结构　　D. 形成现代产业体系

3. 根据《全国主体功能区规划》，下列说法中，正确的是（　　）。（2014 年考题）

A. 重点开发区域是应该重点进行工业化城镇化开发的城市化地区

B. 优化开发区域分为两类：一类是农产品主产区，一类是重点生态功能区

C. 限制开发区域是经济比较发达、人口比较密集、开发强度较高、资源环境问题更加突出的区域

D. 省级层面禁止开发区域，包括省级各级各类自然文化资源保护区域、重要水源地以及其他省级人民政府根据需要确定的禁止开发区域

4. 根据《全国主体功能区规划》，推进形成全国主体功能区的主要目标不包括（　　）。（2014 年考题）

A. 空间开发格局清晰　　B. 空间结构得到优化

C. 优化生态系统格局　　D. 可持续发展能力提升

5. 根据《全国主体功能区规划》，今后新设立的（　　）自动进入国家级禁止开发区名录。（2014 年考题）

A. 自然保护区　　B. 世界文化自然遗产

C. 国家和省级森林公园　　D. 国家和省级地质公园

6．根据《全国主体功能区规划》，下列区域中，不属于国家层面禁止开发区域的是（　　）。（2015 年考题）

A．重要水源地　　B．国家地质公园

C．世界文化自然遗产　　D．国家级风景名胜区

7．根据《全国主体功能规划》，到 2020 年，下列目标中，不属于推进全国主体功能区主要目标的是（　　）。（2015 年考题）

A．空间开发格局清晰　　B．空间利用效率提高

C．可持续发展能力提升　　D．区域发展格局得到优化

8．根据《全国主体功能规划》，下列内容中，不属于国家层面主体功能区中重点开发区域功能定位的是（　　）。（2015 年考题）

A．全国重要的创新区域

B．全国重要的人口和经济密集区

C．支撑全国经济增长的重要增长极

D．落实区域发展总体战略、促进区域协调发展的重要支撑点

9．根据《全国主体功能区规划》国家层面限制开发区域的发展方向，下列功能区类型中，不属于国家重点生态功能区发展类型的是（　　）。（2015 年考题）

A．水源涵养型　　B．防风固沙型

C．洪水调蓄型　　D．生物多样性维护型

10．根据《全国主体功能区规划》，下列原则中，不属于国家层面主体功能区中禁止开发区域的管制原则的是（　　）。（2015 年考题）

A．实现污染物“零排放”

B．引导人口逐步有序转移

C．实行严格的产业准入环境标准

D．严禁不符合主体功能区定位的各类开发活动

11．根据《全国主体功能区规划》，不属于国家层面禁止开发区域的是（　　）。（2016 年考题）

A．世界文化自然遗产

B．国家级生态功能保护区

C．国家森林公园和国家地质公园

D．国家级自然保护区和国家级风景名胜区

12．根据《全国主体功能区规划》，不属于国家禁止开发区域功能定位的是（　　）。（2016 年考题）

A．珍稀动植物物种栖息地　　B．保护文化资源的重要区域

C．保护自然资源的重要区域　　D．珍稀动植物基因资源保护地

13．根据《全国主体功能区规划》，不属于按开发内容划分的主体功能区是（　　）。（2017 年考题）

A．城市化地区　　B．农产品主产区

C．重点生态功能区　　D．自然文化资源保护区

14．根据《全国主体功能区规划》，不属于禁止开发区域的是（　　）。（2017 年）

A．农产品主产区

B．世界文化自然遗产

C．依法设立的各级各类自然文化资源保护区域

D．禁止进行工业化城镇化开发、需要特殊保护的重点生态功能区

15．根据《全国主体功能区规划》，开发原则中关于保护自然的有关要求，下列说法中错误的是（　　）。（2017 年考题）

A．严格控制各类破坏生态环境的开发活动

B．在农业用水严重超出区域水资源承载能力的地区实行退耕还水

C．在确保省域内耕地和基本农田面积不减少的前提下，继续在适宜的地区退耕还林、退牧还草、退田还湖

D．交通、输电等基础设施建设要尽量避免对重要自然景观和生态系统的破坏，严格控制穿越禁止开发区域

16．根据《全国主体功能区规划》，国家层面限制开发区域，重点生态功能区的类型不包括（　　）。（2017 年考题）

A．水源涵养型　　B．防风固沙型

C．洪水调蓄型　　D．生物多样性维护型

17．根据《全国主体功能区规划》，不属于国家层面禁止开发区域功能定位的是（　　）。（2017 年考题）

A．珍稀动物物种分布区　　B．保护文化资源的重要区域

C．保护自然资源的重要区域　　D．珍稀动植物基因资源保护地

18．根据《全国主体功能区规划》，下列关于国家层面禁止开发区域管制原则的说法中，错误的是（　　）。（2017 年考题）

A．实现污染物“零排放”，提高环境质量

B．严格控制不符合主体功能定位的各类开发活动

C．依据法律法规规定和相关规划实施强制性保护

D．严格管制人为因素对自然生态和文化自然遗产原真性、完整性的干扰

19．根据《全国主体功能区规划》，关于国家层面禁止开发区域管制原则的说法，错误的是（　　）。（2018 年考题）

A．严格控制国家级风景名胜区内人工景观建设

B．新建公路、铁路和其他基础设施不得穿越自然保护区的核心区

C．严格控制在风景名胜区从事与风景名胜资源无关的生产建设活动

D．加强对世界文化自然遗产完整性的保护，保持遗产未被人为扰动过的原始状态

20．根据《全国主体功能区规划》，关于国家层面限制开发的农产品主产区发展方向与开发原则的说法，错误的是（　　）。（2018 年考题）

A．鼓励和支持农民开展小型农田水利设施建设、小流域综合治理

B．控制农产品主产区开发强度，优化开发方式，发展循环农业，促进农业资源的永续利用

C．国家支持农产品主产区加强农产品加工、流通、储运设施建设，引导农产品加工、流通、储运企业向主产区聚集

D．农产品主产区应严禁不符合主体功能区定位的各类开发活动，引导人口逐步有序转移，实现污染物“零排放”，提高环境质量

二、不定项选择题

1．《全国主体功能区规划》按开发方式将我国国土空间分为（　　）等主体功能区。（2012 年考题）

A．优化开发区域　　B．重点开发区域

C．限制开发区域　　D．禁止开发区域

2．根据《全国主体功能区规划》，关于国家禁止开发区域的功能定位，今后我国新设立的保护自然文化资源的重要区域和珍稀动植物基因资源保护地中自动进入国家禁止开发区域的有（　　）。（2012 年考题）

A．国家地质公园　　B．国家森林公园

C．世界文化自然遗产　　D．重点生物多样性维护区

3．根据《全国主体功能区规划》，（　　）属于主体功能区中的限制开发区。（2013 年考题）

A．农产品主产区　　B．国家级森林公园

C．重点生态功能区　　D．世界自然文化遗产

4．根据《全国主体功能区规划》，属于开发原则中保护自然有关规定的有（　　）。（2013 年考题）

A．把保护水面、湿地、林地和草地放到与保护耕地同等重要位置

B．在农业用水严重超出区域水资源承载能力的地区实行退耕还水

C．各类开发活动要充分利用现有空间，尽可能利用闲置地、空闲地和废弃地

D．工业化城镇化开发必须建立在对所在区域资源环境承载能力综合评价的基

础上，严格控制在水资源承载能力和环境容量允许的范围内

5. 根据《全国主体功能区规划》，优化开发区域的发展方向和开发原则包括（　　）。（2013 年考题）

A. 扩大空间结构　　B. 优化城镇布局

C. 控制人口分布　　D. 优化产业结构

6. 根据《全国主体功能区规划》，国家重点开发区域的发展方向和开发原则包括（　　）。（2013 年考题）

A. 统筹规划国土空间　　B. 健全城市规模结构

C. 促进人口加快集聚　　D. 形成现代产业体系

7. 根据《全国主体功能区规划》关于禁止开发区域的管制原则，下列说法中，正确的是（　　）。（2013 年考题）

A. 国家级自然保护区按核心区、缓冲区和实验区分类管理

B. 国家地质公园除必要的保护设施和附属设施外，禁止其他生产建设活动

C. 国家森林公园除必要的保护设施和附属设施外，禁止其他生产建设活动

D. 世界文化自然遗产，要加强对遗产原真性的保护，保护遗产在艺术、历史、社会和科学方面的特殊价值

8. 根据《全国主体功能区规划》开发原则中关于保护自然的有关要求，下列说法中，正确的是（　　）。（2014 年考题）

A. 严禁地下水超采，加强对超采的治理和对地下水源的涵养与保护

B. 严格限制有损自然生态系统的开荒以及侵占水面、湿地、林地、草地等农业开发活动

C. 在农业用水严重超出区域水资源承载能力的地区实行退耕还林、退牧还草、退草还湖

D. 编制区域规划等应事先进行资源环境承载能力综合评价，并把保持一定比例的绿色生态空间作为规划的主要内容

9. 根据《全国主体功能区规划》，关于国家层面限制开发的重点生态功能区功能定位和发展方向，错误的有（　　）。（2018 年考题）

A. 国家重点生态功能区要以保护和修复生态环境、提供生态产品为首要任务

B. 国家重点生态功能区分为水源涵养型、水土保持型和防风固沙型三种类型

C. 国家重点生态功能区是保障国家生态安全的重要区域，人与自然和谐相处的示范区

D. 国家重点生态功能区应积极推进农业的规模化、产业化，发展农产品深加工，拓展农村就业和增收空间

参考答案

一、单项选择题

1. D 【解析】优化开发区域是经济比较发达、人口比较密集、开发强度较高、资源环境问题更加突出，从而应该优化进行工业化城镇化开发的城市化地区。

2. A 【解析】A 选项是国家优化开发区域的发展方向和开发原则。

3. A 【解析】B 选项的分类是限制开发区域的分类。B 选项的定义是优化开发区域。D 选项的正确说法是：省级层面的禁止开发区域，包括省级及以下各级各类自然文化资源保护区域、重要水源地一级其他省级人民政府根据需要确定的禁止开发区域。

4. C 【解析】主要目标是：（1）空间开发格局清晰；（2）空间格局得到优化；（3）空间利用效率提高；（4）区域发展协调性增强；（5）可持续发展能力提升。

5. B 【解析】今后新设立的国家级自然保护区、世界文化自然遗产、国家级风景名胜区、国家森林公园、国家地质公园、自动进入国家禁止开发区域名单。

6. A

7. D 【解析】选项 D 的正解说法是：空间结构得到优化。

8. D 【解析】国家优化开发区域的功能定位是：提升国家竞争力的重要区域，带动全国经济社会发展的龙头，全国重要的创新区域，我国在更高层次上参与国际分工及有全球影响力的经济区，全国重要的人口和经济密集区。

9. C 【解析】国家重点生态功能区分为水源涵养型、水土保持型、防风固沙型）和生物多样性维护型四种类型。

10. C 【解析】在《全国主体功能区规划》的“第二节 管制原则”中：国家禁止开发区域要依据法律法规规定和相关规划实施强制性保护，严格控制人为因素对自然生态和文化自然遗产原真性、完整性的干扰，严禁不符合主体功能定位的各类开发活动，引导人口逐步有序转移，实现污染物“零排放”，提高环境质量。

11. B 【解析】禁止开发区域是指依法设立的各级各类自然文化资源保护区域，以及其他禁止进行工业化城镇化开发、需要特殊保护的重点生态功能区。国家层面禁止开发区域，包括国家级自然保护区、世界文化自然遗产、国家级风景名胜区、国家森林公园和国家地质公园。

12. A 【解析】国家禁止开发区域的功能定位是：我国保护自然文化资源的重要区域，珍稀动植物基因资源保护地。

13. D 【解析】按开发内容，分为城市化地区、农产品主产区和重点生态功能区。

14. A

15. A 【解析】选项A应为“严禁”。

16. C 【解析】国家重点生态功能区分为水源涵养型、水土保持型、防风固沙型和生物多样性维护型四种类型。考查大标题。

17. A 【解析】国家禁止开发区域的功能定位是：我国保护自然文化资源的重要区域，珍稀动植物基因资源保护地。

18. B 【解析】国家禁止开发区域要依据法律法规规定和相关规划实施强制性保护，严格控制人为因素对自然生态和文化自然遗产原真性、完整性的干扰，严禁不符合主体功能定位的各类开发活动，引导人口逐步有序转移，实现污染物“零排放”，提高环境质量。

19. C 【解析】《全国主体功能区规划》规定，要依据《风景名胜区条例》及本规划确定的原则和风景名胜区规划进行管理：严格控制人工景观建设；禁止在风景名胜区从事与风景名胜资源无关的生产建设活动。新建公路、铁路和其他基础设施不得穿越自然保护区核心区，尽量避免穿越缓冲区。世界文化自然遗产：加强对遗产完整性的保护，保持遗产未被人为扰动过的原始状态。

20. D 【解析】《全国主体功能区规划》规定，国家层面限制开发的农产品主产区发展方向：鼓励和支持农民开展小型农田水利设施建设、小流域综合治理。控制农产品主产区开发强度，优化开发方式，发展循环农业，促进农业资源的永续利用。国家支持农产品主产区加强农产品加工、流通、储运设施建设，引导农产品加工、流通、储运企业向主产区聚集。国家禁止开发区域要依据法律法规规定和相关规划实施强制性保护，严格控制人为因素对自然生态和文化自然遗产原真性、完整性的干扰，严禁不符合主体功能定位的各类开发活动，引导人口逐步有序转移，实现污染物“零排放”，提高环境质量。

二、不定项选择题

1. ABCD 【解析】按开发方式，分为优化开发区域、重点开发区域、限制开发区域和禁止开发区域。

2. ABC 【解析】今后新设立的国家级自然保护区、世界文化自然遗产、国家级风景名胜区、国家森林公园、国家地质公园，自动进入国家禁止开发区域名录。

3. AC 【解析】其他2个选项属禁止开发区。

4. ABD 5. BD 6. ABCD

7. ABD 【解析】选项C的正确说法是：除必要的保护设施和附属设施外，

禁止从事与资源保护无关的任何生产建设活动。

8. D 【解析】规划中的原文如下：严格控制地下水超采，加强对超采的治理和对地下水源的涵养与保护，加强水土流失综合治理及预防监督。农业开发要充分考虑对自然生态系统的影响，积极发挥农业的生态、景观和间隔功能，严禁有损自然生态系统的开荒以及侵占水面、湿地、林地、草原等农业开发活动。在确保省域的耕地和基本农田面积不减少的前提下，继续在适宜的地区实行退耕还林、退牧还草、退田还湖。在农业用水严重超出区域水资源承载能力的地区实行退耕还水。

9. BD 【解析】《全国主体功能区规划》规定，国家重点生态功能区要以保护和修复生态环境、提供生态产品为首要任务；国家重点生态功能区分为水源涵养型、水土保持型、防风固沙型和生物多样性维护型四种类型；重点生态功能区功能定位：保障国家生态安全的重要区域，人与自然和谐相处的示范区。积极推进农业的规模化、产业化，发展农产品深加工，拓展农村就业和增收空间，是国家层面限制开发的农产品主产区的发展方向之一。

（七）《水污染防治行动计划》

一、单项选择题

1．根据《水污染防治行动计划》，不属于2020年工作目标的是（　　）。（2016年考题）

A．近海海域环境质量全面改善

B．京津冀、长三角、珠三角等区域水生态环境状况有所好转

C．地下水超采得到严格控制，地下水污染加剧趋势得到初步遏制

D．全国水环境质量得到阶段性改善，污染严重水体较大幅度减少，饮用水安全保障水平持续提升

2．根据《水污染防治行动计划》，不属于全面控制污染物排放要求的是（　　）。（2016年考题）

A．2016年年底前按照水污染防治法律法规要求，全部取缔不符合国家产业政策的小型氮肥生产项目

B．港口、码头，装卸站的经营人应制定防治船舶及其有关活动污染水环境的应急计划

C．敏感区域（重点湖泊、重点水库、近岸海域汇水区域）城镇污水处理设施应于2017年年底前全面达到一级A排放标准

D．敏感区域和大中型灌区，要利用现有沟、塘、窑等，配置水生植物群落、格栅和透水坝，建设生态沟渠、污水净化塘、地表径流集蓄池等设施，净化农田排水和地表径流

3．根据《水污染防治行动计划》，不属于调整产业结构的有关要求的是（　　）。（2016年考题）

A．到2020年，组织完成市、县域水资源、水环境承载能力现状评价

B．依法淘汰落后产能，未完成淘汰任务的地区，禁止审批和核准其相关行业新建项目

C．根据流域水质目标和主体功能区规划要求明确区域环境准入条件，细化功能分区，实施差别化环境准入政策

D．建立水资源、水环境承载能力监测评价体系，实施承载能力监测预警。已超过承载能力的地区要实施水污染物削减方案，加快调整发展规划和产业结构

4. 根据《水污染防治行动计划》，不属于2020年工作目标的是（　　）。（2017年考题）

A. 水生态系统功能初步恢复

B. 饮用水安全保障水平持续提升

C. 地下水超采得到严格控制，地下水污染加剧趋势得到初步遏制

D. 全国水环境质量得到阶段性改善，污染严重水体较大幅度较少

5. 根据《水污染防治行动计划》，下列内容中，不属于2020年工作目标的是（　　）。（2018年考题）

A. 近岸海域环境质量稳中趋好

B. 全国污染严重水体较大幅度减少

C. 力争全国水环境质量总体改善，水生态系统功能初步恢复

D. 地下水超采得到严格控制，地下水污染加剧趋势得到初步遏制

6. 根据《水污染防治行动计划》，关于工业集聚区水污染集中治理要求的说法，错误的是（　　）。（2018年考题）

A. 新建、升级工业集聚区应同步规划、建设垃圾集中处理设施

B. 新建、升级工业集聚区应同步规划、建设污水集中处理设施

C. 工业集聚区内工业废水必须经预处理达到集中处理要求，方可进入集中处理设施

D. 2020年前，工业集聚区应按规定建成污水集中处理设施，并安装自动在线监控装置

二、不定项选择题

1. 根据《水污染防治行动计划》，全力保障水生态环境安全的有关要求包括（　　）。（2016年考题）

A. 严格控制环境激素类化学品污染

B. 研究建立重点海域排污总量控制制度

C. 环境容量较小、生态环境脆弱、环境风险高的地区，应执行水污染物特别排放限值

D. 公布京津冀等区域内环境风险大、严重影响公众健康的地下水污染场地清单，开展修复试点

2. 根据《关于落实〈水污染防治行动计划〉实施区域差别化环境准入的指导意见》，关于不同区域差别化环境准入指导意见的说法，正确的有（　　）。（2018年考题）

A. 限制开发的重点生态功能区内新建工业和矿产开发项目不予环境准入

B. 重点开发区内对城市存在黑臭水体的区域，应制定更为严格的减量置换措施

C．限制开发的农产品主产区以保护和恢复地力为主要目标，加强水和土壤污染的统筹防控

D．禁止开发区以生态功能的恢复和保护为主要目标，在环境准入中坚持预防为主、保护优先

参考答案

一、单项选择题

1．A 【解析】根据《水污染防治行动计划》，到2020年，全国水环境质量得到阶段性改善，污染严重水体较大幅度减少，饮用水安全保障水平持续提升，地下水超采得到严格控制，地下水污染加剧趋势得到初步遏制，近岸海域环境质量稳中趋好，京津冀、长三角、珠三角等区域水生态环境状况有所好转。

2．A 【解析】根据《水污染防治行动计划》（一）狠抓工业污染防治。取缔"十小"企业。全面排查装备水平低、环保设施差的小型工业企业。2016年年底前，按照水污染防治法律法规要求，全部取缔不符合国家产业政策的小型造纸、制革、印染、染料、炼焦、炼硫、炼砷、炼油、电镀、农药等严重污染水环境的生产项目。

3．B 【解析】根据《水污染防治行动计划》关于调整产业结构的说法：依法淘汰落后产能。未完成淘汰任务的地区，暂停审批和核准其相关行业新建项目。

4．A 【解析】选项A是2030年的工作目标。

5．C 【解析】《水污染防治行动计划》规定，到2020年，全国水环境质量得到阶段性改善，污染严重水体较大幅度减少，饮用水安全保障水平持续提升，地下水超采得到严格控制，地下水污染加剧趋势得到初步遏制，近岸海域环境质量稳中趋好，京津冀、长三角、珠三角等区域水生态环境状况有所好转。到2030年，力争全国水环境质量总体改善，水生态系统功能初步恢复。到本世纪中叶，生态环境质量全面改善，生态系统实现良性循环。

6．D 【解析】集聚区内工业废水必须经预处理达到集中处理要求，方可进入污水集中处理设施。新建、升级工业集聚区应同步规划、建设污水、垃圾集中处理等污染治理设施。2017年年底前，工业集聚区应按规定建成污水集中处理设施，并安装自动在线监控装置，京津冀、长三角、珠三角等区域提前一年完成；逾期未完成的，一律暂停审批和核准其增加水污染物排放的建设项目，并依照有关规定撤销其园区资格。

二、不定项选择题

1．ABCD

2．BC 【解析】《关于落实〈水污染防治行动计划〉实施区域差别化环境准入的指导意见》规定，禁止开发区严禁不符合主体功能定位和主导生态功能的各类开发活动，区域内新建工业和矿产开发项目不予环境准入。重点开发区内对城市存在黑臭水体的区域，应制定更为严格的减量置换措施。限制开发的农产品主产区以保护和恢复地力为主要目标，加强水和土壤污染的统筹防控。限制开发的重点生态功能区以主导生态功能的恢复和保育为主要目标，在环境准入中坚持预防为主、保护优先。

（八）《土壤污染防治行动计划》

一、单项选择题

1．根据《土壤污染防治行动计划》防范建设用地新增污染的有关要求，下列说法中，错误的是（　　）。（2017 年考题）

A．需要建设的土壤污染防治设施，要与主体工程同时设计、同时施工、同时投产使用

B．有关环境保护部门要做好环境影响评价提出的防范土壤污染具体措施落实情况的监督管理工作

C．排放污染物的建设项目，在开展环境影响评价时，要增加对土壤环境影响的评价内容，并提出防范土壤污染的具体措施。

D．自 2017 年起，有关地方人民政府要与重点行业企业签订土壤污染防治责任书，明确相关措施和责任，责任书向社会公开

2．根据《土壤污染防治行动计划》开展污染治理与修复，改善区域土壤环境质量的要求，下列说法中，错误的是（　　）。（2017 年考题）

A．实行土壤污染治理与修复终身责任制，2017 年年底前出台有关责任追究办法

B．土壤污染修复的主体灭失或责任主体不明确的，由所在地县级政府依法承担相关责任。

C．各省（区、市）要以影响农产品质量和人居环境安全的突出土壤污染问题为重点，制定土壤污染治理与修复规划

D．各地要结合土地利用规划，以拟开发建设居住、商业、学校、医疗和养老机构等项目的污染地块为重点，开展治理与修复

3．根据《土壤污染防治行动计划》，关于农用地分类管理要求的说法，正确的是（　　）。（2018 年考题）

A．轻度和中度污染的农用地划为优先保护类

B．各地应将符合条件的安全利用类用地划为永久基本农田

C．永久基本农田应实行严格保护，任何建设项目不得占用

D．严格控制在优化保护类耕地集中区域新建有色金属冶炼、石油加工、化工、焦化、电镀、制革等行业企业

4．根据《土壤污染防治行动计划》，关于严格管控类耕地管理要求的说法，错

误的是（　　）。（2018 年考题）

A．实行耕地轮作休耕制度试点

B．依法划定特定农产品禁止生产区域，严禁种植农产品

C．研究将严格管控类耕地纳入国家新一轮退耕还林还草实施范围

D．对威胁地下水、饮用水水源安全的严格管控类耕地，有关县（市、区）应制定环境风险管控方案

二、不定项选择题

1．根据《土壤污染防治行动计划》关于强化空间布局管控的要求，下列说法中，正确的有（　　）。（2017 年考题）

A．鼓励工业企业集聚发展、提高土地节约集约利用水平，减少土壤污染

B．加强规划区划和建设项目布局论证，根据土壤等环境承载能力，合理确定功能定位、空间布局

C．结合推进新型城镇化、产业结构调整和化解过剩产能等，有序搬迁或依法关闭对土壤造成严重污染的现有企业

D．严格执行相关行业企业布局选址要求，禁止在居民区、学校、医疗和养老院等周边新建有色金属冶炼、焦化等行业企业

2．根据《土壤污染防治行动计划》《污染地块土壤环境管理办法（试行）》，关于污染地块土壤环境风险管控的说法，正确的有（　　）。（2018 年考题）

A．对暂不开发利用的污染地块，无须实施风险管控

B．对拟开发利用为居住用地的污染地块，实施以防治污染扩散为目的的风险管控

C．风险管控方案应当包括管控区域、目标、主要措施、环境监测计划以及应急措施等内容

D．污染地块土地使用权人应当根据风险评估结果，并结合污染地块相关开发利用计划，有针对性地实施风险管控

参考答案

一、单项选择题

1．C 【解析】选项 C 的正确说法是：排放重点污染物的建设项目，在开展环境影响评价时，要增加对土壤环境影响的评价内容。

2．D 【解析】选项 D 的正确说法是：各地要结合城市环境质量提升和发展布局调整，以拟开发建设居住、商业、学校、医疗和养老机构等项目的污染地块为重

点，开展治理与修复。

3. D 【解析】《土壤污染防治行动计划》规定，按污染程度将农用地划为三个类别，未污染和轻微污染的划为优先保护类，轻度和中度污染的划为安全利用类，重度污染的划为严格管控类，以耕地为重点，分别采取相应管理措施，保障农产品质量安全。各地要将符合条件的优先保护类耕地划为永久基本农田，实行严格保护，确保其面积不减少、土壤环境质量不下降，除法律规定的重点建设项目选址确实无法避让外，其他任何建设不得占用。严格控制在优先保护类耕地集中区域新建有色金属冶炼、石油加工、化工、焦化、电镀、制革等行业企业，现有相关行业企业要采用新技术、新工艺，加快提标升级改造步伐。

4. B 【解析】《土壤污染防治行动计划》规定，加强对严格管控类耕地的用途管理，依法划定特定农产品禁止生产区域，严禁种植食用农产品；对威胁地下水、饮用水水源安全的，有关县（市、区）要制定环境风险管控方案，并落实有关措施。研究将严格管控类耕地纳入国家新一轮退耕还林还草实施范围，制定实施重度污染耕地种植结构调整或退耕还林还草计划。实行耕地轮作休耕制度试点。

二、不定项选择题

1. ABCD 【解析】这种考题要死记不太可能，只能在复习时宏观上有一个大概的了解，选项看不出明显错误，就要选。该计划中的“强化空间布局管控”内容：加强规划区划和建设项目布局论证，根据土壤等环境承载能力，合理确定区域功能定位、空间布局。鼓励工业企业集聚发展，提高土地节约集约利用水平，减少土壤污染。严格执行相关行业企业布局选址要求，禁止在居民区、学校、医疗和养老机构等周边新建有色金属冶炼、焦化等行业企业；结合推进新型城镇化、产业结构调整和化解过剩产能等，有序搬迁或依法关闭对土壤造成严重污染的现有企业。结合区域功能定位和土壤污染防治需要，科学布局生活垃圾处理、危险废物处置、废旧资源再生利用等设施和场所，合理确定畜禽养殖布局和规模。

2. CD 【解析】《污染地块土壤环境管理办法（试行）》规定，对暂不开发利用的污染地块，实施以防止污染扩散为目的的风险管控；对拟开发利用为居住用地和商业、学校、医疗、养老机构等公共设施用地的污染地块，实施以安全利用为目的的风险管控；风险管控方案应当包括管控区域、目标、主要措施、环境监测计划以及应急措施等内容；污染地块土地使用权人应当根据风险评估结果，并结合污染地块相关开发利用计划，有针对性地实施风险管控。

（九）《涉及自然保护区开发建设活动监督管理的规定》

单项选择题

1．根据《涉及自然保护区开发建设活动监督管理的规定》，下列说法中，不符合加强对涉及自然保护区建设项目监督管理规定的是（　　）。（2016 年考题）

A．地方各有关部门依据各自职责，切实加强涉及自然保护区建设项目的准入审查

B．保护区管理机构要对项目建设进行全过程跟踪，全面开展环境监测，发现问题应当及时处理和报告

C．确因重大基础设施建设和自然条件等因素限制无法避让自然保护区的，要严格执行环境影响评价制度

D．对经批准同意在自然保护区内开展的建设项目，要加强对项目施工期和运营期的监督管理，确保各项生态保护措施落实到位

2．根据《关于进一步加强涉及自然保护区开发建设活动监督管理的规定》，下列说法中，错误的是（　　）。（2017 年考题）

A．建设项目选址（线）应尽可能避让自然保护区

B．地方各有关部门依据各自职责，切实加强涉及自然保护区建设项目的准入审查

C．对经批准同意在自然保护区内开展的建设项目，要加强对项目施工期和运行期的监督管理，确保各项生态保护措施落实到位

D．建设项目选址（线），确因重大基础设施建设和自然条件等因素限制，无法避让而涉及自然保护区的，建设前须征得省级以上自然保护区主管部门同意，并接受监督

3．根据《关于进一步加强涉及自然保护区开发建设活动监督管理的规定》，下列说法中，错误的是（　　）。（2017 年考题）

A．严禁在自然保护区内开展不符合功能定位的开发建设活动

B．禁止在自然保护区核心区开展任何开发建设活动，建设任何生产经营设施

C．在自然保护区的实验区内限制建设污染环境，破坏自然资源或自然景观的生产设施

D．对于自然保护区实验区内未批先建、批建不符的项目，要责令停止建设或使用，并恢复原状

4. 根据《关于进一步加强涉及自然保护区开发建设活动监督管理的通知》，关于涉及自然保护区建设项目监督管理的说法，错误的是（ ）。（2018 年考题）

A. 涉及自然保护区建设项目的准入审查由环境保护主管部门负责

B. 禁止在自然保护区内进行开矿、开垦、挖沙、采石等法律明令禁止的活动

C. 禁止社会资本进入自然保护区探矿，保护区内探明的矿产只能作为国家战略储备源

D. 地方各有关部门要认真执行《国家级自然保护区调整管理规定》，从严控制自然保护区调整

参考答案

单项选择题

1. B 【解析】根据《涉及自然保护区开发建设活动监督管理的规定》，保护区管理机构要对项目建设进行全过程跟踪，开展生态监测，发现问题应当及时处理和报告。

2. D 【解析】建设项目选址（线）应尽可能避让自然保护区，确因重大基础设施建设和自然条件等因素限制无法避让的，要严格执行环境影响评价等制度，涉及国家级自然保护区的，建设前须征得省级以上自然保护区主管部门同意，并接受监督。

3. C 【解析】在实验区不得建设污染环境、破坏自然资源或自然景观的生产设施。

4. A 【解析】《关于进一步加强涉及自然保护区开发建设活动监督管理的通知》规定，地方各有关部门依据各自职责，切实加强涉及自然保护区建设项目的准入审查。禁止在自然保护区内进行开矿、开垦、挖沙、采石等法律明令禁止的活动；禁止社会资本进入自然保护区探矿，保护区内探明的矿产只能作为国家战略储备资源．地方各有关部门要认真执行《国家级自然保护区调整管理规定》，从严控制自然保护区调整。

（十）《产业结构调整指导目录》

单项选择题

1．《产业结构调整目录（2011 年本）》（修正）的分类目录中不列入（　　）。（2017 年考题）

A．鼓励类　　B．允许类

C．限制类　　D．淘汰类

2．根据《产业结构调整指导目录（2011 年本）》（修正），关于产业结构调整指导目录分类的说法，错误的是（　　）。（2018 年考题）

A．对于属于限制类的建设项目，禁止投资

B．不属于鼓励类、限制类和淘汰类，且符合国家有关法律法规和政策规定的为允许类

C．淘汰类主要是不符合有关法律法规规定，严重浪费资源、污染环境、不具备安全生产条件、需要淘汰的落后工艺技术、装备及产品

D．鼓励类主要是对经济社会发展有重要促进作用，有利于节约资源、保护环境、产业结构优化升级，需要采取政策措施予以鼓励和支持的关键技术、装备及产品

参考答案

单项选择题

1．B

2．A　【解析】《产业结构调整指导目录（2011 年本）》规定，对属于限制类的新建项目，禁止投资。对淘汰类项目，禁止投资。不属于鼓励类、限制类和淘汰类，且符合国家有关法律、法规和政策规定的，为允许类。鼓励类主要是对经济社会发展有重要促进作用，有利于节约资源、保护环境、产业结构优化升级，需要采取政策措施予以鼓励和支持的关键技术、装备及产品。给予各项优惠。淘汰类主要是不符合有关法律法规规定，严重浪费资源、污染环境、不具备安全生产条件，需要淘汰的落后工艺技术、装备及产品。

（十一）《废弃危险化学品污染环境防治办法》

一、单项选择题

1. 适用《废弃危险化学品污染环境防治办法》的是（　　）。（2010 年考题）

A. 废矿渣污染环境的防治

B. 盛装废弃危险化学品的容器的管理

C. 受废弃危险化学品污染的包装物的管理

D. 实验室产生的废弃试剂、药品污染环境的防治

2. 适用《废弃危险化学品污染环境防治办法》的行为是（　　）。（2011 年考题）

A. 某单位将失效的危险化学品弃入垃圾箱

B. 某实验室使用危险化学品过程中对环境产生污染

C. 受废弃危险化学品污染的包装物置于露天被雨水浸淋

D. 某车检人员在列车上接受旅客上交的危险化学品后，立即按要求予以封存

3. 根据《废弃危险化学品污染环境防治办法》，危险化学品的生产、储存、使用单位转产、停产、停业或者解散的，应按照国家有关环境保护标准和规范，对厂区的土壤和地下水进行检测，编制（　　），报县级以上环境保护部门备案。（2013 年考题）

A. 环境影响报告　　B. 环境恢复方案

C. 水土保持方案　　D. 环境风险评估报告

4. 《废弃危险化学品污染环境防治办法》适用于（　　）污染环境的防治。（2014 年考题）

A. 医院产生的医疗废物

B. 盛装废弃危险化学品的容器

C. 实验室产生的废弃试剂、药品

D. 受废弃危险化学品污染的包装物

5. 下列化学品中，不属于《废弃危险化学品污染环境防治办法》所称废弃危险化学品的是（　　）。（2015 年考题）

A. 依法收缴的危险化学品　　B. 公众上交的危险化学品

C. 淘汰、伪劣的危险化学品　　D. 居民生活中抛弃的废杀虫剂

6. 根据《废弃危险化学品污染环境防治办法》环境保护的有关规定，危险化学

品生产、储存、使用单位的下列做法中，错误的是（　　）。（2015 年考题）

A．生产单位停业后，对造成污染的场地编制了环境恢复方案

B．生产单位解散后，对危险化学品的生产设备、库存产品及生产原料进行了妥善处置

C．生产单位解散后，除对危险化学品的生产设备等进行妥善处置外，还对厂区的土壤和地下水进行了检测

D．储存单位转产，对污染场地完成环境恢复后，对恢复后的场地进行了检测，并将检测报告报县级以上人民政府备案

7．根据《废弃危险化学品污染环境防治办法》环境保护的有关规定，危险化学品生产、储存、使用单位的下列做法中，正确的是（　　）。（2016 年考题）

A．使用单位停产后对库存产品进行了妥善处置

B．生产单位停产后，对造成污染的场地编制了环境恢复方案

C．生产单位解散后，除对危险化学品生产设备进行妥善处置外，并对厂区的土地和地下水进行了监测

D．对场地造成污染的贮存单位转产，完成污染场地的环境恢复后，委托环境保护检测机构对恢复后的场地进行了检测，并将检测报告报县级以上环境保护主管部门备案

8．《废弃危险化学品污染环境防治办法》适用于中华人民共和国境内废弃危险化学品的（　　）活动污染环境的防治。（2016 年考题）

A．产生　　B．收集

C．运输　　D．贮存、利用、处置

二、不定项选择题

1．依据《废弃危险化学品污染环境防治办法》，危险化学品（　　）时，需对其生产或储存设备、库存产品及生产原料进行妥善处置。（2009 年、2010 年、2011 年考题）

A．使用单位转产　　B．生产单位扩建

C．生产单位停产　　D．储存单位停业

E．使用单位解散

2．根据《废弃危险化学品污染环境防治办法》，废弃危险化学品包括（　　）。（2013 年考题）

A．接收的公众上交的危险化学品

B．淘汰、伪劣、过期、失效的危险化学品

C．未经使用而被所有人抛弃或放弃的危险化学品

D. 由公安、海关、质检、工商、农业、安全监管、环保等主管部门在行政管理活动中依法收缴的危险化学品

3. 某危险化学品生产企业在生产过程中造成了场地土壤污染。该企业停产后，采取的下列做法中，符合《废弃危险化学品污染环境防治办法》要求的包括（　　）。（2014年考题）

A. 对库存产品和生产原料进行妥善处置

B. 委托环境监测部门对场地土壤进行相关检测

C. 对场地土壤污染进行环境恢复后，场地改作他用

D. 编制环境风险评估报告，报县级以上环境保护部门备案

参考答案

一、单项选择题

1. D 【解析】废弃危险化学品属于危险废物，列入《国家危险废物名录》。实验室产生的废弃试剂、药品污染环境的防治，也适用《废弃危险化学品污染环境防治办法》。盛装废弃危险化学品的容器和受废弃危险化学品污染的包装物，按照危险废物进行管理。

2. B 3. D 4. C

5. D 【解析】废弃危险化学品，是指未经使用而被所有人抛弃或者放弃的危险化学品，淘汰、伪劣、过期、失效的危险化学品，由公安、海关、质检、工商、农业、安全监管、环保等主管部门在行政管理活动中依法收缴的危险化学品以及接收的公众上交的危险化学品。

6. D 【解析】第十四条：危险化学品的生产、储存、使用单位转产、停产、停业或者解散的，应当按照《危险化学品安全管理条例》有关规定对危险化学品的生产或者储存设备、库存产品及生产原料进行妥善处置，并按照国家有关环境保护标准和规范，对厂区的土壤和地下水进行检测，编制环境风险评估报告，报县级以上环境保护部门备案。

7. D 【解析】对场地造成污染的，应当将环境恢复方案报经县级以上环境保护部门同意后，在环境保护部门规定的期限内对污染场地进行环境恢复。对污染场地完成环境恢复后，应当委托环境保护检测机构对恢复后的场地进行检测，并将检测报告报县级以上环境保护部门备案。

8. ABCD 【解析】根据《废弃危险化学品污染环境防治办法》第三条：本办法适用于中华人民共和国境内废弃危险化学品的产生、收集、运输、贮存、利用、

处置活动污染环境的防治。

二、不定项选择题

1．ACDE 【解析】高频考点。危险化学品的生产、储存、使用单位转产、停产、停业或者解散的，应当按照《危险化学品安全管理条例》有关规定对危险化学品的生产或者储存设备、库存产品及生产原料进行妥善处置，并按照国家有关环境保护标准和规范，对厂区的土壤和地下水进行检测，编制环境风险评估报告，报县级以上环境保护部门备案。

2．ABCD

3．ABD 【解析】对污染场地完成环境恢复后，不是改他用，还应委托环境保护检测机构对恢复后的场地进行检测，并将检测报告报县级以上环境保护部门备案。

（十二）《国家危险废物名录》

一、单项选择题

1．未被列入《国家危险废物名录》的废物有（　　）。（2010 年考题）

A．电站锅炉粉煤灰　　B．生活垃圾焚烧飞灰

C．废矿物油　　D．医疗废物

2．依据《国家危险废物名录》关于危险废物范围的原则规定，下列说法中，正确的是（　　）。（2011 年考题）

A．医疗废物不属于危险废物

B．《国家危险废物名录》仅包括具有危险特性的固体废物

C．家庭日常生活中产生的废镍镉电池和氧化汞电池应按照危险废物进行管理

D．危险废物和非危险废物混合物的性质判定，按照国家危险废物鉴别标准执行

3．根据《国家危险废物名录》关于列入该名录危险废物范围原则的规定，下列说法中，错误的是（　　）。（2013 年考题）

A．医疗废物属于危险废物

B．家庭日常生活中产生的废镍镉电池可以不按照危险废物进行管理

C．具有腐蚀性的固体废物、液态废物和气态废物列入《国家危险废物名录》

D．危险废物和非危险废物混合物性质判定，按照国家危险废物鉴别标准执行

4．依据《国家危险废物名录》中关于列入该名录危险废物范围的原则，下列说法中，正确的是（　　）。（2014 年考题）

A．医分废物不属于危险废物，按《医疗废物处理条例》进行管理

B．家庭日常生活中产生的废药物、废杀虫剂、废荧光灯管等，可以不按照危险废物进行管理

C．将家庭日常生活中产生的废药物、废杀虫剂、废荧光灯管等，从生活垃圾中收集后，其运输、贮存、利用等可以不按照危险废物进行管理

D．具有腐蚀性、毒性、易燃性、反应性或者感染性等一种或几种危险特性的装入容器的气态废物列入《国家危险废物名录》

5．根据《国家危险废物名录》，下列废物中，属于危险废物的是（　　）。（2015 年考题）

A．生活垃圾　　B．家庭过期药品

C．生活垃圾焚烧飞灰　　D．城镇生活污水处理厂污泥

6. 下列废物中，列入《国家危险废物名录》的是（　　）。（2015 年考题）

A. 具有放射性的液态废物
B. 具有反应性的固体废物
C. 具有可燃性的固体废物
D. 具有不稳定性的液态废物

7. 根据《国家危险废物名录》（2016 版），（　　）不列入该名录。（2017 年考题）

A. 具有腐蚀性的固体废物
B. 具有反应性的液态废物
C. 具有感染性的固体废物
D. 列入《危险化学品名录的化学品》

8. 根据《国家危险废物名录》（2016 版），下列说法中，错误的是（　　）。（2017 年考题）

A. 经鉴别具有危险特性的固体废物，属于危险废物
B. 经鉴别不具有危险特性的液态废物，不属于危险废物
C. 对不明确是否具有危险特性的固体废物，按危险废物进行管理
D. 对不明确是否具有危险特性的液态废物，应当按照国家的危险废物鉴别标准和鉴别方法予以认定

9. 根据《国家危险废物名录》（2016 版），关于列入名录危险废物范围原则规定的说法，错误的是（　　）。（2018 年考题）

A. 列入《危险化学品目录》的化学品废弃后属于危险废物
B. 具有腐蚀性、反应性危险特征的固体废物属于危险废物
C. 危险废物与其他固体废物的混合物，需要按照危险废物进行管理
D. 医疗废物属于危险废物，医疗废物分类按照《医疗废物分类名录》执行

二、不定项选择题

1. 根据《国家危险废物名录》，下列不属于危险废物的是（　　）。（2016 年考题）

A. 反应性的固体
B. 易燃性的液体
C. 放射性的固体
D. 腐蚀性的液体

2. 根据《国家危险废物名录》（2016 年版），关于危险废物类别和鉴别认定的说法，错误的有（　　）。（2018 年考题）

A. 对不明确是否具有危险特性的固体废物，可通过全组分分析予以认定
B. 经鉴别具有危险特性的，属于危险废物，应当根据其主要有害成分进行归类管理
C. 不明确是否具有危险特性的固体废物，经鉴别不具有危险特性的，不属于危险废物
D. 不排除具有危险特性，可能对环境或者人体健康造成有害影响的，需按照危险废物进行管理

参考答案

一、单项选择题

1. A 【解析】家庭日常生活中产生的废药品及其包装物、废杀虫剂和消毒剂及其包装物、废油漆和溶剂及其包装物、废矿物油及其包装物、废胶片及废相纸、废荧光灯管、废温度计、废血压计、废镍镉电池和氧化汞电池以及电子类危险废物等，可以不按照危险废物进行管理。将前款所列废弃物从生活垃圾中分类收集后，其运输、贮存、利用或者处置，按照危险废物进行管理。

2. D 【解析】“具有腐蚀性、毒性、易燃性、反应性或者感染性等一种或者几种危险特性的”和“不排除具有危险特性，可能对环境或者人体健康造成有害影响，需要按照危险废物进行管理的”固体废物和液态废物，列入《国家危险废物名录》。

3. C

4. B 【解析】气态废物不列入《国家危险废物名录》。

5. C 6. C

7. D 【解析】列入《危险化学品目录》的化学品废弃后属于危险废物。

8. C

9. C 【解析】《国家危险废物名录》（2016 版）第二条：具有下列情形之一的固体废物（包括液态废物），列入本名录：（1）具有腐蚀性、毒性、易燃性、反应性或者感染性等一种或者几种危险特性的；（2）不排除具有危险特性，可能对环境或者人体健康造成有害影响，需要按照危险废物进行管理的。第三条：医疗废物属于危险废物。医疗废物分类按照《医疗废物分类目录》执行。第四条：列入《危险化学品目录》的化学品废弃后属于危险废物。第六条：危险废物与其他固体废物的混合物，以及危险废物处理后的废物的属性判定，按照国家规定的危险废物鉴别标准执行。

二、不定项选择题

1. C 【解析】不定项选择题中也有一个答案的题目。

2. AB 【解析】《国家危险废物名录》第八条：对不明确是否具有危险特性的固体废物，应当按照国家规定的危险废物鉴别标准和鉴别方法予以认定。经鉴别具有危险特性的，属于危险废物，应当根据其主要有害成分和危险特性确定所属废物类别，并按代码“900-000-××”（××为危险废物类别代码）进行归类管理。经鉴别不具有危险特性的，不属于危险废物。《国家危险废物名录》第二条：具有下列情形之一的固体废物（包括液态废物），列入本名录：（1）具有腐蚀性、毒性、易燃性、反应性或者感染性等一种或者几种危险特性的；（2）不排除具有危险特性，可能对环境或者人体健康造成有害影响，需要按照危险废物进行管理的。

（十三）《关于推进城镇人口密集区危险化学品生产企业搬迁改造的指导意见》

一、单项选择题

1. 根据《关于推进城镇人口密集区危险化学品生产企业搬迁改造的指导意见》，关于城镇人口密集区危险化学品生产企业强化搬迁改造环保管理的有关规定，说法错误的是（　　）。（2018 年考题）

A. 搬迁改造项目要依法开展环境影响评价

B. 要加强腾退土地污染风险管控和治理修复，确保腾退土地符合规划用地土壤环境质量标准

C. 对正在实施搬迁改造的企业加大监督检查力度，确保企业搬迁改造期间不出现安全和环保问题

D. 地方各级人民政府要加强项目审批、选址、安全、环保等管理措施，严禁搬迁改造企业在原址新建、改建、扩建危险化学品项目

参考答案

一、单项选择题

1. D 【解析】《关于推进城镇人口密集区危险化学品生产企业搬迁改造的指导意见》规定，要督促企业依法开展搬迁改造项目安全和环境影响评价；要加强腾退土地污染风险管控和治理修复，确保腾退土地符合规划用地土壤环境质量标准；对正在实施搬迁改造的企业加大监督检查力度，确保企业搬迁改造期间不出现安全和环保问题；地方各级人民政府要加强项目审批、选址、安全、环保等管理措施，严禁搬迁改造企业在原址新建、扩建危险化学品项目。

（十四）《关于做好生物多样性保护优先区域有关工作的通知》

一、单项选择题

1．根据《关于做好生物多样性保护优先区域有关工作的通知》，关于加强生物多样性保护优先区域监管要求的说法，错误的是（　　）。（2018 年考题）

A．城镇绿化中应优先选用本地物种资源

B．城镇开发建设活动不得破坏古树名木

C．应优化城镇开发建设活动的规模、结构和布局

D．禁止高耗能、高排放行业发展，新引入的行业、企业不得对优先区域生物多样性造成影响

参考答案

一、单项选择题

1．D 【解析】《关于做好生物多样性保护优先区域有关工作的通知》规定，优先区域内要优化城镇开发建设活动的规模、结构和布局，严格控制高耗能、高排放行业发展，新引入的行业、企业不得对优先区域生物多样性造成影响。城镇开发建设活动要避免占用重要物种原生境，不得破坏古树名木，保护城市生物多样性。城镇绿化应优先选用本地物种资源，科学规范外来物种引进，防止外来物种入侵。

（十五）《“十三五”挥发性有机物污染防治工作方案》

一、单项选择题

1. 根据《“十三五”挥发性有机物污染防治工作方案》，关于挥发性有机物污染防治重点地区内新建炼化项目要求的说法，错误的是（　　）。（2018 年考题）

A. 要严格限制此类高挥发性有机物排放建设项目

B. 必须实行区域内挥发性有机物排放等量削减替代

C. 应从源头加强控制，加强废气收集，安装高效治理设施

D. 未纳入《石化产业规划布局方案》的新建炼化项目一律不得建设

二、不定项选择题

1. 根据《“十三五”挥发性有机物污染防治工作方案》，下列行业中，属于应全面实施或逐步推广泄漏检测与修复（LDAR）工作的有（　　）。（2018 年考题）

A. 汽车制造行业　　B. 制药、农药行业

C. 现代煤化工行业　　D. 木质家具制造行业

参考答案

一、单项选择题

1. B 【解析】《“十三五”挥发性有机物污染防治工作方案》规定，重点地区要严格限制石化、化工、包装印刷、工业涂装等高 VOCs 排放建设项目。未纳入《石化产业规划布局方案》的新建炼化项目一律不得建设。严格涉 VOCs 建设项目环境影响评价，实行区域内 VOCs 排放等量或倍量削减替代，并将替代方案落实到企业排污许可证中，纳入环境执法管理。新、改、扩建涉 VOCs 排放项目，应从源头加强控制，使用低（无）VOCs 含量的原辅材料，加强废气收集，安装高效治理设施。

二、不定项选择题

1. BC 【解析】《“十三五”挥发性有机物污染防治工作方案》规定，现代煤化工行业全面实施 LDAR（泄漏检测与修复），制药、农药、炼焦、涂料、油墨、胶粘剂、染料等行业逐步推广 LDAR（泄漏检测与修复）工作。

（十六）《关于划定并严守生态保护红线的若干意见》

一、不定项选择题

1. 根据《关于划定并严守生态保护红线的若干意见》，关于严守生态保护红线有关要求的说法，正确的有（　　）。（2018 年考题）

A. 生态保护红线空间管控要符合相关规划要求

B. 生态保护红线原则上按禁止开发区域的要求进行管理

C. 实施生态保护红线保护与修复，作为山水林田湖生态保护和修复工程的重要内容

D. 分区分类开展受损生态系统修复，采取人工修复为主、自然恢复为辅的措施改善和提升生态功能

参考答案

一、不定项选择题

1. BC 【解析】《关于划定并严守生态保护红线的若干意见》规定，生态保护红线划定后，相关规划要符合生态保护红线空间管控要求，不符合的要及时进行调整。生态保护红线原则上按禁止开发区域的要求进行管理。实施生态保护红线保护与修复，作为山水林田湖生态保护和修复工程的重要内容。分区分类开展受损生态系统修复，采取以封禁为主的自然恢复措施，辅以人工修复，改善和提升生态功能。

参考文献

[1] 生态环境部．全国环境影响评价工程师职业资格考试大纲（2019 年版）．北京：中国环境出版集团，2019.

[2] 生态环境部环境工程评估中心．环境影响评价相关法律法规（2019 年版）．北京：中国环境出版集团，2019.

[3] 全国人大环境与资源保护委员会法案室．中华人民共和国环境影响评价法释义．北京：中国法制出版社，2003.